国家科学技术学术著作出版基金资助

舰船螺旋桨噪声

Propeller Noise of Vessel

钱晓南 著

上海交通大學出版社

内 容 提 要

本书对舰船螺旋桨水下辐射噪声的基本概念、噪声与水空泡化的关系、低噪声潜艇螺旋桨的研发、螺旋桨噪声的预报和评估以及低噪声螺旋桨的流体动力设计和试验等问题，作了系统的阐述。

螺旋桨发射的主要是水下辐射噪声，可能被监听到。对于军用舰艇，涉及在海洋上的安全问题。因此，有关螺旋桨噪声的技术资料处于相互保密的状态。作者根据极其有限的相关公开资料，从流体动力学的角度，对螺旋桨噪声特性进行了归纳和探讨。

希望本书能给从事有关螺旋桨噪声研究和设计的技术人员，相关专业的大学生、研究生，提供一些参考资料。也希望对在海洋上执勤时可能遇到螺旋桨噪声问题困扰的相关人员提供一些帮助。

图书在版编目(CIP)数据

舰船螺旋桨噪声/钱晓南著. —上海：上海交通大学出版社，2011

ISBN 978-7-313-06814-9

Ⅰ. 舰...　Ⅱ. 钱...　Ⅲ. 船用螺旋桨—噪声—研究　Ⅳ. U664.33

中国版本图书馆 CIP 数据核字(2010)第 177853 号

舰船螺旋桨噪声

钱晓南　著

上海交通大学出版社出版发行

(上海市番禺路 951 号　邮政编码 200030)

电话：64071208　出版人：韩建民

常熟市华通印刷有限公司 印刷　全国新华书店经销

开本：787mm×960mm 1/16　印张：10.25　字数：186 千字

2011 年 3 月第 1 版　2011 年 3 月第 1 次印刷

印数：1～2030

ISBN 978-7-313-06814-9/U　定价：150.00 元

著者简介

钱晓南　上海交通大学，研究员，浙江杭州人，1933 年生，1994 年退休。

1959 年苏联列宁格勒造船学院毕业。1959 年起在上海交通大学造船系任教，历任助教、讲师、副教授、研究员。曾编写一些新教材，如船舶阻力类和船舶操纵等。1960 年主持研制成功我国第一台潜体水下阻力仪。1980 年代后期起参与过多型舰艇用推进器的技术研发。

1994 年后，曾陆续参与有关工厂、院所民船用螺旋桨的设计和开发。

前　言

近年，舰船噪声成为有关业界关心的技术问题。二战期间，在大西洋海上供应线的争夺战中出现声呐以后，降低潜艇噪声成了重要的命题。实战发现：螺旋桨是舰船的主要噪声源之一。战后随着美苏冷战的序幕拉开，利用潜艇进行攻防，成了战略性的第二次打击手段。为完成所述战略任务，潜艇必须隐蔽接近攻击对象，要求潜艇的噪声低，不被敌方声呐类装备监听到，从而开始了一场降噪的技术竞赛。作为主要噪声源的螺旋桨，也被列为降噪对象。实战、实测都肯定，螺旋桨的噪声与空泡(水空化)密切相关。战后，也有关于渔船噪声的论述，为提高渔业产量，避免鱼群闻“声”逃逸，有关研究工作主要是北欧学者进行的。总的来讲，大多研究还是带有军事目的。鉴于问题的军事性质，研究的结果大多秘而不宣。

在“船舶流体力学”及“船舶推进”类教材及课程中，关于螺旋桨水噪声很少涉及，由于缺少必要的基础知识，当年作者参与研究、开发工作，总感到底气不足。

退休以后，有了时间，能静下心来，重新学习、思考、整理当年曾遇到的各种问题，特别是涉及螺旋桨噪声的困惑，希望有所进益。

2003年，应海军工程大学熊鹰教授嘱托，为学员开一次关于舰船螺旋桨噪声的讲座，介绍点基本概念。有了机会将原来的学习笔记作一次系统整理编成讲义(第1章到第4章)，并由海军工程大学学员将其打印成文。在整理资料过程中，萌生了一些想法，经与能找到的资料查对、分析后，试图提出估算螺旋桨噪声级变化的全过程，即包括：从螺旋桨无空泡时的噪声；到潜艇噪声信号谱中开始出现高频噪声信号而中频[约(3～5)kHz]仍不高的阶段；再到螺旋桨噪声完全由空泡所左右；最后，螺旋桨空泡噪声“饱和”。在2006年，将有关想法写成第5章和第6章，并送有关学者审阅。经过近几年来的整理和修改，又加上螺旋桨机动和闲置时噪声的物理分析，最后形成现在这个文稿。

笔者曾从事船舶螺旋桨的研究，是从螺旋桨流体动力的角度进入讨论领域的，书中有些问题并未看到业界人士论述过，虽经“送有关学者审阅”，当然除文责应该自负外，还必须接受实践的考核。好在讨论的是实践性极强的技术问题，实践将检验其正确性，并淘汰谬误的东西。

撰写本书时，假定读者具有舰船螺旋桨和空泡方面的基础知识，有关的名词、术语、标记，可能有重叠，为便于阅读，在书前面加了“采用的标记(symbol)及单位

(unit)符号"表,在涉及舰船推进、水动力学的标记和单位,采用[12]中的规定,在涉及声学、水噪声学的标记和单位,采用国标和尽可能加说明。由于笔者脱离工程一线多年,与近年来的国外文献、国内实践都有点脱节,难免遗漏新的文献,好在也并不追求文献汇总;仅引用论述中笔者必需交代的资料。主要希望在论述课题的物理概念方面,作点探索。现将本书整理出版,希望对从事与螺旋桨噪声有关工作的各方人士,提供点参考资料。

作者在此再次恳求:读者发现有不妥之处,请加以指正,将不胜感激。

本书中采用的标记(symbol)及单位(unit)

A——声强随频率变化与频率的关系中的常数，$\mathrm{d}I/\mathrm{d}f = A/I^q$

A_d——$A_\mathrm{d} = \pi D^2/4$ 螺旋桨盘面积,带有其他下标时将专门说明

BSL——Bandwidth Sound Level,带宽声级,通常用后置语或下标指明带宽范围

C——螺旋桨叶宽

CPP——Controllable Pitch Propeller,可调螺距螺旋桨

C_T——螺旋桨推力载荷系数 $C_\mathrm{T} = T/[(\rho/2)V^2 \cdot (\pi D^2/4)] = (8/\pi)(K_\mathrm{T}/J_\mathrm{P}^2)$

c——水中声速（单位 m/s)

D——螺旋桨直径

dB——分贝

d_0——空泡的直径,有时用来表示孔或其他小物体的直径,带相应下标,在船舶技术术语中“d”常特定为螺旋桨毂直径

dec—— 十频程,英文 decade 的缩写,表示频率段的最高频率为最低频率的 10 倍

EAR——螺旋桨盘面比;螺旋桨展开面积 A_E 与螺旋桨盘的面积 A_d 之比

e——饱和蒸汽气压(单位帕,Pa)

f——频率(有时标记为 cycle per second,cps)

f_a——频率带下标指特定点“a”等处的频率,例如,$f_{1000\mathrm{Hz}}$ 指 $f = 1000\mathrm{Hz}$

F_T——螺旋桨推力

$F.R$——free running,螺旋桨在水流冲刷下自由旋转的标记

G——功率谱密度(power spectrum density)

$\bar{G}$——功率(能量)谱密度 G 进行无量纲化后的表达

H——潜深(单位 m),除特别说明外,通常指螺旋桨轴系潜深

I——声强,即声功率

J——螺旋桨进速系数,$J = V/(nD)$

J_P——计及伴流后的螺旋桨进速系数，$J_\mathrm{P} = V_\mathrm{P}/(nD) = V_\mathrm{A}(1-w)/(nD)$

K_T——螺旋桨推力系数，$K_\mathrm{T} = F_\mathrm{T}/(\rho n^2 D^4)$

K_Q——螺旋桨扭矩系数，$K_Q = Q/(\rho n^2 D^5) = Q\omega/(2\pi\rho n^3 D^5)$,$\omega = 2\pi n$

kn——“节”,速度单位,英文“knots”的简写,每小时航行的海里数,1kn＝0.514 4 m/s

L——线性尺度(单位 m,ft)

$[L]$——基本量线性尺度之量纲标记(单位 m)

$[M]$——基本量“质量”的量纲标记(单位 kg,g)

m——用作下标时指模型的相应数据

N——每分钟转数,rotations per minute,rpm

N——牛顿(涉及作用力时力的单位),Newton

N_i——物体运动到空泡初生时的每分钟转数

ND——用作下标,表示“新设计,new design”

n——每秒钟转数,$N=60n$;有时在数学表达中用作待定或可指定数,例如:由 n 到 $n+100$,或 $\sum_{m}^{n} x$

oct——倍频程,英文 octave 的缩写,表示频率段的最高频率为最低频率的一倍,有时用部分倍频程,例如,1/3 oct、1/6 oct 等

OSL——Overall Sound Level,总声级

P——螺距,桨叶剖面绕桨轴转 360°后前进的距离,涉及螺旋桨时的专用标记

P/D——螺距比,为螺距与桨直径的比值

P——功率(单位瓦,W)

P_D——螺旋桨收到(或吸收)功率

p——流体中的压力(单位帕,Pa),p 带下标时指特定含义的压力

p_0——流体中的静压力

Pa——帕,压力单位,1 Pa$=1\text{N/m}^2$

prot.——用作下标,表示“母型,prototype”

Q——螺旋桨扭矩,与螺旋桨收到(或吸收)功率的关系: $P_D=\omega Q=2\pi nQ$

q——衰减指数,噪声强度随频率增高而衰减的指数

R_0——空泡半径,有时泛指空泡现象中“泡”的线性尺度,用以分析空泡噪声物理现象

r——指螺旋桨上任一点的半径,亦用作噪声接收点到声源点距离(声源发射半径)

$\bar{r}$——螺旋桨上任一点的相对半径,$\bar{r}=2r/D$

SL——sound level 的简写,声级,通常前面加词语或下标,以指明声级所指频率范围及频段特点,例如 $SL_{(1\sim40)\text{kHz}}$指 SL 式为(1～40)kHz 频段之声级表达式

s——用作下标时指实物(舰船或螺旋桨)的相应数据

T——推力,涉及螺旋桨时的专用标记

T——周期性变动量的循环周期,例如声波的周期(单位 s)

$[T]$——基本量“时间”的量纲标记(单位 s)

TSL——Total Sound Level,全声级
U——速度,通常为周(切)向速度,$U=2\pi nr=\pi n\mathrm{D}$
v——速度
v_A——舰船前进速度(单位 m/s)
V_S——舰船航行速度(单位 kn)
v_P——螺旋桨盘面处的速度(单位 m/s)
W——螺旋桨上任一点的合速度(单位 m/s)
w——伴流分数,有时亦称伴流系数
Z——声阻抗(单位 $kg/m^2\cdot s$)
z——舰船螺旋桨桨叶数
z_P——舰船螺旋桨轴数,即螺旋桨只数
$Z.T$——zero thrust,螺旋桨零推力的标记
β——螺旋桨叶剖面的螺距角
Δ——舰船排水量(单位 m^3)
γ——螺旋桨叶剖面绕流的进速角
ε——降压系数
ε_{min}——降压系数最小值
η——舰船推进效率系数,常带下标说明
η_P——螺旋桨推进效率系数
θ_{sk}——螺旋桨侧斜角
Λ——舰船、推进器模型缩尺比,讨论流体力学模拟问题时用
λ——波长
ρ——水密度(单位 kg/m^3)
σ——空泡数,常带下标,借以指明计算该无量纲 σ 数时所选用的速度,例如,W 或 v_A 等
ψ——螺旋桨叶径向剖面线与桨叶参考线的夹角
ω——角速度,以每秒弧度计,与转数和频率的关系为 $\omega=2\pi n$、$\omega=2\pi f$,有时称“圆频率”(单位弧度每秒,rad/s)

目 录

第1章　舰船螺旋桨噪声的基本概念及定量

1.1　声是一种振动

水声是在水中传输的往复波。由于扰动，可能引起压力随时间的变化，这种压力变化 $p(t)=\mathrm{Re}(pe^{i\omega t})$，还会引起水质团的涨缩运动，其速度 $v(t)=\mathrm{Re}(ve^{i\omega t})$（$\omega$ 为圆频率，$\omega=2\pi f$，f 为频率）。

由于介质中压力随时间而变动 $p(t)$，通常是以频域变化来计量的。若问某一频率(段)有多大的有效压力(时间平均值)，即变动(脉动)压力平方的有效平均值 $\tilde{p}^2$：

(1) 压力值以时间的积分值计。

(2) 信号取一段时间内的平均值，按不同频率输出。

由于实际的声压变化范围相差以百万倍计，因此“声”的计量用以 10 为底的对数(log——本书中出现的均按此定义)，称为“贝尔”，又嫌这个计量“粗”(1 贝尔的差就是一个量级)，故将声级 SL(Sound Level)按式(1.1)定义，即将对数值乘以 10，称为分贝 dB(decibel)：

$$SL=10\log\frac{\tilde{p}^2}{p_0^2}\mathrm{dB} \tag{1.1}$$

式中，$\tilde{p}$ 是脉动声压，其周期平均值为 0，故提出“有效平均值 $\tilde{p}^2$”，p_0 为参照基准常量，在空气声计量中，用 $p_0=20\times10^{-6}\mathrm{Pa}=20\mu\mathrm{Pa}$(Pa 是压力、压强的单位，叫做帕斯卡($1\mathrm{Pa}=1\mathrm{N/m^2}$)为参照基准，后来在水声中也沿用过这个参照基准，直到二战后，水声计量中才逐渐归一到以 $10^{-6}\mathrm{Pa}=1\mu\mathrm{Pa}$ 为参照基准。因此，水声级的数值被抬高了 26dB。

实际的声含有很多频率的分量，通常分成一段段来测定，称为频段声级。在测试系统中加入一个电滤波器，滤波器对频段的通过特性是方的，即不失真地将频段内的声压信号作线性输出(与频率无关——在频段内，与信号成正比)，并能将不测频段的信号滤去，仅输出需测频段的信号。

最常用于工程的是以下频段计程的带宽：

(1) 倍频程：在倍频程内最高频率与最低频率之比等于 2，故称为倍频程；该频段的声级称为“倍频程计带宽声级，BSL(oct)”(Octave Bandwidth Sound Level)。

(2) 1/3 倍频程：最高频率与最低频率之比为$\sqrt[3]{2}$ ∶ 1。频段内最低频率为 f_1，则最高频率为$\sqrt[3]{2}f_1$；该频段的声级称为"1/3 倍频程计带宽声级，$BSL\left(\frac{1}{3}\text{oct}\right)$"，由于信号处理技术的限制，二战后初期大多采用这种计量。

(3) 每个频段相差 1Hz，即频段带宽也是 1Hz。所得的声级称作"谱级"(Spectrum Sound Level，SL)，即带宽 1Hz 的声级。有时说，相对 1μPa 在距声源 1m 处的噪声谱级 dB，写成：SL dB re. 1μPa，1m，(Sound Level relative to 1μPa at 1m for 1Hz bandwidth)。在计算机和信号处理技术发展后，目前广泛应用。

带宽 Δf 频段的声级为

$$SL = 10\log[\bar{p}^2/p_0^2] \qquad \bar{p}^2\Delta f = \sum p_n^2 \mathrm{d}f_n$$

式中，常取 Δf 频段内 $\bar{p}^2 = \text{const}$(恒量)，$\mathrm{d}f_n$ 为更窄的带宽，例如 0.1Hz。一般地说

$$\bar{p}^2 = \frac{1}{\Delta f}\sum p_n^2 \mathrm{d}f_n = \frac{1}{\Delta f}\int_{f_1}^{f_2} p_n^2 \mathrm{d}f = \frac{1}{\Delta f}\cdot p_n^2 \Delta f_n \tag{1.2}$$

若是带宽为 $\Delta f = f_2 - f_1$，则有带宽声 $p_n^2\Delta f$，其中，$p_n = p_{f1} = p_{f2} = \cdots$。带宽声级为

$$10\log\frac{p_n^2\Delta f}{p_0^2} = 10\log\frac{p_n^2}{p_0^2} + 10\log\Delta f = 10\log\frac{p_n^2}{p_0^2} + 10\log(f_2 - f_1) \tag{1.3}$$

对于倍频程计的带宽声级 $BSL(\text{oct})$：$f_2 = 2f_1$，

$$BSL(\text{oct}) = 10\log\frac{p_n^2\Delta f}{p_0^2} = 10\log\frac{p_n^2}{p_0^2} + 10\log(2f_1 - f_1) = 10\log\frac{p_n^2}{p_0^2} + 10\log f_1 \tag{1.4}$$

对于 1/3 倍频程计的带宽声级 $BSL\left(\frac{1}{3}\text{oct}\right)$：$f_2 - f_1 = (\sqrt[3]{2} - 1)f_1$

$$\begin{aligned} BSL\left(\frac{1}{3}\text{oct}\right) &= 10\log\frac{p_n^2\Delta f}{p_0^2} = 10\log\frac{p_n^2}{p_0^2} + 10\log(\sqrt[3]{2} - 1)f_1 \\ &= 10\log\frac{p_n^2}{p_0^2} + 10\log f_1 + 10\log(\sqrt[3]{2} - 1) \\ &= 10\log\frac{p_n^2}{p_0^2} + 10\log f_1 - 5.9 = SL_{f_1} + (10\log f_1 - 5.9) \end{aligned} \tag{1.5}$$

还有以十进制计的带宽声级[Decade Bandwidth Sound level，$BSL(\text{dec})$]：高、低频之差为 $f_2 - f_1 = 10f_1$：

$$\begin{aligned} BSL(\text{dec}) &= 10\log\frac{p_n^2\Delta f}{p_0^2} = 10\log\frac{p_n^2}{p_0^2} + 10\log(f_2 - f_1) = 10\log\frac{p_n^2}{p_0^2} + 10\log 10f_1 \\ &= 10\log\frac{p_n^2}{p_0^2} + 10\log 10 + 10\log f_1 = SL_{f_1} + 10 + 10\log f_1 \end{aligned} \tag{1.6}$$

以上各式中 $10\log\dfrac{p_n^2}{p_0^2}$ 是中心频率处 1Hz 带宽的声级，即噪声谱级 SL。由于计算的带宽不同，要加上相应的计及带宽（每增加一个计量频段）的影响，对应地为：按倍频程计量，需加上 $10\log f_1$；而按 1/3 倍频程计量，需加 $(10\log f_1-5.9)$；按十进制频程计量，需加 $(10\log f_1+10)$，才能得出相应的带宽声级。这个增加值通常称为“带宽补偿”，例如，在 f_1 频率处的噪声谱级 SL，等于以 f_1 为中心频率的 1/3 倍频程带宽声级减去带宽补偿 $(10\log f_1-5.9)$。

每一个频程中，尚有一个中心频率，例如 $f_1=800\text{Hz}$ 到 $f_2=1000\text{Hz}$ 是一个 1/3 倍频程，其中心频率 f_m 为 $f_\text{m}=895\text{Hz}$。按定义

$$f_\text{m}=\sqrt{f_1f_2}=\sqrt{2^{\frac{1}{n}}f_1f_1}=2^{\frac{1}{2n}}f_1,\qquad f_2=2^{\frac{1}{n}}f_1 \tag{1.7}$$

当 $n=1$，为倍频程；当 $n=3$，为 1/3 倍频程。带宽 Δf 与中心频率 f_m 之关系为

$$\Delta f=f_2-f_1=2^{\frac{1}{n}}f_1-f_1=(2^{\frac{1}{n}}-1)f_1=\frac{2^{\frac{1}{n}}-1}{2^{\frac{1}{2n}}}f_\text{m} \tag{1.8}$$

以 1/3 倍频程计量为例，$(10\log f_1-5.9)$ 中 5.9 为常值，在第 n 个 1/3 倍频程到 $n+1$ 个 1/3 倍频程中，$10\log f_n$ 与 $10\log f_{n+1}$ 的关系为

$$10\log f_{n+1}=10\log\sqrt[3]{2}+10\log f_n=10\log 1.2599+10\log f_n=1.0+10\log f_n$$

即带宽补偿值再增加 1dB。同理可得一个倍频程带宽补偿增加 3dB。即由于带宽度不断增大，由此引起的声压增量（仅仅由于带宽，不考虑谱级本身）是一个常值。

有时会遇到“1/3 倍频程谱级”的提法，这指的是 1Hz 带宽的噪声谱级 SL，测点是每个 1/3 倍频程选一点，通常选 1/3 倍频程中心频率处，要与 1/3 倍频程带宽声级区分开来，前者没有加上带宽补偿。

由于压力振动，在流体中必然伴生速度变化，压力随时间而变，可以求出压力的时间平均值。与压力的频域平均值

$$\overline{p}^2=\frac{1}{\Delta f}\int_{f_1}^{f_2}p_n^2\,\mathrm{d}f \tag{1.9}$$

一样，有压力变动的时域平均值

$$\overline{p}^2=\frac{1}{T}\int_0^T p^2(t)\,\mathrm{d}t \tag{1.10}$$

声振动的压力随时间而变，因此，此种声振动压力将引起流体的速度，与声波的压力振动一样，声波振动的速度也是声学现象的重要物理因素。振动速度级也可以表达为 L_v

$$L_v=10\log\frac{\tilde{v}^2}{v_0^2}$$

声波的振动速度应理解为流体质团的往复。$\tilde{v}$ 为相应频率处的声振动速度矢量；v_0 为选定的参照基准速度值，通常取 $v_0=5\times10^{-8}\text{m/s}$。

已知相应频率的速度 $\tilde{v}$,可以求出位移 ξ 和加速度 a 的瞬间值。

$$v(t)=\frac{\mathrm{d}}{\mathrm{d}t}\xi(t)\qquad a(t)=\frac{\mathrm{d}}{\mathrm{d}t}v(t)$$

取位移 $\xi(t)$ 为

$$\xi(t)=\xi_0\mathrm{e}^{\mathrm{i}\omega t}=\xi_0\mathrm{e}^{\mathrm{i}2\pi ft},\text{则}$$

$$\left.\begin{aligned}\tilde{v}(t)&=2\pi f\xi=2\pi f\xi_0\mathrm{e}^{\mathrm{i}2\pi ft}\\ \tilde{a}(t)&=2\pi f\tilde{v}=4\pi^2f^2\xi_0\mathrm{e}^{\mathrm{i}2\pi ft}\end{aligned}\right\}\tag{1.11}$$

式中,f 为频率,ω 为圆频率,$\omega=2\pi f$ 。

当然,将声音表示为声波的频域值和时域值都可以(见图 1-1 和图 1-2)。工程中最常用的是声级的频域特性值,叫做声压级,或某特定频程(如 1/3 倍频程)带宽声级。

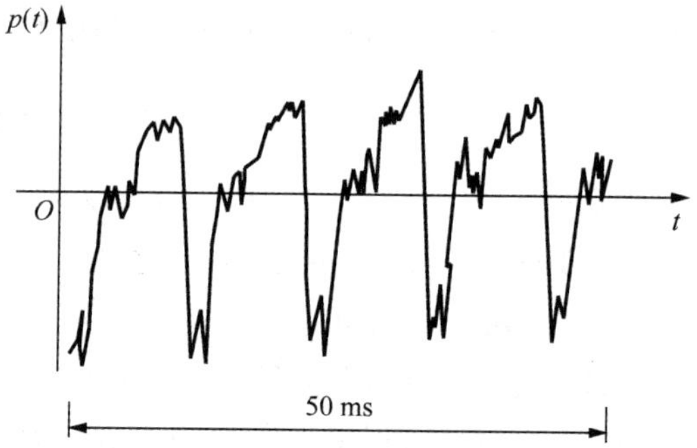

图 1-1　声压的时域信号(不同时间声压 $p(t)$ 值[1])

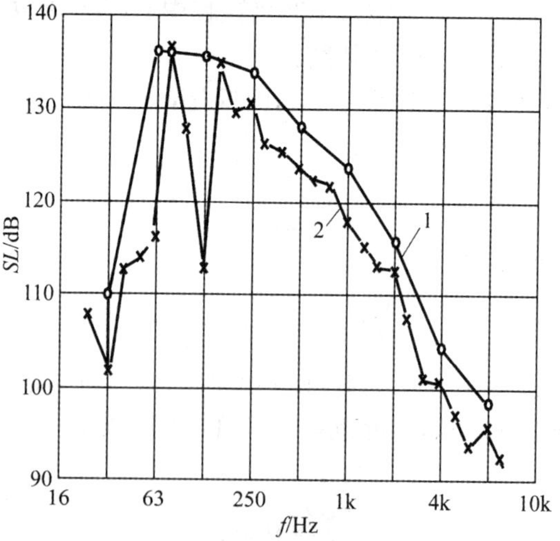

图 1-2　同一声源声级的频域信号分析结果

1——倍频程的带宽声压级 SL

2——1/3 倍频程的带宽声压级 SL[1]

1.2　声强

压力只能通过作用于流体表面而传递，流体不能承受集中力(通常理论力学中的作用点)，因此，声音的功率作用于流体中某一面上的压力引起流体沿面的法向运动的功率的时间平均值来表示，称为声强，也可认为是声功率[1]。

$$I=\overline{\tilde{p}(t)\tilde{v}(t)} \tag{1.12}$$

上式为压力与速度矢量的标量积，计及大小和方向用复数实部表示瞬间压力，上面横线表示时间平均值。

声压变化　$\tilde{p}(t)=\mathrm{Re}[\hat{p}\mathrm{e}^{\mathrm{i}\omega t}]=\mathrm{Re}[(p'+\mathrm{i}p'')(\cos\omega t+\mathrm{i}\sin\omega t)]$

$\hat{p}=p'+\mathrm{i}p''$, $\tilde{p}=|\hat{p}|\mathrm{e}^{\mathrm{i}\varphi}$

胀缩速度　$\tilde{v}(t)=\mathrm{Re}[\hat{v}\mathrm{e}^{\mathrm{i}\omega t}]=\mathrm{Re}[(v'+\mathrm{i}v'')(\cos\omega t+\mathrm{i}\sin\omega t)]$

速度矢量　$\hat{v}=v'+\mathrm{i}v''$,　$\hat{v}^*=v'-\mathrm{i}v''$,　$\hat{v}=v'+\mathrm{i}v''=|\hat{v}|\mathrm{e}^{\mathrm{i}\psi}$

$\hat{v}^*=v'-\mathrm{i}v''=|\hat{v}|\mathrm{e}^{-\mathrm{i}\psi}$

以上各式中，$\tilde{p}$ 为瞬间脉动声压，$\hat{p}$ 为 $\tilde{p}$ 的幅值；$\tilde{v}$ 为瞬间胀缩速度，$\hat{v}$ 为 $\tilde{v}$ 的幅值，$\hat{v}^*$ 为 $\hat{v}$ 的共轭复数。

$$\begin{aligned}
I&=\overline{\tilde{p}(t)\tilde{v}(t)}=\overline{[p'\cos\omega t-p''\sin\omega t][v'\cos\omega t-v''\sin\omega t]}\\
&=\overline{p'v'\cos^2\omega t+p''v''\sin^2\omega t-(p'v''+p''v')\sin\omega t\cos\omega t}\\
&=\frac{1}{nT}\int_t^{t+nT}[(p'v'\cos^2\omega t+p''v''\sin^2\omega t)-(p'v''+p''v')\sin\omega t\cos\omega t]\mathrm{d}t\\
&=\frac{p'v'}{nT}\int_t^{t+nT}\cos^2\omega t\,\mathrm{d}t+\frac{p''v''}{nT}\int_t^{t+nT}\sin^2\omega t\,\mathrm{d}t-\frac{(p'v''+p''v')}{nT}\int_t^{t+nT}\sin\omega t\cos\omega t\,\mathrm{d}t\\
&=\frac{p'v'}{nT}\left[\frac{1}{2}t+\frac{1}{4\omega}\sin 2\omega t\right]_t^{t+nT}+\frac{p''v''}{nT}\left[\frac{1}{2}t-\frac{1}{4\omega}\sin 2\omega t\right]_t^{t+nT}-\\
&\quad\frac{p'v''+p''v'}{nT}\frac{1}{2\omega}\sin^2\omega t\Big|_t^{t+nT}\\
&=\frac{1}{2}\frac{p'v'}{nT}[t+nT-t]+\frac{1}{2}\frac{p''v''}{nT}[t+nT-t]\\
&=\frac{1}{2}(p'v'+p''v'')=\frac{1}{2}\mathrm{Re}\{(p'+\mathrm{i}p'')(v'-\mathrm{i}v'')\}=\frac{1}{2}\mathrm{Re}\{\hat{p}\hat{v}^*\}
\end{aligned} \tag{1.13}^*$$

也可表示为　$I=\frac{1}{2}\mathrm{Re}\{\hat{p}\hat{v}^*\}=\frac{1}{2}|\hat{p}||\hat{v}|\cos(\varphi-\psi)$

---

*式(1.13)推导见本章附录。

$$\tilde{p}^2=\frac{1}{T}\int_0^T p^2(t)\mathrm{d}t=\frac{1}{T}\int_0^T|\hat{p}|^2\cos^2\omega t\mathrm{d}t$$
$$=\frac{1}{T}|\hat{p}|^2\int_0^T\cos^2\omega t\mathrm{d}t=\frac{1}{T}|\hat{p}|^2\int_0^T\frac{1}{2}[1+\cos 2\omega t]\mathrm{d}t=\frac{1}{T}\frac{|\hat{p}|^2}{2}T=\frac{1}{2}|\hat{p}|^2 \tag{1.14}$$

即 $|\tilde{p}|=\frac{|\hat{p}|}{\sqrt{2}}$ *

同理
$$|\tilde{v}|=\frac{|\hat{v}|}{\sqrt{2}} \tag{1.15}$$

故有声强的计量式：
$$I=\frac{1}{2}|\hat{p}||\hat{v}|\cos(\varphi-\psi)=\tilde{p}\cdot\tilde{v}\cos(\varphi-\psi) \tag{1.16}$$

尽管 $\tilde{p}$、$\tilde{v}$ 本身可能很大，但 $\tilde{p}$、$\tilde{v}$ 的相位差 $\varphi-\psi$ 对声强度有影响，若 $\varphi=\psi$，$\varphi-\psi=0$，$\cos(\varphi-\psi)=1$，有 $I=\tilde{p}\tilde{v}$。

若 φ 与 ψ 相差 $\frac{\pi}{2}$，$\varphi-\psi=\frac{\pi}{2}$，$\cos(\varphi-\psi)=0$，则声强 $I=\tilde{p}\cdot\tilde{v}\times 0=0$。

这个 $\tilde{v}$ 是流体的“胀缩”运动的速度，当在发声源点，物体受到的压力 p 与运动加速度成比例，而速度是加速度的时间积分，故相位正好相差 $\frac{\pi}{2}$。所以，在声学中有所谓近场与假声(pseudo sound) 之说。在发声点，例如爆炸中心或空泡溃灭处，会有很大的压力脉冲，但由于速度的变化与压力有相位差，实际中心处的声功率是为0 的，即还不能输出声功率。在这个范围内，没有完全形成声场向远方发射，这个区域叫“近场”。由于水噪声研究的是不同频率的声振动，其声波波长 λ 不同，而 $\lambda=c/f$，式中 c 为声速，f 为频率。不同频率的声有不同的波长。水中各频率的声传递速度 $c\approx 1\,500\mathrm{m/s}$，则有 $\lambda\approx(1\,500/f)\mathrm{m}$。

表 1-1 水声波长与频率关系

波长 λ/m	150	15	1.5	0.15	0.015
频率 f/Hz	10	100	1k	10k	100k

形成这个频率的声音，至少要一个波长以外的区域才能形成一个完整的往复波。所以，假如将一个波长(距声源点)的区域叫做近场，则对于不同频率的水声，有不同尺度的近场。那里有压力脉动，有流体运动，但不能形成有效向外发射的声，这个压力脉动 $\tilde{p}^2$ 的声波是“假”的，称为“假声”，亦称“伪声”(pseudosound, pseudo noise)。

* 详细推导见本章附录。

关于声阻抗：水中任意的压力变化过程，可用 Fourier 变换化为不同频率的谐波。而压力与介质移动速度都是矢量。这些不同频率的压力与速度矢量可能有不同的幅角，即有阻抗 Z''：

$$Z''=\frac{\tilde{p}}{\tilde{v}}=\frac{|\hat{p}|e^{i\varphi}}{|\hat{v}|e^{i\psi}}=\frac{|\hat{p}|}{|\hat{v}|}e^{i(\varphi-\psi)}=|Z''|e^{i(\varphi-\psi)} \tag{1.17}$$

这个声阻抗是复数，它表明：在不同幅角方向有不同的阻抗（详细的公式推导见本章附录）。

压力：$\tilde{p}=|\hat{p}|e^{i\varphi}$，其单位为 $\mathrm{N/m^2}=\frac{\mathrm{kg\cdot m}}{\mathrm{s^2}}\frac{1}{\mathrm{m^2}}=\frac{\mathrm{kg}}{\mathrm{s^2\cdot m}}$

速度：$\tilde{v}=|\hat{v}|e^{i\psi}$，其单位为 m/s

则声阻抗的单位为 $[\mathrm{kg/(s^2\cdot m)}]/(\mathrm{m/s})=\frac{\mathrm{kg}}{\mathrm{s^2\cdot m}}\frac{\mathrm{s}}{\mathrm{m}}=\frac{\mathrm{kg}}{\mathrm{s}}\frac{1}{\mathrm{m^2}}=\frac{\mathrm{kg\cdot m}}{\mathrm{s^2}}\frac{\mathrm{s}}{\mathrm{m^3}}=\frac{\mathrm{N\cdot s}}{\mathrm{m^3}}$

前面推算过声强式(1.13)：

$$\begin{aligned}I&=\overline{\tilde{p}(t)\cdot\tilde{v}(t)}=\overline{\mathrm{Re}(\hat{p}e^{i\omega t})\mathrm{Re}(\hat{v}e^{i\omega t})}=\frac{1}{2}(p'v'+p''v'')\\&=\frac{1}{2}\left\{|\hat{p}|\cos\varphi\left[\frac{|\hat{p}|}{Z''}\right]\cos(\varphi+\psi-\varphi)+|\hat{p}|\sin\varphi\left[\frac{|\hat{p}|}{Z''}\right]\sin(\varphi+\psi-\varphi)\right\}\\&=\frac{1}{2}|\hat{p}|\cdot|\hat{p}|\cdot\frac{1}{|Z''|}[\cos\varphi\cos\psi+\sin\varphi\sin\psi]=\frac{1}{2}|\hat{p}|^2\mathrm{Re}\left[\frac{1}{Z''}\right]\end{aligned} \tag{1.18}$$

同理，由 $\hat{p}=|\hat{v}|\cdot|Z''|e^{i(\varphi-\psi+\psi)}=|\hat{v}|\cdot|Z''|e^{i\varphi}$，得

$$p'=|\hat{v}|\cdot|Z''|\cos(\varphi-\psi+\psi)=|\hat{v}|\cdot|Z''|\cos\varphi,\quad p''=|\hat{v}|\cdot|Z''|\sin\varphi$$

故

$$\begin{aligned}I&=\frac{1}{2}(p'v'+p''v'')=\frac{1}{2}\{|\hat{v}|\cdot|Z''|\cos\varphi|\hat{v}|\cos\psi+|\hat{v}|\cdot|Z''|\sin\varphi|\hat{v}|\sin\psi\}\\&=\frac{1}{2}|\hat{v}|^2\cdot|Z''|[\cos\varphi\cos\psi+\sin\varphi\sin\psi]=\frac{1}{2}|\hat{v}|^2\mathrm{Re}[Z'']\end{aligned} \tag{1.19}$$

$$\mathrm{Re}[Z'']=\left|\frac{\hat{p}}{\hat{v}}\right|\cos(\varphi-\psi),\quad \mathrm{Re}\left[\frac{1}{Z''}\right]=\mathrm{Re}\left\{\left|\frac{\hat{v}}{\hat{p}}\right|e^{-i(\psi-\varphi)}\right\}=\left|\frac{\hat{v}}{\hat{p}}\right|\cos(\varphi-\psi)$$

即

$$I=\frac{1}{2}|\hat{p}|^2\mathrm{Re}\left[\frac{1}{Z''}\right]=\frac{1}{2}|\hat{v}|^2\mathrm{Re}[Z'']=\tilde{p}^2\mathrm{Re}\left[\frac{1}{Z''}\right]=\tilde{v}^2\mathrm{Re}[Z''] \tag{1.20}$$

可见声强——声功率密度 I 的量是 $\frac{\mathrm{N}}{\mathrm{m^2}}\frac{\mathrm{m}}{\mathrm{s}}=\frac{\text{功率(W)}}{\mathrm{m^2}}$。现将其与电学中电流 I_e、电压 V、电阻 R 作一类比。

对于电流功率 P_e 有：$P_e=\frac{V^2}{R}=VI$，$I=\frac{V}{R}$，$P_e=I^2R$。

而单位面积通过的声功率 P 为声功率密度 I。可表达为

$$\left.\begin{aligned} I &= \frac{\frac{1}{2}|\hat{p}|^2}{\mathrm{Re}|Z''|} = \frac{1}{2}|\hat{p}|^2\mathrm{Re}\left[\frac{1}{Z''}\right] = \tilde{p}^2\mathrm{Re}\left[\frac{1}{Z''}\right] \\ I &= \frac{1}{2}|\hat{v}|^2\mathrm{Re}[Z''] = \tilde{v}^2\mathrm{Re}[Z''] \end{aligned}\right\} \tag{1.21}$$

1.3 水噪声声功率评估

前面讨论了声强的单位是单位面积的功率，这是由声源向外发射(不可逆)的通过单位面积的功率，声阻抗 Z'' 的计量是 $\frac{\mathrm{kg}}{\mathrm{s}}\frac{1}{\mathrm{m}^2}=\frac{\mathrm{kg}}{\mathrm{m}^3}\frac{\mathrm{m}}{\mathrm{s}}$，它与介质密度有关，与声传递速度有关，则

$$[Z''] = [\rho c]$$

式中，ρ 为介质密度；c 为介质中声传递速度。

定义功率密度为 $I=\frac{p^2}{\rho c}$，p 为声压。若有空间声源向外发声，并认为声功率是以球面波的形式向外发射，则在距声源 r 处被球面包围的全部声源功率为

$$P = 4\pi r^2\,\frac{p^2}{\rho c}$$

这里回避了点的概念，因为点的 $r=0$，对于任意频率(波长)的声，都是近场。

认定标准比较声压为：$1\mu\mathrm{Pa}=10^{-6}\,\mathrm{N/m^2}$，$\rho\approx 1\,000\,\mathrm{kg/m^3}$，$c\approx 1\,500\,\mathrm{m/s}$，则在 r 处测得 $1\mu\mathrm{Pa}$ 声压的功率为

$$P_0 = 4\pi r^2\,\frac{p_0^2}{\rho c} = 4\pi r^2\,\frac{(10^{-6})^2}{1\,000\times 1\,500} = 4\pi r^2\,\frac{10^{-12}}{1.5\times 10^6} = 8.37\times 10^{-18}r^2$$

在相同 r 处，测得某声源功率为 $P(\mathrm{W})$，则有声级

$$SL = 10\log\frac{P}{P_0} = 10\log\frac{p^2/(\rho c)}{p_0^2/(\rho c)} = 10\log\frac{p^2}{p_0^2}$$

$$\begin{aligned} 10\log\frac{P}{P_0} &= 10\log\frac{P}{4\pi r^2\,p_0^2/(\rho c)} = 10\log P - 10\log P_0 \\ &= 10\log P - 10\log 8.37\times 10^{-18} - 10\log r^2 \\ SL &= 10\log P + 180 - 10\log 8.37 - 10\log r^2 \\ &= 10\log P + 170.8 - 10\log r^2 \end{aligned}$$

功率 $P=1\mathrm{W}$ 的声源，在距声源 r 处测定的声级为

$$SL = 10\log 1 + 170.8 - 10\log r^2 = 170.8 - 20\log r \tag{1.22}$$

$P=1\mathrm{W}$ 时，不同 r 处测得的声级不同。按计算式得表 1-2 所示数据。

表 1-2　距声源不同距离处测得的 1W 功率声源的声压级比较

r/m	1	50	100	1 yard(0.914 4m)
SPL/dB	170.8	136.8(170.8－34)	130.8 (170.8－40)	171.6 (170.8＋0.8)

由以上估算可见，舰船实测到的噪声，相当于噪声源以 W 的量级向自由场(水)发射噪声。二战时期 20 节(kn，1kn＝1 852m/h)航速的驱逐舰的噪声级在 100Hz 处的谱级为 164～180dB。计及噪声变化的频域特性可以估算出总声级在 185～200dB re. 1μPa，1m。证实其噪声的总功率在瓦到百瓦量级范围。

对于同一声源，若忽略噪声在传输过程中的耗损，则功率 P＝const，在 r_a 和 r_b 测点量得的声压 p_a、p_b 将有不同，且有下列关系：

$$P = 4\pi r_a^2 \frac{p_a^2}{\rho c} = 4\pi r_b^2 \frac{p_b^2}{\rho c}$$

可得　$10\log P/4\pi = 10\log r_a^2 p_a^2/\rho c = 10\log r_b^2 p_b^2/(\rho c)$

展开上式　$10\log r_a^2 + 10\log \frac{p_a^2}{p_0^2} = 10\log r_b^2 + 10\log \frac{p_b^2}{p_0^2}$

SL 下标表示测点处声级，则 $SL_a = 10\log \frac{p_a^2}{p_0^2} = 20\log r_b - 20\log r_a + 10\log \frac{p_b^2}{p_0^2}$

$$SL_a = SL_b + 20\log r_b - 20\log r_a \tag{1.23}$$

若在不同距离 r 处测定同一声源的 SL，则随着测点离声源距离增大，声级将下降。工程上以 $r_a = 1$m 为标准距离，并定义距声源标准距离 1m 处的声压级为源声级(本书中除专门说明外，以后讨论的都是源声级)。按定义源声级应为

$$SL_a = SL_b + 20\log r_b - 20\log 1 = SL_b + 20\log r_b$$

实际测量是在距声源 r_b m 处进行的。将测得的声压级 SL_b 加上 $20\log r_b$，即可得源声级，用这个标准量来比较噪声源的声级

$$SL_a = SL_b + 20\log r_b$$

例如在距船桨 $r_b = 40$m 处测得 $SL_b = 140$dB，则源声级为

$$SL_a = 140 + 20\log 40 = 172\text{dB}$$

该声源在距离 1m 处的声压级为 172dB。例如，对于其中 100Hz 的声来说，虽然 1m 为近场，声是难以测定的，作为比较还是说 172dB。有时看到用 1 yard(码，美、英用，1 yard＝0.914 4m)作标准距离的声级数据，换算到 1m 的标准距离，需减去 0.78dB。

在讨论了声所具有的功率量级后，会问这个声级相当于多大的声压呢？前面讨论的是总声功率所对应的压力幅值的有效量，各个频率的时域信号(相位不同)是可能相抵消的。

知道 SL_a 之后,可以估算出在距声源 1m 处的声压:

$$SL_a = 10\log\frac{\bar{p}^2}{p_0^2},\quad SL_a = 10\log\bar{p}^2 - 10\log p_0^2$$

$$10\log\bar{p}^2 = SL_a + 10\log p_0^2 = SL_a + 10\log(10^{-6})^2 = SL_a - 120$$

若测得 SL_a 为 175dB,则

$$10\log\bar{p}^2 = 175 - 120 = 55\text{dB},\quad \log\bar{p}^2 = \frac{55}{10},\ \bar{p}^2 = 10^{5.5},\ |\bar{p}| = 565\text{Pa}$$

总有效声压力相当于数百帕(Pa=N/m^2)。有时噪声谱级低于 120dB,恒有 $|\bar{p}|\geqslant 0$,例如 $SL = 80$dB,意味着 $\bar{p} = 0.01$Pa。因为声压频域特性是用 Fourier 变换得出的数据,测声仪器也是通过声压-电信号转换得出频率特性的,不等于直接检测到的这一压力值。

经过以上分析,得出了一个非常有趣的概念,船用螺旋桨发出的噪声总功率的量级,为 10^{-2}~10W。压力(声压)是百帕(Pa)量级。一般来说,随着舰船吨位不同,在低噪声航速,螺旋桨推进功率是 10^5W 的量级,噪声功率在 10^{-2}W 以下,即约为螺旋桨功率的 10^{-8}~10^{-7};全航速有空化时螺旋桨的声功率是 10W,螺旋桨推进功率为 10^7W 的量级,即噪声功率约为螺旋桨推进功率的 10^{-6}。

所以,有一种说法是:无空化时螺旋桨噪声的功率是其转换机械功率的约 10^{-7}量级;而出现空化时,螺旋桨的噪声是其转换功率的约 10^{-6}量级,无论有无空化,噪声高低本身都不会影响螺旋桨的推进效率,更不会影响航速。因为螺旋桨效率甚至相差 1%,实船航速的变化都可以忽略不计。

附录(用于本章中相应计算公式之参考)

鉴于 $\hat{p}$、$\hat{v}$ 为幅值,已知

$$\text{Re}[(p' + \text{i}p'')(\cos\omega t + \text{i}\sin\omega t)] = p'\cos\omega t + \text{i}^2 p''\sin\omega t = p'\cos\omega t - p''\sin\omega t$$

$$\text{Re}[(v' + \text{i}v'')(\cos\omega t + \text{i}\sin\omega t)] = v'\cos\omega t - v''\sin\omega t$$

上式为式(1.13)中积分,又知 $\frac{1}{T} = \frac{\omega}{2\pi} = n = f,\quad \omega = 2\pi n,\quad nT = l,\quad \omega T = 2\pi$

$$\int\cos^2\omega t\,\text{d}t = \frac{1}{2}\int(1 + \cos2\omega t)\,\text{d}t = \frac{1}{2}\left[t + \frac{1}{2\omega}\sin2\omega t\right] + C$$

$$\int_t^{t+nT}\cos^2\omega t\,\text{d}t = \frac{1}{2}\left(t + \frac{1}{2\omega}\sin2\omega t\right)\Bigg|_t^{t+nT} = \frac{1}{2}nT + \frac{1}{4\omega}[\sin2\omega(t+nT) - \sin2\omega t]$$

$$= \frac{1}{2}nT + \frac{1}{4\omega}[\sin(2\omega t + 4\pi n) - \sin2\omega t] = \frac{1}{2}nT$$

同理,

$$\int\sin^2\omega t\,\text{d}t = \frac{1}{2}\int(1 - \cos2\omega t)\,\text{d}t = \frac{1}{2}\left[t - \frac{1}{2\omega}\sin2\omega t\right] + C$$

$$\int_t^{t+nT} \sin^2\omega t\,\mathrm{d}t = \frac{1}{2}nT$$

$$z'' = \frac{\tilde{p}}{\tilde{v}} = \frac{|\hat{p}|\,\mathrm{e}^{\mathrm{i}\varphi}}{|\hat{v}|\,\mathrm{e}^{\mathrm{i}\psi}} = \frac{|\hat{p}|}{|\hat{v}|}\mathrm{e}^{\mathrm{i}(\varphi-\psi)}$$

已知 z''为复数,$\tilde{p}$,$\tilde{v}$ 均为脉动瞬间值。

$$\tilde{v} = \frac{\tilde{p}}{z''} = \frac{|\hat{p}|\,\mathrm{e}^{\mathrm{i}\varphi}}{|z''|\,\mathrm{e}^{\mathrm{i}(\varphi-\psi)}} = \frac{|\hat{p}|}{|z''|}\mathrm{e}^{\mathrm{i}(\varphi-\varphi+\psi)} = \frac{|\hat{p}|}{|z''|}\mathrm{e}^{\mathrm{i}\psi}$$

$$p' = |\hat{p}|\cos\varphi, \quad p'' = |\hat{p}|\sin\varphi$$

$$v' = \frac{|\hat{p}|}{|z''|}\cos(\varphi-\varphi+\psi) = \frac{|\hat{p}|}{|z''|}\cos\psi, \quad v'' = \frac{|\hat{p}|}{|z''|}\sin(\varphi-\varphi+\psi) = \frac{|\hat{p}|}{|z''|}\sin\psi$$

故有

$$I = p'v' + p''v'' = \frac{1}{2}|\hat{p}|^2\frac{1}{|Z''|}[\cos\varphi\cos\psi + \sin\varphi\sin\psi]$$

$$= \frac{1}{2}|\hat{p}|^2\frac{1}{|z''|}\cos(\varphi-\psi)$$

$$p' = |\hat{p}|\cos\varphi, \qquad \hat{p} = p' + \mathrm{i}p''$$

$$\mathrm{Re}\left[\frac{\tilde{p}}{z''}\right] = \mathrm{Re}\frac{|\hat{p}|\,\mathrm{e}^{\mathrm{i}\varphi}}{|z''|\,\mathrm{e}^{\mathrm{i}(\varphi-\psi)}} = \mathrm{Re}\left|\frac{\hat{p}}{z''}\right|\mathrm{e}^{\mathrm{i}(\varphi-\varphi+\psi)} = \left|\frac{\hat{p}}{z''}\right|\cos(\varphi-\varphi+\psi) = \mathrm{Re}\frac{|\hat{p}|}{|z''|}\mathrm{e}^{\mathrm{i}\psi}$$

$$p'' = |\hat{p}|\cos\varphi = I_{\mathrm{m}}\hat{p}\mathrm{e}^{\mathrm{i}\varphi}$$

$$\mathrm{lm}\frac{\hat{p}}{z''} = \mathrm{lm}\frac{|\hat{p}|\,\mathrm{e}^{\mathrm{i}\varphi}}{|z''|\,\mathrm{e}^{\mathrm{i}(\varphi-\psi)}} = \mathrm{lm}\left|\frac{\hat{p}}{z''}\right|\mathrm{e}^{\mathrm{i}(\varphi-\varphi+\psi)} = \left|\frac{\hat{p}}{z''}\right|\sin(\varphi-\varphi+\psi) = \mathrm{lm}\frac{|\hat{p}|}{|z''|}\mathrm{e}^{\mathrm{i}\psi}$$

$$\mathrm{Re}\left[\frac{1}{z''}\right] = \mathrm{Re}\frac{1}{|z''|}\cos(\psi-\varphi)$$

噪声信号是压力脉动信号

$$p = \hat{p}\cos\omega t = \hat{p}\cos(2\pi ft) \qquad f = n, \quad fT = 1, \quad \omega = 2\pi f$$

若在同一个周期内积分,则

$$\int_t^{t+T}\hat{p}\cos\omega t\,\mathrm{d}t = \int_t^{t+T}\hat{p}\cos(2\pi ft)\,\mathrm{d}t = \frac{\hat{p}}{2\pi f}\sin[2\pi ft]_t^{t+t}$$

$$= \frac{\hat{p}}{2\pi f}[\sin(2\pi ft + 2\pi fT) - \sin(2\pi ft)]$$

$$= \frac{\hat{p}}{2\pi f}[\sin(2\pi ft + 2\pi) - \sin(2\pi ft)] = 0$$

若由 $p = \hat{p}\sin(\omega t + \varepsilon)$,当 $\varepsilon = 0$,则 $t = 0$ 或 $t = T/2$ 时,$\sin\omega t = 0$

$$\bar{p} = \frac{2}{T}\int_0^{T/2}\hat{p}\sin(2\pi ft)\,\mathrm{d}t = \frac{2}{T}\frac{\hat{p}}{2\pi f}[-\cos(2\pi ft)]\Big|_0^{T/2} = \frac{\hat{p}}{\pi}[1-\cos\pi] = \frac{2\hat{p}}{\pi}$$

$$\tilde{p}^2 = \frac{1}{T}\int_0^T[\hat{p}\sin\omega t]^2\,\mathrm{d}t = \frac{1}{T}\int_t^{t+t}[\hat{p}\sin\omega t]^2\,\mathrm{d}t = \frac{\hat{p}^2}{T}\int_t^{t+T}\sin^2\omega t\,\mathrm{d}t = \frac{\hat{p}^2}{T}\frac{T}{2} = \frac{\hat{p}^2}{2}$$

$$\tilde{p}^2 = \frac{\hat{p}^2}{2}, \qquad \sqrt{\tilde{p}^2} = |\tilde{p}| = \sqrt{\frac{\hat{p}^2}{2}} = \frac{|\hat{p}|}{\sqrt{2}}$$

同理,对 $\tilde{v}$ 进行同样演算,可得

$$\tilde{v}^2 = \frac{\hat{v}^2}{2}, \qquad \sqrt{\tilde{v}^2} = |\tilde{v}| = \sqrt{\frac{\hat{v}^2}{2}} = \frac{|\hat{v}|}{\sqrt{2}}$$

第 2 章　螺旋桨模型噪声与实桨噪声换算

2.1　关于声源功率

声源传递过程中的压力和距离的关系：声源的声发射功率与声压 $\tilde{p}$(是疏密波)、介质密度 ρ 和声传播速度 c 有关，整个声功率由声源向空间不断扩散，对于声接受者是单位面积上通过的声功率。量纲分析表明，作球面发射时，整个声功率为 P：

$$P = 4\pi R^2 \left(\frac{\tilde{p}^2}{\rho c}\right) = 4\pi r^2 \left(\frac{\tilde{p}^2}{\rho c}\right) \tag{2.1}$$

其计量单位为

$$\mathrm{m}^2 \frac{\left[\dfrac{\mathrm{kg}\cdot\mathrm{m}}{\mathrm{s}^2}\dfrac{1}{\mathrm{m}^2}\right]^2}{\left[\dfrac{\mathrm{kg}}{\mathrm{m}^3}\dfrac{\mathrm{m}}{\mathrm{s}}\right]} = \frac{\mathrm{kg}^2}{\mathrm{s}^4}\frac{\mathrm{m}^2}{\mathrm{kg}}\mathrm{s} = \frac{\mathrm{kg}\cdot\mathrm{m}^2}{\mathrm{s}^3} = \frac{\mathrm{kg}\cdot\mathrm{m}}{\mathrm{s}^2}\frac{\mathrm{m}}{\mathrm{s}} = \text{力}\times\text{速度} = \text{功率}$$

$\dfrac{\tilde{p}^2}{\rho c}$ 为通过单位面积的声功率，与参照基准$\dfrac{p_0^2}{\rho c}$($p_0 = 10^{-6}\,\mathrm{Pa} = 1\mu\mathrm{Pa}$) 相比，得$\dfrac{P}{P_0} = \dfrac{\tilde{p}^2/(\rho c)}{p_0^2/(\rho c)} = \dfrac{\tilde{p}^2}{p_0^2}$ 即式(1.1)中的相应值为声级比值。$SL = 10\log\dfrac{\tilde{p}^2}{p_0^2}$(dB)。若功率 $P =$ const，则声场中包围声源的，距声源为 r 的任意球面上，所通过的功率应为常值。

$$P = 4\pi r^2 \tilde{p}^2/\rho c = \mathrm{const}, \quad \sqrt{\tilde{p}^2 r^2} = \mathrm{const}$$

或写成

$$\tilde{p}r = \mathrm{const} \tag{2.2}$$

声场中声压(此后不再专门区分有效平均值 $\tilde{p}^2$、$\sqrt{\tilde{p}^2} = |\tilde{p}|$ 和 $\tilde{p}$)与距声源的距离乘积为常数，两者成反比。

2.2　空泡声相似关系——模拟系数

先讲空泡声模拟系数，为了模拟或换算某一物理现象需要了解与该物理现象有关的物理量，并组成相应的无量纲系数。首先提出空泡声相似律的是俄罗斯学者[4]，下面就其论著作一转述。

当涉及空泡噪声时，早先对螺旋桨等水力机械的空泡化研究曾得出，影响空泡的物理量是：水压和临界压力之差 $p_0 - e$；介质（水）密度 ρ；还有就是空泡及物体（如螺旋桨）的运动速度及尺度。在研究螺旋桨噪声时，认定影响空泡发声的整个过程的物理量是压力 p、空泡运动（变形、包括溃灭）、发射声波速度 c_0、空泡尺度 R_0 以及噪声的频率和能量。这是推出相似定律的基本出发点[4]，若加进其他相关物理量（例如流体黏性等），则将得出其他模拟系数。目前认同的空泡噪声相似定律关系式，就是基于上述前提得出的，工程实践确认它反映了水噪声的基本规律。

螺旋桨空泡噪声试验，除了必须首先遵守几何相似、空泡相似（空泡数相同）等空泡研究一般的相似条件外，由于噪声源来自空泡溃灭的压力场，故要求压力变化与静压 p_0（在讨论空泡时，这不再是基准声压，保持各自学科中习惯标记）成比例：

$$\bar{p} = \frac{p}{p_0}$$

而且几何相似的实桨-模型的空泡特征尺度（最大空泡直径 R_0 ）成比例，即

$$\bar{r} = \frac{r}{R_0}$$

由于研究的是水声，水的密度 ρ 之变化甚微，故不必考虑相似，但声发射与之相关，是相关的物理量，犹如水波中的重力加速度 g 的作用，故必须计入。

在实桨-模型空泡的声发射过程中，反映运动速度相似的无量纲速度，即空泡溃灭速度的无量纲（与声发射速度相似）化 $\bar{c}$，可表达为

$$\bar{c} = c_0 p^x \rho^y R_0^z$$

式中，c_0—— 空泡溃灭声速度；p—— 压力；ρ ——密度；各物理量的量纲相应为

$$[c] = \frac{\mathrm{L}}{\mathrm{T}} \quad [p] = \left[\frac{\mathrm{ML}}{\mathrm{T}^2}\frac{1}{\mathrm{L}^2}\right] \quad [\rho] = \frac{\mathrm{M}}{\mathrm{L}^3}$$

式中，L——长度量纲，T——时间量纲，M——质量量纲，则

$$[\bar{c}] = \frac{\mathrm{L}}{\mathrm{T}}\left(\frac{\mathrm{ML}}{\mathrm{T}^2}\frac{1}{\mathrm{L}^2}\right)^x\left(\frac{\mathrm{M}}{\mathrm{L}^3}\right)^y(\mathrm{L}^z) = \frac{\mathrm{L}}{\mathrm{T}}\left(\frac{\mathrm{M}^x}{\mathrm{T}^{2x}\mathrm{L}^x}\right)\left(\frac{\mathrm{M}^y}{\mathrm{L}^{3y}}\right)(\mathrm{L}^z)$$

因为 $\bar{c}$ 为无量纲值，故令 M，L，T 的指数为零，得方程组：

$$\begin{aligned} &\mathrm{M}:\ x + y = 0 \\ &\mathrm{L}:1 - x - 3y + z = 0 \\ &\mathrm{T}:1 + 2x = 0 \end{aligned} \quad 解得 \quad \begin{cases} y = -x = \dfrac{1}{2} \\ z = 0 \\ x = -\dfrac{1}{2} \end{cases}$$

即

$$\bar{c} = c_0\sqrt{\frac{\rho}{p_0}}$$

同理，无量纲频率 $\bar{f}$ 为

$$\bar{f} = f\rho^{x_0} p^{y_0} R^{z_0} = \frac{1}{\mathrm{T}}\left(\frac{\mathrm{M}}{\mathrm{L}^3}\right)^{x_0}\left(\frac{\mathrm{M}}{\mathrm{T}^2}\frac{1}{\mathrm{L}}\right)^{y_0}\mathrm{L}^{z_0} = \frac{\mathrm{M}^{x_0+y_0}}{\mathrm{T}^{1+2y_0}}\frac{1}{\mathrm{L}^{3x_0+y_0-z_0}}$$

得方程组：

$$x_0 + y_0 = 0$$
$$1 + 2y_0 = 0$$
$$3x_0 + y_0 - z_0 = 0$$

解得：$x_0 = \frac{1}{2}, y_0 = -\frac{1}{2}, z_0 = 3x_0 + y_0 = 3\left(\frac{1}{2}\right) - \frac{1}{2} = 1$

即
$$\bar{f} = f\rho^{\frac{1}{2}} p^{-\frac{1}{2}} R^1 = fR_0\sqrt{\frac{\rho}{p}}$$

还有，无量纲功率（能量）谱 $\bar{G}$ 为　$\bar{G} = \dfrac{Gr^2}{R_0^3\sqrt{p_0^3\rho}}$

通常文献中又称 G 为“功率谱密度”(power spectrum density)，其表达式为

$$G = \lim_{T\to\infty}\frac{1}{T}\left|\int_0^T p\mathrm{e}^{-\mathrm{i}\omega t}\,\mathrm{d}t\right|^2$$

其量纲为

$$[p] = \frac{\mathrm{ML}}{\mathrm{T}^2}\frac{1}{\mathrm{L}^2} = \frac{\mathrm{M}}{\mathrm{T}^2\mathrm{L}},\quad [\omega] = \frac{1}{\mathrm{T}},\quad [t] = \mathrm{T}$$

$$[G] = \left[\lim\frac{1}{\mathrm{T}}\left|\int_0^T p\mathrm{e}^{-\mathrm{i}\omega t}\,\mathrm{d}t\right|^2\right] = \frac{1}{\mathrm{T}}\left[\frac{p^2}{\omega^2}\right] = \frac{1}{\mathrm{T}}\left(\frac{\mathrm{M}}{\mathrm{T}^2\mathrm{L}}\right)^2\frac{1}{\mathrm{T}^{-2}} = \frac{\mathrm{M}^2}{\mathrm{T}^3\mathrm{L}^2}$$

$$[Gr^2] = \frac{\mathrm{M}^2}{\mathrm{T}^3\mathrm{L}^2}\mathrm{L}^2 = \frac{\mathrm{M}^2}{\mathrm{T}^3}$$

$$[R_0^3\sqrt{p_0^3\rho}] = \mathrm{L}^3\sqrt{\left(\frac{\mathrm{M}}{\mathrm{T}^2\mathrm{L}}\right)^3\frac{\mathrm{M}}{\mathrm{L}^3}} = \mathrm{L}^3\sqrt{\left(\frac{\mathrm{M}^3}{\mathrm{T}^6\mathrm{L}^3}\right)\frac{\mathrm{M}}{\mathrm{L}^3}} = \mathrm{L}^3\frac{\mathrm{M}^2}{\mathrm{T}^3\mathrm{L}^3} = \frac{\mathrm{M}^2}{\mathrm{T}^3}$$

从积分式 $G = \lim\limits_{T\to\infty}\left|\int_0^T p\mathrm{e}^{-\mathrm{i}\omega t}\,\mathrm{d}t\right|^2$ 看，这是一个时域积分量。其物理含义为声能，即空泡发射的声能（声压变化的能量）的计量，由于量纲为 $[Gr^2] = \frac{\mathrm{M}^2}{\mathrm{T}^3}$。再看功率谱密度 G 与声阻抗 ρc 的比值，可见 $G/(\rho c)$ 的量纲为 $[G/(\rho c)] = \mathrm{M}/\mathrm{T}^2$。则整个球面的通过量的量纲

$$\left[\frac{4\pi r^2}{\rho c}G\right] = [Gr^2]\frac{1}{[\rho c]} = \frac{\mathrm{M}^2}{\mathrm{T}^3}\frac{1}{\frac{\mathrm{M}}{\mathrm{L}^3}\frac{\mathrm{L}}{\mathrm{T}}} = \frac{\mathrm{M}}{\mathrm{T}^2}\mathrm{L}^2 = \frac{\mathrm{ML}}{\mathrm{T}^2}\mathrm{L} = [\text{力}\cdot\text{距离}]$$ 为“能量”。

G 是单位面积的声能量，所以声功率谱密度，与 $P_0 = 1\mu\mathrm{Pa}$ 的标准压力的能量表达式 G_0 比较，可得表达式 $10\log\frac{G}{G_0}$ 即为声级，实为能量密度之无量纲表达。而声功

率(单位时间的能量)

$$P = 4\pi r^2 \frac{\tilde{p}^2}{\rho c}$$

其量纲为

$$[P] = \left[4\pi r^2 \frac{\tilde{p}^2}{\rho c}\right] = L^2 \times \left(\frac{M}{T^2 L}\right)^2 \frac{1}{\frac{M}{L^3}\frac{L}{T}} = L^2 \frac{M^2}{T^4 L^2}\frac{L^2 T}{M}$$

$$= \frac{ML^2}{T^3} = \frac{ML}{T^2}\frac{L}{T} = [\text{力} \cdot \text{速度}] \text{为“功率”。}$$

对于远场来讲,声源功率应为常值,在不同半径 r 处球面测定同一声源功率 P,为

$$P = 4\pi r^2 \left(\frac{\tilde{p}^2}{\rho c}\right)$$

但其声压 $\tilde{p}$ 是不同的,由于水密度 ρ 和水声速 c 为常值,故有

$$\tilde{p}^2 r^2 = \text{const}, \quad Gr^2 = \text{const}$$

在水声级测量中,对 $\tilde{p}^2$ 中的 p 是以 $p_0 = 1\mu\text{Pa} = 10^{-6}\,\text{Pa}$ 为标准进行比较的。前面 1.3 节曾计算淡水中的情况,现计算标准声压 p_0 在海水中相应功率为

$$P_0 = 4\pi r^2 \left(\frac{p_0^2}{\rho c}\right) = \frac{4\pi r^2 \times 10^{-12}}{1\,500 \times 1\,025} = 8.17 \times 10^{-18} r^2$$

功率 P 的声源之声级由式(1.22)计算:

$$SL = 10\log P + 170.8 - 10\log r^2 (\text{dB})$$

若声源功率 $P=12\text{W}$,相应声级 SL(dB) 如表 2-1 所示。

表 2-1　12W 声源的声级

r	1m	50m	100m	1yard
SL/dB	181.7	147.7	141.7	182.5

通常在水面舰船数百米远处测得的声级是 135～145dB。淡水、海水中声级相差甚微。

基于对空泡的理解,认为空泡相似的力学条件已满足后,若满足以下式(2.3)附加相似条件,就能保证能量密度 G 及声能发射 Gr^2 相似,相应的噪声可以进行模型-实物换算。

$$\left.\begin{aligned} &\bar{p} = \frac{p}{p_0} \qquad \bar{r} = \frac{r}{R_0} \qquad \bar{c} = c_0\sqrt{\frac{\rho}{p_0}} \\ &\bar{f} = fR_0\sqrt{\frac{\rho}{p_0}} \qquad \bar{G} = \frac{Gr^2}{R_0^3\sqrt{p_0^3\rho}} \end{aligned}\right\} \tag{2.3}$$

前面提到，在空泡相似的力学条件保证下，物体几何相似、运动相似，并通常以"idem"表示比较对象的空泡数相同，为

$$\sigma_T = \frac{p-e}{\frac{\rho}{2}W^2} = \text{idem} \qquad \sigma_n = \frac{p-e}{\frac{\rho}{2}n^2D^2} = \text{idem} \tag{2.4}$$

在计算式(2.4)中，W 为桨叶梢线速度，$W^2 = U^2 + v_A^2 = (\pi nD)^2 + v_A^2$，$U = \pi nD$ 为桨叶梢周向速度，v_A 为螺旋桨的进速；σ_T 是以 W 计的空泡数；σ_n 是以 nD 计的空泡数；D 是螺旋桨直径。

综上所述，得出影响空泡噪声发射量(总声功率)的物理量是空泡直径 d(半径 R_0)，介质密度 ρ 及特征压力 $p_0 = p_s$。为满足式(2.3)，在空泡化的实物(下标 s)和模型(下标 m)之间，要保证噪声发射相似，即在大小物体上 $\bar{c}$ 相同，又基于 $c_0 \approx$ 恒量及密度 $\rho \approx$ 恒量，由关系式 $\bar{c} = c_0\sqrt{\frac{\rho}{p_0}}$，应要求 $p_0 = p_{0s} = p_{0m}$，即模型试验压力等于实际螺旋桨运行潜深处的静压力。

由空泡数表达式可以看到，原本空泡试验筒中的螺旋桨模型试验，是以调节式(2.4)中压力 p 保证空泡数相同，即与空泡现象一样进行模拟的。潜艇实际处于水面下潜深(H)数十米处，压力很高，这个空泡数很大；而上述推演的结果，适用于空泡噪声的换算，也就是说，研究也只适用于螺旋桨出现空泡(包括声学空泡)时的噪声情况。

在试验低噪声螺旋桨时，若潜艇在水下 30m 以航速 $V_S < 10$kn 航行，即 $v_A \approx$ 5m/s，对应空泡筒中的试验水速并不太高，筒压为

$$p_0 - e = \frac{\rho}{2}w^2\sigma_T = \frac{\rho}{2}n^2D^2\sigma_n$$

即要求模型试验速度与压力均与实桨 W_s、p_s 相同的条件下，进行噪声模拟试验。这样满足实物—模型所处时间和空间，以及各个位置(r)相对应的条件后，空泡半径应与桨直径(线性尺度)成比例：

$$\frac{R_{0s}}{R_{0m}} = \frac{D_s}{D_m} = \Lambda$$

其中，D——特征长度(桨直径)，Λ——模型缩尺比，下标 s、m 分别指实物和模型。这时有

$$\bar{f} = f_m R_{0m}\sqrt{\frac{\rho_m}{p_{0m}}} = f_s R_{0s}\sqrt{\frac{\rho_s}{p_{0s}}} \qquad \rho_m = \rho_s \qquad p_{0m} = p_{0s}$$

$$f_m = f_s\frac{R_{0s}}{R_{0m}} = f_s\Lambda \qquad f_s = \frac{f_m}{\Lambda} \tag{2.5}$$

以及无量纲功率谱密度

$$\bar{G}=\frac{G_{\mathrm{m}}r_{\mathrm{m}}^{2}}{R_{0\mathrm{m}}^{3}\sqrt{p_{0\mathrm{m}}^{3}\rho_{0\mathrm{m}}}}=\frac{G_{\mathrm{s}}r_{\mathrm{s}}^{2}}{R_{0\mathrm{s}}^{3}\sqrt{p_{0\mathrm{s}}^{3}\rho_{0\mathrm{s}}}}$$

$$G_{\mathrm{s}}=G_{\mathrm{m}}\frac{r_{\mathrm{m}}^{2}}{r_{\mathrm{s}}^{2}}\frac{R_{0\mathrm{s}}^{3}\sqrt{p_{0\mathrm{s}}^{3}\rho_{0\mathrm{s}}}}{R_{0\mathrm{m}}^{3}\sqrt{p_{0\mathrm{m}}^{3}\rho_{0\mathrm{m}}}}=G_{\mathrm{m}}\frac{r_{\mathrm{m}}^{2}}{r_{\mathrm{s}}^{2}}\Lambda^{3} \tag{2.6}$$

可以得出实物的噪声谱 SL_{s} 与模型的噪声谱 $SL_{\mathrm{m}}=10\log\frac{G_{\mathrm{m}}}{G_0}$ 之间的关系为

$$\begin{aligned}SL_{\mathrm{s}}=10\log\frac{G_{\mathrm{s}}}{G_0}=10\log\frac{\bar{p}^2}{p_0^2}&=10\log\frac{G_{\mathrm{m}}}{G_0}\frac{r_{\mathrm{m}}^{2}}{r_{\mathrm{s}}^{2}}\Lambda^{3}\\&=10\log\frac{G_{\mathrm{m}}}{G_0}+10\log\frac{r_{\mathrm{m}}^{2}}{r_{\mathrm{s}}^{2}}+10\log\Lambda^{3}\\&=10\log\frac{G_{\mathrm{m}}}{G_0}+20\log\frac{r_{\mathrm{m}}}{r_{\mathrm{s}}}+30\log\Lambda\end{aligned} \tag{2.7}$$

式中，r_{m} 为测试时模型作为点声源距测点的距离，r_{s} 为实桨距测点的距离，均换算到标准距离，则有实船螺旋桨的源声级谱级

$$SL_{\mathrm{s}}=SL_{\mathrm{m}}+20\log\frac{r_{\mathrm{m}}}{r_{\mathrm{s}}}+30\log\Lambda \tag{2.8}$$

这时 SL_{s} 为频率 f_{s} 处的实桨噪声谱级，SL_{m} 为频率 f_{m} 处的模型噪声谱级。将测得的模型某一频率 f_{m} 处的谱级为 SL_{m}，先按式(2.5)将 f_{m} 换算到实桨频率 f_{s}，然后按式(2.8)，据已知 r_{m} 及 $\frac{D_{\mathrm{s}}}{D_{\mathrm{m}}}=\Lambda$ 和 $r_{\mathrm{s}}=1\mathrm{m}$，换算出 f_{s} 处的谱级 SL_{s}。

有时候无法保证空泡筒内压力等于实船螺旋桨处压力，即空泡试验时 $p_{0\mathrm{s}}\neq p_{0\mathrm{m}}$，因为实船桨的空泡数低，即实船航速高，为满足空泡力学相似条件，不得不在空泡筒内压力较低，即 $p_{0\mathrm{m}}<p_{0\mathrm{s}}$ 的条件下试验。因与水声有关的水密度 ρ 是无法变动的，从而实质上放弃了速度与空间、时间的相对位置相似的条件

$$\bar{c}=c_0\sqrt{\frac{\rho}{p_0}}=c_{0\mathrm{m}}\sqrt{\frac{\rho}{p_{0\mathrm{m}}}}=c_{0\mathrm{s}}\sqrt{\frac{\rho}{p_{0\mathrm{s}}}} \tag{2.9}$$

因此，如果(不得不)继续承认关系式

$$\bar{f}=f_{\mathrm{m}}\sqrt{\frac{\rho}{p_{0\mathrm{m}}}}R_{0\mathrm{m}}=f_{\mathrm{s}}\sqrt{\frac{\rho}{p_{0\mathrm{s}}}}R_{0\mathrm{s}},\quad \bar{G}=\frac{G_{\mathrm{m}}r_{\mathrm{m}}^{2}}{R_{0\mathrm{m}}^{3}\sqrt{p_{0\mathrm{m}}^{3}\rho}}=\frac{G_{\mathrm{s}}r_{\mathrm{s}}^{2}}{R_{0\mathrm{s}}^{3}\sqrt{p_{0\mathrm{s}}^{3}\rho}}$$

则推得

$$f_{\mathrm{s}}=f_{\mathrm{m}}\sqrt{\frac{\rho}{p_{0\mathrm{m}}}}\sqrt{\frac{p_{0\mathrm{s}}}{\rho}}\frac{R_{0\mathrm{m}}}{R_{0\mathrm{s}}}=f_{\mathrm{m}}\frac{1}{\Lambda}\sqrt{\frac{p_{0\mathrm{s}}}{p_{0\mathrm{m}}}},$$

$$G_{\mathrm{s}}=G_{\mathrm{m}}\frac{r_{\mathrm{m}}^{2}}{r_{\mathrm{s}}^{2}}\frac{R_{0\mathrm{s}}^{3}\sqrt{p_{0\mathrm{s}}^{3}\rho}}{R_{0\mathrm{m}}^{3}\sqrt{p_{0\mathrm{m}}^{3}\rho}}=G_{\mathrm{m}}\Lambda^{3}\sqrt{\frac{p_{0\mathrm{s}}^{3}}{p_{0\mathrm{m}}^{3}}}\frac{r_{\mathrm{m}}^{2}}{r_{\mathrm{s}}^{2}}$$

$$SL_s = 10\log\frac{G_s}{G_0} = 10\log\frac{p_s^2}{p_0^2} = 10\log\frac{G_m}{G_0}\Lambda^3\sqrt{\frac{p_{0s}^3}{p_{0m}^3}}\frac{r_m^2}{r_s^2}$$

$$= 10\log\frac{G_m}{G_0} + 30\log\Lambda + \frac{30}{2}\log\frac{p_{0s}}{p_{0m}} + 20\log\frac{r_m}{r_s}$$

$$SL_s = SL_m + 30\log\Lambda + 15\log\frac{p_{0s}}{p_{0m}} + 20\log\frac{r_m}{r_s} \tag{2.10}$$

比较式(2.8)与式(2.10)可见，由于空泡筒内压力不等于实船螺旋桨处压力，破坏了 $\bar{c} = \text{const}$ 的条件，$p_{0s} \neq p_{0m}$，在螺旋桨模型试验中测得的噪声级，也相应地改变了 $15\log\frac{p_{0s}}{p_{0m}}$。

研究空泡发声，推出噪声发射是由空泡溃灭的压力脉冲所导致时，曾假定液体(水)是不可压缩的，而声传递又是以水周期性压缩为条件，故而实际上压力对声级的影响要弱一点，文献[4]认为计及压缩后，声功率密度为

$$G_s = G_m\Lambda^3\sqrt{\frac{p_{0s}^2}{p_{0m}^2}}\frac{r_m^2}{r_s^2}$$

从而 $SL_s = SL_m + 30\log\Lambda + 10\log\frac{p_{0s}}{p_{0m}} + 20\log\frac{r_m}{r_s}$，即由于试验时空泡筒内压力未满足要求，测得的模型噪声级相应地只要改变 $10\log\frac{p_{0s}}{p_{0m}}$。

经过以上估计，作为工程估算，文献[4]推荐用式(2.11)取代式(2.10)：

$$SL_s = SL_m + 30\log\Lambda + 12.5\log\frac{p_{0s}}{p_{0m}} + 20\log\frac{r_m}{r_s} \tag{2.11}$$

采用式(2.11)估算模型测试结果，可能的误差为 $\pm 2.5\log\frac{p_{0s}}{p_{0m}}$。

通常，模拟常规条件航行的高速水面舰船螺旋桨时，空泡筒筒压 p_{0m} 约为 0.3 大气压，而 p_{0s} 约为 1.5 大气压，则因不能保持 $p_{0m} = p_{0s}$，$\bar{c} = \text{const}$ 的条件影响，噪声级差

$$\Delta SL = \pm 2.5\log\frac{1.5}{0.3} = \pm 1.7\text{dB}$$

假如 p_{0s} 与 p_{0m} 相差 100 倍，即大气压与水下 1 000m 处比，也不过是 $\Delta SL = \pm 2.5\log 100 = \pm 5\text{dB}$。

2.3　螺旋桨空泡噪声换算

综上所述，若能满足空泡数相同的式(2.4)，同时还满足 $p_{0s} = p_{0m}$ 的条件进行

模型试验，即等水速、等水压进行试验，是比较理想的。对于水下 20～30m 的潜艇螺旋桨噪声试验，涉及空泡噪声的试验数据，可以按式(2.12)换算：

$$\left.\begin{aligned} f_s &= \frac{f_m}{\Lambda} \\ SL_s &= SL_m + 30\log\Lambda + 20\log\frac{r_m}{r_s} \end{aligned}\right\} \tag{2.12}$$

若模型试验装置无法保证 $p_{0s} = p_{0m}$，不遵守 $\bar{c} = \text{const}$ 的条件，会造成声级变化，可近似按式(2.13)换算，即

$$\left.\begin{aligned} f_s &= \frac{f_m}{\Lambda}\sqrt{\frac{p_{0s}}{p_{0m}}} \\ SL_s &= SL_m + 30\log\Lambda + 20\log\frac{r_m}{r_s} + 12.5\log\frac{p_{0s}}{p_{0m}} \end{aligned}\right\} \tag{2.13}$$

2.4 用母型船螺旋桨估算新船螺旋桨噪声的关系式及其对降低噪声的启示

下面讨论利用母型船螺旋桨估算新船螺旋桨噪声的问题，在推演模型和实桨噪声换算时，首先假定了空泡相似、几何形状和流场相似，再按式(2.3)的相似律，进行螺旋桨噪声试验和换算，评价螺旋桨的噪声性能。若能由现役舰船螺旋桨的噪声数据，预估新船螺旋桨的噪声，会有一定的实用意义。

假如具有类似形状及航速的船，例如航速基本相当的护卫舰，采用类似螺旋桨，就有可能利用现有型号船的实测数据，预报新设计船的螺旋桨噪声，即利用母型船(prototype)之声功率谱，换算出新设计方案之声功率谱。

以下标“ND”表示新船螺旋桨，而下标 “PROT”为原有船。可将相关模拟系数表达为

$$\left.\begin{aligned} &\sigma = \frac{p_0 - e}{\frac{\rho}{2}[v_A^2 + (\pi n D)^2]} \qquad \bar{r} = \frac{r}{R_0} \qquad \bar{c} = c_0\sqrt{\frac{\rho}{p_0}} \\ &\bar{f} = fR_o\sqrt{\frac{\rho}{p_0}} \qquad \bar{G} = \frac{Gr^2}{R_0^3\sqrt{p_0^3\rho}} \qquad J_p = \frac{v_A}{nD} \end{aligned}\right\} \tag{2.14}$$

式中，J_p 为进速系数。将 $p_0 = \frac{\rho\sigma}{2}[v_A^2 + (\pi n D)^2] = \frac{\rho}{2}\sigma(\pi n D)^2\left[1 + \left(\frac{J_p}{\pi}\right)^2\right]$，计及 $p_c \ll p_0$ 及常温下 $e \approx \text{const}$，代入 $\bar{f}$ 的表达式，得无量纲频率

$$\bar{f} = fR_0\sqrt{\frac{2}{\sigma(\pi nD)^2\left[1+\left(\frac{J_p}{\pi}\right)^2\right]}} = f\frac{R_0}{\pi nD}\sqrt{\frac{2}{\left[1+\left(\frac{J_p}{\pi}\right)^2\right]\sigma}}$$

$$f_{ND} = \frac{n_{ND}D_{ND}}{n_{PROT}D_{PROT}}f_{PROT}\frac{R_{0PROT}}{R_{0ND}}\sqrt{\frac{1+\left(\frac{J_{p\,ND}}{\pi}\right)^2}{1+\left(\frac{J_{p\,PROT}}{\pi}\right)^2}}$$

计及换算前提条件 $\sigma=\text{idem}$ 及 $\left(\frac{J_p}{\pi}\right)^2 \ll 1$，上式可简化为

$$f_{ND} = f_{PROT}\frac{R_{0PROT}}{R_{0ND}}\frac{n_{ND}D_{ND}}{n_{PROT}D_{PROT}} = f_{PROT}\frac{n_{ND}}{n_{PROT}} \tag{2.15}$$

其无量纲能谱密度

$$\bar{G} = \frac{Gr^2}{R_0^3\sqrt{\left\{\frac{\rho\sigma}{2}(\pi nD)^2\left[1+\left(\frac{J_p}{\pi}\right)^2\right]^2\right\}^3}\rho} = \frac{2^{\frac{3}{2}}Gr^2}{R_0^3\sigma^{\frac{3}{2}}(\pi nD)^3\left[1+\left(\frac{J_p}{\pi}\right)^2\right]^{\frac{3}{2}}\rho^2}$$

与前述 $\bar{f}$ 换算相同，可由 $\bar{G}$ 得

$$G_{ND} = G_{PROT}\left(\frac{r_{PROT}}{r_{ND}}\right)^2\left(\frac{R_{0ND}}{R_{0PROT}}\right)^3\left(\frac{n_{ND}D_{ND}}{n_{PROT}D_{PROT}}\right)^3\frac{\left[1+\left(\frac{J_{pND}}{\pi}\right)^2\right]^{\frac{3}{2}}}{\left[1+\left(\frac{J_{pPROT}}{\pi}\right)^2\right]^{\frac{3}{2}}}$$

$$10\log G_{ND} = 10\log G_{PROT} + 20\log\left(\frac{r_{PROT}}{r_{ND}}\right) + 30\log\frac{R_{0ND}}{R_{0PROT}} + 30\log\frac{n_{ND}}{n_{PROT}}\frac{D_{ND}}{D_{PROT}} \tag{2.16}$$

计及 $\frac{R_{0ND}}{R_{0PROT}} = \frac{D_{ND}}{D_{PROT}}$，则有

$$SL_{ND} = SL_{PROT} + 20\log\left(\frac{r_{PROT}}{r_{ND}}\right) + 30\log\frac{D_{ND}}{D_{PROT}} + 30\log\frac{n_{ND}}{n_{PROT}} + 30\log\frac{D_{ND}}{D_{PROT}}$$

$$\mathrm{SL}_{ND} = \mathrm{SL}_{PROT} + 60\log\frac{\mathrm{D}_{ND}}{\mathrm{D}_{PROT}} + 30\log\frac{\mathrm{n}_{ND}}{\mathrm{n}_{PROT}} + 20\log\frac{\mathrm{r}_{PROT}}{\mathrm{r}_{ND}} \tag{2.17}$$

若 $r_{NP} = r_{PROT}$，即在相同距离 $r = 1\text{m}$ 处，除 $f_{ND} = f_{PROT}\frac{n_{ND}}{n_{PROT}}$ 变化之外，源声级关系为

$$SL_{ND} = SL_{PROT} + 60\log\frac{D_{ND}}{D_{PROT}} + 30\log\frac{n_{ND}}{n_{PROT}} \tag{2.18}$$

由式(2.18)可见，若空泡状态相似，则新桨直径越大，噪声越高；转数越高，噪

声也越高，这点与振动情况相似，即转数越高，振动越大，脉动压力越大。但是噪声级与直径的关系为 6 次方（与转速的关系为 3 次方），直径的影响更显著，故有将低噪声螺旋桨直径 D 取得小一点的趋势。而频率仍与转数成正比。

第 3 章　螺旋桨噪声特点

3.1　螺旋桨噪声谱的变化规律

螺旋桨噪声是最主要的舰船水噪声源。在二战时期，水下监听首先听到的是螺旋桨运行所发出的水声。由于波动（水声）的波长与频率和声传递速度的关系为

$$c = f\lambda$$

其中，c—— 水声速，$c \approx 1\,500\text{m/s}$，$f$—— 频率，$\lambda$—— 波长，则有

$$f = \frac{c}{\lambda}, \quad \lambda = \frac{c}{f} \tag{3.1}$$

由此可见，水声波长 λ 有时是很长的，例如 $f = 10^3\,\text{Hz}$ 的水声，其波长约 1.5m；而 $f = 1\text{Hz}$ 的声波，波长约 1 500m。所述波长还是相应频率对应的最低值，若测定方向和声波方向有夹角，波长 λ 值还会更大。

实际的舰载水声接收器的直径有限，最初期的声纳只能在约 6kHz 范围工作，因为测定一种波动现象，必须接收若干个波长，6kHz 的水声波波长约 250mm，声呐罩的直径为 1～2m，罩内布置的声呐，可以监听到一定数量的波，为了监听更低频率（波长更长）的声音，需加大接收器尺度，最后发展到出现长达 2 000m 的拖曳声呐和更大的声矩阵，可以监听到更低频率的噪声。

实船螺旋桨的水噪声，带有宽带谱的性质，理论研究及实测表明，螺旋桨空化是声谱中高频噪声的声源，虽然由于机器及螺旋桨的振动，会观察到一些低频声，其频率通常在 100Hz 以下，并相互不连续，在某些频率处信号突出，称为线谱。目前关于螺旋桨发射的线谱声，频率为叶频（桨叶数×转数）的整倍数，通常在 10～50Hz 范围之间。理论上讲，螺旋桨（包括空化与无空化的）的谱噪声在各个频率均有分量，但一般在数百 Hz 到若干 kHz 范围内较明显，易被检测。工程中除了希望预报这个连续噪声谱的总声级之外，还希望预报噪声谱随频率的分布图，即 $SL = F(f)$。最常见的噪声谱如图3-1所示：由某一特定频率 f_1（100～300Hz）起，噪声谱级 SL 开始下降，一般由低频段到高频段，每一个倍频程下降若干分贝（dB）。由桨噪声级开始下跌的频率 f_1 到通常检测不到信号的频率（数十 kHz 以上）的总功率，其声级叫做总声级，通常文献中采用的标记有不同，本书用 OSL（Overall Sound Level），并在 OSL 后用下标标明频率范围。

希望通过螺旋桨模型试验，或通过噪声数据与桨流体动力性能等相关数据统计，对建造、使用和设计中的舰船螺旋桨的总声级和其谱级上限进行规划和预报，得到如图 3-1 所示噪声谱。

(1) 关于螺旋桨噪声的总声级，由于实践中测得的桨噪声是连续谱噪声，即含有各种频率(由数百 Hz 到数十 kHz)的分量。这里不考察线谱分量(低频)，不是因为线谱分量不重要，而是它并非螺旋桨空泡所造成的。

根据美国公布的数据及国内测定过的若干舰船的噪声，大致可以认为：

水面舰船高速时，例如 $V_S>10$kn 时，由大于 100Hz 到数十 kHz 的源总声级 *OSL* re. 1μPa，1m 的数值在 190～200dB 范围(以下讨论均指"源声级")。由第 1 章 1.3 节知道 1W 功率的水声级为 171dB；10W 为 181dB；100W 为 191dB，而 1 000W为 201dB。作为推进器，螺旋桨用于推进所转换的功率为 10^6W～10^7W 量级，故噪声功率为主机功率的 10^{-7} 左右。伴流越不均匀，载荷系数 $C_T=\frac{\pi}{8}\frac{K_T}{J_p}\left(K_T=\frac{F_I}{\rho n^2D^4}\text{为桨推力系数},J_p=\frac{v_A}{nD}=\frac{\pi v_A}{U}\text{为螺旋桨进速系数}\right)$越大，螺旋桨的噪声越高。而且在 V_s 高于 10kn 的条件下，通常难以避免空泡。

有的时候，在主机低转数(低航速)或一定螺旋桨潜深下，确实可以避免空泡，水噪声也的确降低了很多，与有空泡的情形比，可以低十几到几十分贝(dB)，通常，这时螺旋桨吸收的功率也不是主机全功率，转数也不是额定转数，吸收功率可能比主机额定功率低一个量级。作为推进器，螺旋桨转换的功率为 10^4～10^5W 量级，而未空化的螺旋桨，其噪声功率只有主机功率的 10^{-7}。即水噪声功率为10^{-1}～10^{-3}W。相应的总声级约 161～140dB。

(2) 螺旋桨噪声的谱特征：实际测得的舰船螺旋桨噪声是声功率谱，其频率是很丰富的，各个频率都有信号(不是数学上连续可导的概念)，是一种连续谱，由公开发表的美、英二战以后测得的螺旋桨噪声谱看，这个谱是一种平坡形谱。虽然在各个频率处峰谷交替，但总的趋势是从某一频率($f_1\approx200$Hz)起，噪声谱级 *SL* 随着频率的增高而衰减。二战后，才开始提出噪声谱的评价标准。20 世纪 80 年代，法国军贸出口的潜艇 Agosta-80，保证其噪声(主要是螺旋桨噪声)是一条如图 3-1 的噪声谱限界线。对于特定工况，由某一特定频率起，噪声谱级 *SL* 以一定的斜率随频率的增高而降低。直到 21 世纪初，应客户要求提出的扫雷艇用的调距桨订货指标，有关公司提供的仍然是一根平坡限界线(噪声谱线)。只要在水声实测精度范围之内(±5dB)，噪声谱线不严重偏低这根限界线，就认为预报是成功的，事实上在某更高频率 f 处，谱级接近(不超过约±5dB)该限界线，在螺旋桨总声级上也不会明显反映出来。只要控制住了噪声谱级限界线，通常认为噪声的预报和降噪指标都落实了。

在 $f_1=100\sim300\text{Hz}$ 的区间,噪声谱级 SL 开始下降,通常有空泡的螺旋桨噪声的 $f_1\approx100\text{Hz}$;未出现空泡的螺旋桨噪声的 $f_1\approx300\text{Hz}$,据实测及公开发表的螺旋桨噪声数据[2,3,8],带空泡运行的螺旋桨的 $f_1=100\text{Hz}$;无声学空泡运行的潜艇螺旋桨的 $f_1=300\text{Hz}$,因此,在计算、比较水面舰船螺旋桨噪声时,大多由 $f_1=100\text{Hz}$ 算起;在计算、比较潜艇螺旋桨噪声时,由 $f_1=300\text{Hz}$ 算起。在对数坐标系中,所有噪声谱级 SL 基本上是直线。桨噪声谱的这种特征与螺旋桨发生空泡与否无关,但噪声谱级的高低和衰减斜率,却主要受制于空化情况(参见图 3-1)。

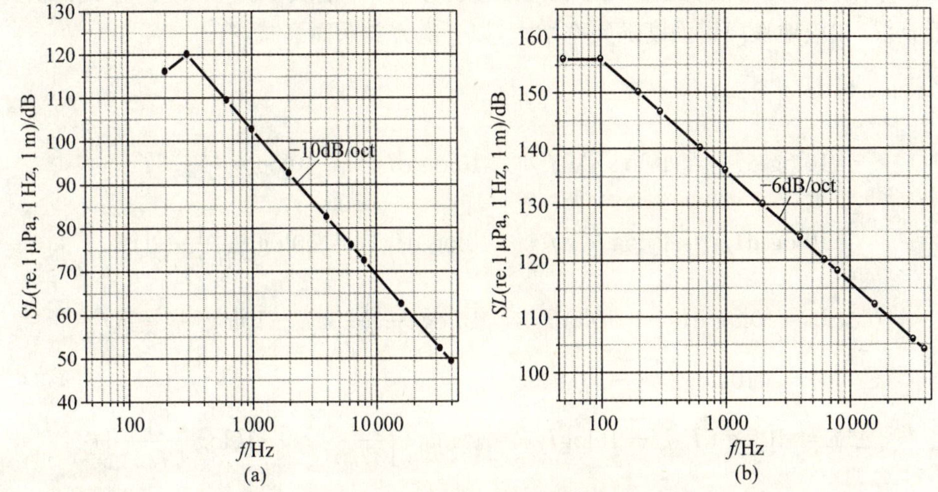

图 3-1　舰船航行时的噪声预报谱

(a) 某潜艇在水下以 3.5kn 航行(无空泡)　(b) 某护卫舰以 15kn 航行(有空泡)

假设已知道舰船螺旋桨的由 0 到极高频的全噪声(Total SL)TSL,或者由约 100Hz 到超高频的总噪声(Overall SL)OSL,能否粗略估算螺旋桨的噪声谱呢?

在水声原理中[3],基于实测设定某一小频段 $\mathrm{d}f$ 处的声谱强度

$$\mathrm{d}I=\frac{A}{f^2}\mathrm{d}f \tag{3.2}$$

根据这个源于大量实测数据作出的结论,空泡噪声强度随频率增大的平方关系而衰减,比例系数为 A。频率 f_0 和 $2f_0$,相差 1 个倍频程处的声级 SL 值分别为

$$10\log \mathrm{d}I_{f_0}=10\log\frac{A}{f_0^2}\mathrm{d}f \qquad 10\log \mathrm{d}I_{2f_0}=10\log\frac{A}{(2f_0)^2}\mathrm{d}f$$

$$10\log \mathrm{d}I_{2f_0}=10\log\frac{A}{f_0^2}\mathrm{d}f+10\log\frac{1}{2^2}=10\log\frac{A}{f_0^2}\mathrm{d}f+10\log2^{-2}$$

$$10\log \mathrm{d}I_{2f_0}=10\log \mathrm{d}I_{f_0}-20\log2=10\log \mathrm{d}I_{f_0}-6(\mathrm{dB})$$

可见空泡噪声谱级 SL,每一个倍频程下降 6dB,即以 -6dB/oct 的斜率衰减。

若频率增加 10 倍(即 1 decade),则

$$10\log \mathrm{d}I_{10f_0} = 10\log \frac{A}{(10f_0)^2}\mathrm{d}f = 10\log \mathrm{d}I_{f_0} - 10\log 10^2$$

$10\log \mathrm{d}I_{10f_0} = 10\log \mathrm{d}I_{f_0} - 20(\mathrm{dB})$,以 $-20\mathrm{dB/dec}$ 的斜率衰减。

实际测定的潜艇低速时及某些现代水面船低速“低噪”航行工况时,螺旋桨噪声谱以 $-9\sim-10\mathrm{dB/oct}$ 的斜率随频率增高而衰减,也有船用桨本身加工粗糙,或在恶劣流场中运转,伴流既不均匀,空泡形态又恶劣,螺旋桨噪声谱以其他的斜率随频率增高而更缓慢衰减。通常在对数坐标中,噪声谱线 $SL\sim\log f$ 的形式,都接近直线,相应地噪声谱强度随频率增大,以 q 次方关系而衰减,有

$$\mathrm{d}I = \frac{A}{f^q}\mathrm{d}f \tag{3.3}$$

$$10\log \mathrm{d}I_{f_0} = 10\log \frac{A}{f_0^q}\mathrm{d}f \qquad 10\log \mathrm{d}I_{2f_0} = 10\log \frac{A}{(2f_0)^q}\mathrm{d}f$$

$$10\log \mathrm{d}I_{f_0} = 10\log \frac{A}{f_0^q}\mathrm{d}f \qquad 10\log \mathrm{d}I_{10f_0} = 10\log \frac{A}{(10f_0)^q}\mathrm{d}f$$

$$\Delta SL = 10\log \mathrm{d}I_{2f_0} - 10\log I_{f_0} = 10\log \frac{A}{(2f_0)^q}\mathrm{d}f - 10\log \frac{A}{(f_0)^q}\mathrm{d}f$$

$$= -10q\log 2 = -3q$$

$$\Delta SL = 10\log \mathrm{d}I_{10f_0} - 10\log I_{f_0} = 10\log \frac{A}{(10f_0)^q}\mathrm{d}f - 10\log \frac{A}{(f_0)^q}\mathrm{d}f$$

$$= -10q\log 10 = -10q$$

以倍频程 octave(oct)计,$\Delta SL = -3q\mathrm{dB}$;以十频程 decade(dec)计,$\Delta SL = -10q\mathrm{dB}$ (3.4)

即一个倍频程下降 $3q\mathrm{dB}$($-3q\mathrm{dB/oct}$);而一个十频程(进 1 位数)下降 $10q\mathrm{dB}$($-10q\mathrm{dB/dec}$)。

常规条件下,由式(3.3),可得衰减指数 q:

螺旋桨有空泡时　　$\Delta SL = -6\mathrm{dB/oct} = -3q\mathrm{dB/oct}$,即 $q=2$

无空泡低速航行时　　$\Delta SL = -10\mathrm{dB/oct}$,则 $q=\frac{10}{3}$

个别情况特别时　　$\Delta SL = -m\mathrm{dB/oct}$, 则 $q=\frac{m}{3}$

由此可见,式(3.3)中衰减指数 q 的物理意义是:$3q$ 为一个倍频程变化的声级 dB 数;q 为 1 个 1/3 倍频程变化的声级 dB 数;$10q$ 为 1 个十频程变化的声级 dB 数。负值为随频率增高声级下降;正值为声级上升。

鉴于螺旋桨空泡噪声以 $-6\mathrm{dB/oct}$ 衰减,无空泡时噪声以 $-10\mathrm{dB/oct}$ 衰减的

显著特点，本书中将以此来区分螺旋桨噪声的发展阶段。

3.2　螺旋桨噪声总声级与噪声谱级的关系

前面讨论了总声级和谱级各自的基本特点，假定在 df 频段的噪声强为 dI，按式(3.3)：

$$\mathrm{d}I = \frac{A}{f^q}\mathrm{d}f$$

对于平坡形开始衰减点的频率 f_1 处起，1Hz 带宽的声强为

$$I_0 = \frac{A}{f_1^q} \qquad I = \frac{A}{f^q} \qquad A = If^q = I_0 f_1^q \qquad \int \mathrm{d}I = \sum I = \int \frac{A}{f^q}\mathrm{d}f \tag{3.5}$$

由 f_1 到 f_T 求式(3.5)的积分值，可得相应频段总声强及总声级。若 $q=1$，则由式(3.3)有

$$\int \mathrm{d}I = \sum I = \int_{f_1}^{f_\mathrm{T}} \frac{A}{f}\mathrm{d}f = A\log f\Big|_{f_1}^{f_\mathrm{T}} = A[\log f_\mathrm{T} - \log f_1] = A\log\frac{f_\mathrm{T}}{f_1}$$

其总声级(Overall SL)为

$$\begin{aligned} OSL &= 10\log\sum I = 10\log A + 10\log\left[\log\frac{f_\mathrm{T}}{f_1}\right] \\ &= 10\log I_0 + 10q\log f_1 + 10\log\left[\log\frac{f_\mathrm{T}}{f_1}\right]\cdots \end{aligned}$$

当 $q \neq 1$，有

$$\int \mathrm{d}I = \sum I = \int_{f_1}^{f_\mathrm{T}} \frac{A}{f^q}\mathrm{d}f = \frac{A}{-q+1}f^{-q+1}\Big|_{f_1}^{f_\mathrm{T}} = \frac{A}{1-q}\left[\frac{1}{f_\mathrm{T}^{q-1}} - \frac{1}{f_1^{q-1}}\right]$$

若 $f_\mathrm{T} \gg f_1$，且 $q > 2$，则 $\dfrac{A}{1-q}\left[\dfrac{1}{f_\mathrm{T}^{q-1}} - \dfrac{1}{f_1^{q-1}}\right]$中的$\dfrac{1}{f_\mathrm{T}^{q-1}} \to 0$

总声强 $\int \mathrm{d}I = \sum I = \dfrac{A}{q-1}\dfrac{1}{f_1^{q-1}}$，将 A 值代入，可得

$$\int \mathrm{d}I = \sum I = \frac{A}{q-1}\frac{1}{f_1^{q-1}} = \frac{I_0 f_1^q}{q-1}\frac{1}{f_1^{q-1}} = \frac{I_0}{q-1}f_1 \tag{3.6}$$

并求得总声级为

$$\begin{aligned} OSL &= 10\log\sum I = 10\log\left[\frac{I_0}{q-1}f_1\right] \\ &= 10\log I_0 + 10\log f_1 - 10\log(q-1) \end{aligned} \tag{3.7}$$

按式(3.7)，只要知道坡形开始处的频率 f_1 及其谱级 $SL=10\log I_0$，并知道谱级的衰减率 q，即可算出整个坡形区的总声级。f_1 可以是 100Hz，也可以是 300Hz，总

之 q 为常数，整个频段噪声谱线 SL 将以 $-3q$dB/oct=const 衰减。关于噪声谱线 SL 的计算，可先算在 f_1 处的谱级：

$$10\log I_0 = 10\log \frac{A}{f_1^q} = 10\log A - 10q\log f_1$$

$$10\log A = 10\log I_0 + 10q\log f_1 = 10\log I + 10q\log f = \text{idem}$$

再算得

$$SL = 10\log I = \text{idem} - 10\log f = 10\log A - 10q\log f \tag{3.8}$$

若已知衰减率 q，可由关系式(3.8)，依据任一频率 f 处的噪声级 SL，确定整根谱级线。

通常，随着频率下降，螺旋桨噪声级 SL 升高，到某一频率 f_1 后(有空泡时约为 100Hz，无空泡时约为 300Hz)，螺旋桨噪声级 SL 达到峰值 I_0，随着频率的进一步下降，噪声级 SL 开始转为下降，为估算由极低频率到高频的声级，假定由 0 到 f_1 频段噪声强相等，谱级 SL 值不变，合并声强为 $I_p = I_0 f_1$(下标 p 表示为“平”声强 $I_{in} = I_0$)。该频段(由 0 到 f_1)总声级为

$$P_{in}SL = 10\log \sum_{f=0}^{f} I_0 f_1 = 10\log I_0 \cdot f_1 = 10\log I_0 + 10\log f_1 \tag{3.9}$$

所有各个频率(由 0 到∞)段的螺旋桨噪声总功率为全声级 TSL(Total Sound Level)的总声强为

$$TSL = \sum_{f=0}^{f_1} I_{P_{in}} + \sum_{f=f_1}^{\infty} I = 10^{\frac{P_{in}SL}{10}} + 10^{\frac{OSL}{10}}$$

当然，若已知 f_i 到 f_n 每个 1/3 倍频程或任意频段(互不重叠)的带宽声级 BSL，则可以将其带宽功率加起来，求得全部噪声功率值及其全声级为

$$TSL = \sum_{f_i}^{f_n} 10^{\frac{BSL_i}{10}}$$

$$TSL = 10\log\left[\sum_{f_i}^{f_n} 10^{\frac{BSL_i}{10}}\right] = 10\log\left[10^{\frac{P_{in}SL}{10}} + 10^{\frac{OSL}{10}}\right] \tag{3.10}$$

以二战时期美国的 Corvette(护卫舰)为例，其 $V_S = 15$kn 时，$f_1 = 100$Hz，$10\log I_0 = 156$dB(引用时已由文献[3]中 dB re. 1μPa in 1Hz Band at 1 yard 换算到 dB re. 1μPa in 1Hz Band at 1m，简写为 dB re. 1μPa，1Hz，1m)。

若认定护卫舰 $V_S = 15$kn 时螺旋桨已出现空泡，则谱级以 -6dB/oct 斜率衰减，按式(3.7)计算坡段的 $\Delta SL = -3q = -6$dB/oct，$q = 2$，则

$$\begin{aligned} OSL &= 10\log I_0 + 10\log f_1 - 10\log(q-1) \\ &= 156 + 10\log 100 - 10\log(2-1) = 156 + 20 \times 1 = 176\text{dB} \end{aligned}$$

对应的螺旋桨噪声谱 SL，可按式(3.8)得出：

$$SL = 10\log I = 10\log A - 10q\log f = 10\log I_0 + 10q\log f_1 - 10q\log f$$
$$= 156 + 20\log 100 - 20\log f = 196 - 20\log f$$

再按式(3.9)算出由 1～100Hz 频段的声级

$$P_{\text{in}}SL = 10\log I_0 + 10\log f_1 = 156 + 10\log 100 = 176\text{dB}$$

由式(3.10)，可得

$$TSL = 10\log[10^{\frac{P_{\text{in}}SL}{10}} + 10^{\frac{OSL}{10}}] = 10\log 2\times 10^{\frac{176}{10}}$$
$$= 10\log 10^{176} + 10\log 2 = 176 + 10\times 0.3 = 179\text{dB}$$

整个螺旋桨的最大可能全部声功率级 TSL，比由 $f_1=100\text{Hz}$(或 300Hz)起的总声级 OSL 高约 3dB。这个计算表明，若能由更低于 f_1 频率起测得全部声功率级 TSL，与常见测试频段(100Hz 到 40kHz)的总声级 OSL 相差在 3dB 以内。

3.3　任意频率的桨噪声谱级及某给定频段的带宽声级

由式(3.3)认定任意频率 f 处小频段 $\mathrm{d}f$ 的声强为

$$\mathrm{d}I = \frac{A}{f^q}\mathrm{d}f$$

在 f_1 处，1Hz 带宽的声强为 $I_0 = \dfrac{A}{f_1^q}$；而 f 处 1Hz 带宽的声强为 $I = \dfrac{A}{f^q}$，曾得

$$SL = 10\log I = 10\log A - 10\log f^q = 10\log A - 10q\log f$$

计及式(3.7)、(3.8)，求出

$$SL = OSL - 10\log f_1 + 10\log(q-1) + 10q\log f_1 - 10q\log f \tag{3.11a}$$

若 $n=2$，$f_1=100\text{Hz}$，则有

$$SL = OSL + 20 - 20\log f \tag{3.11b}$$

$$SL = 10\log I = 10\log I_0 + 10q\log f_1 - 10q\log f$$
$$= 10\log I_0 + 10q\log\frac{f_1}{f_0} \tag{3.12}$$

由式(3.12)可求得任意频率($f>f_1$)处的噪声谱级。例如，若仍以前述护卫舰为例，可得

$$SL = 10\log I = 156 + 10\times 2\log 100 - 20\log f = 196 - 20\log f\ (\text{dB})$$

将计算结果与实测数据[3]比较于表 3-1。

表 3-1 按式(3.12)估算 SL 与实测数据的比较[3]

f/Hz	300	1k	3k	5k	8k	10k	25k	40k
SL/dB 计算值	146.5	136	126.5	122	118	116	108	104
SL/dB 实测值	146.2	135.2	125.2	121.2	—	115.2	107.2	

若要求算由 f_a 到 f_b 带宽处的带宽声压级，由式(3.5)积分得带宽声强，取对数得相应带宽的带宽声级 BSL(Bandwidth SL)。

当 $q=1$，

$$\int_{f_a}^{f_b} \mathrm{d}I = \int_{f_a}^{f_b} \frac{A}{f}\mathrm{d}f = A\log f \Big|_{f_a}^{f_b} = A(\log f_b - \log f) = A\log\frac{f_b}{f_a}$$

得

$$BSL = 10\log A + 10\log(\log f_b - \log f_a)$$

当 $q \neq 1$，

$$\int_{f_a}^{f_b} \mathrm{d}I = \int_{f_a}^{f_b} \left(\frac{A}{f^q}\right)\mathrm{d}f = \frac{A}{-q+1} f^{-q+1} \Big|_{f_a}^{f_b} = \frac{A}{1-q}(f_b^{1-q} - f_a^{1-q})$$

若 $q<1$，

得

$$\begin{aligned} BSL &= 10\log\frac{A}{1-q}(f_b^{1-q} - f_a^{1-q}) \\ &= 10\log A - 10\log(1-q) + 10\log(f_b^{1-q} - f_a^{1-q}) \end{aligned} \tag{3.13a}$$

若 $q>1$，

得

$$\begin{aligned} BSL &= 10\log\frac{A}{q-1}(f_a^{1-q} - f_b^{1-q}) \\ &= 10\log A - 10\log(q-1) + 10\log(1/f_a^{q-1} - 1/f_b^{q-1}) \end{aligned} \tag{3.13b}$$

据以上各式，可以估算噪声谱 SL 按相应规律衰减时，某一特定频段的带宽声级 BSL。有时会看到噪声测试数据的声级截止频率有差异，例如，截止频率 f_T 为 10×10^3 Hz 或 100×10^3 Hz，这时带宽声级 BSL 或总声级 OSL 有多大的差异呢?

为评价实测数据的频段差异所带来的影响，仍以 $V_s=15$kn 时，$f_1=100$Hz，$10\log I_0=156$dB 的前述护卫舰为例，计算频率由 2×10^3 Hz 到 $f_T=10\times10^3$ Hz 或到 $f_T=100\times10^3$ Hz 的带宽声压级值于表 3-2，假定测得的是空泡噪声，其衰减指数 $q=2$，则按式(3.13b)有

$$\begin{aligned} BSL &= 10\log A - 10\log(2-1) + 10\log(1/f_a^{2-1} - 1/f_b^{2-1}) \\ &= 196 + 10\log(1/f_a - 1/f_T) \end{aligned}$$

计算结果见表 3-2。从表中 BSL 计算所得值可知，取截止频率 $f_T=10\times10^3$ Hz 或 $f_T=100\times10^3$ Hz，带宽声压级相差不到 1dB。由 2kHz 到 10kHz 的带宽声级为 162dB，而由 2kHz 到 100kHz 的带宽声级为 162.9dB。这说明，在常规情况下高于

10kHz 以上的频段，对总噪声级(或带宽声压级)影响不大，差异在常见噪声测量误差(3～5dB)范围之内。

表 3-2　截止频率不同情况下的声级 *BSL* 差异(f_a＝2 000Hz)

f_T	10×10^3	20×10^3	40×10^3	100×10^3
$1/f_T$	$(10\times10^3)^{-1}$	$(20\times10^3)^{-1}$	$(40\times10^3)^{-1}$	$(100\times10^3)^{-1}$
$10\log[1/2\,000-1/f_T]$	－34	－33.5	－33.2	－33.1
$BSL=196-10\log[1/2\,000-1/f_T]$	162	162.5	162.8	162.9

关于任意频率 $f>f_1$ 处的噪声谱级，按式(3.12)可算得

$$SL=10\log I_0+10q\log\frac{f_1}{f}=10\log I_0+10q\log f_1-10q\log f=196-20\log f$$

可得：在 $f=2\times10^3$ Hz 处的谱级为　　$SL=130$dB

　　$f=10\times10^3$ Hz 处的谱级为　　$SL=116$dB

3.4　关于螺旋桨噪声的若干备忘

由以上讨论可见：

(1) 若已知总声级 *OSL* 或全声级 *TSL*，将可估计整根噪声谱 *SL* 线，即按式(3.7)计算

$$OSL=10\log I_0+10\log f_1-10\log(q-1)$$

式中包含了噪声谱级 *SL* 开始下降的最低频率 f_1 及噪声谱衰减的斜率 q。f_1 和 q 值实际上取决于螺旋桨的空泡状态，要看伴流场及螺旋桨的空泡起始情况，若空泡已可目察，则－6dB/oct 将无问题；若空泡仅是可能产生，则有可能在斜坡谱线面上出现窄带噪声峰，但连续谱的下降率仍在以某斜率衰减的范围。若确信无空泡(指声学空泡)，特别是梢部无涡流空泡现象，则有可能以－10dB/oct 衰减 $\left(q=\frac{10}{3}\right)$。一旦确定 q 及 f_1，将可以按式(3.7)算 *OSL* 及噪声谱的最高谱级 *SL*。现讨论以下两种噪声情况：

① $q=2$：

$$OSL=10\log I_0+10\log f_1-10\log(q-1)=10\log I_0+10\log f_1 \quad (3.14)$$

若空泡噪声由 $f_1=100$Hz 算起，有

$$OSL_{>100\text{Hz}}=10\log I_0+10\log 100=SL_{100\text{Hz}}+20$$

计及表达式(3.8)得

$$10\log A=10\log I_0+10q\log f_1=10\log I_0+20\log 100=SL_{100\text{Hz}}+40$$

总声级可写成

$$OSL_{>100\text{Hz}} = 10\log A - 20 = SL_{100\text{Hz}} + 20 \tag{3.15}$$

由式(3.8)，噪声谱 SL 表达式为

$$SL = 10\log I = 10\log A - 10q\log f = SL_{100\text{Hz}} + 40 - 20\log f$$

② $q=10/3$：

$$OSL = 10\log I_0 + 10\log f_1 - 10\log[(10/3-1)] \tag{3.16}$$

若噪声由 $f_1=300\text{Hz}$ 算起，总声压级

$$OSL_{>300\text{Hz}} = 10\log I_0 + 10\log 300 - 3.7 = SL_{300\text{Hz}} + 21.1$$

计及式(3.8)得

$$10\log A = 10\log I_0 + 10q\log f_1 = SL_{300\text{Hz}} + 82.6 = OSL_{>300\text{Hz}} + 61.5 \tag{3.17}$$

由式(3.8)，得声谱表达式为

$$SL = 10\log I = 10\log A - 10n\log f = SL_{300\text{Hz}} + 82.6 - (100/3)\log f$$

大量实测数据显示，有空泡时，$f_1 \approx 100\text{Hz}$ 处检测到的 $SL_{100\text{Hz}}$ 值最高，而且以 -6dB/oct 衰减；无声学空泡时，$f_1 \approx 300\text{Hz}$ 处检测到的 $SL_{300\text{Hz}}$ 值最高，而且以 -10dB/oct 衰减。只要知道 OSL，就可评估螺旋桨的噪声特性，或者知道 $SL_{100\text{Hz}}$（或 $SL_{300\text{Hz}}$）也可评估螺旋桨的噪声特性。例如，称测得某螺旋桨的 $OSL_{>100\text{Hz}} = 181\text{dB}$，则可据量级估计这是水面舰船空泡螺旋桨的总噪声，其 $SL_{100\text{Hz}}=161\text{dB}$ 及声谱线 $SL=201-20\log f$；又如，称测得某螺旋桨的 $OSL_{>300\text{Hz}}=145\text{dB}$，则可据量级估计这是潜艇螺旋桨的总噪声，其 $SL_{300\text{Hz}}=124\text{dB}$ 及声谱线 $SL=206.5-(100/3)\log f$。可见在知道 OSL 及螺旋桨噪声谱级 SL 最高的低频点 f_1 之后，可以对螺旋桨噪声有个基本了解。

(2) 若舰船螺旋桨噪声检测报告只提供总声级，且不是 $f_1=100\text{Hz}$ 段以上的 $OSL_{>100\text{Hz}}$ 的数据，而是 $OSL_{i\sim j\,\text{kHz}}$，例如，40Hz 到 20kHz 的总噪声。从表 3-2 的算例，已知截止频率 f_T 对总声级的影响可忽略不计，由 f_1 到 10kHz 和到 100kHz 的带宽噪声级相差不到 1dB，故频段 40Hz 到 20kHz 的总噪声级与频段 40Hz 到更高频率的总噪声级相差无几，即认为：总声级 $OSL_{40\text{Hz}\sim 20\,\text{kHz}}$ 值与 $OSL_{>40\text{Hz}}$ 差异不大。与常见 $OSL_{>100\text{Hz}}$ 相比，只需要考虑 40Hz 到 100Hz 的声强影响，其带宽声级

$$BSL_{40\sim 100\text{Hz}} = 10\log\left[I_{100\text{Hz}} \times (100-40)\right] = SL_{100\text{Hz}} + 17.8(\text{dB})。$$

由 100Hz 到 20kHz 频段的带宽声级值

$$BSL = OSL_{>100\text{Hz}} = SL_{100\text{Hz}} + 20(\text{dB})。$$

从而估算出频率 40Hz 以上全部声强的总噪声 $OSL_{>40\text{Hz}}$，应为

$$OSL_{>40\text{Hz}} = 10\log\left[10^{(BSL40\text{Hz}\sim 100\text{Hz})/10} + 10^{(BSL>100)/10}\right]。$$

假若实际测得的舰船螺旋桨的总噪声级值 $OSL_{40\text{Hz}\sim 20\text{kHz}} = 183\text{dB}$，应将

$OSL_{40Hz\sim20kHz}=183dB$减去约2dB(在3-2节中知道,由$f=0$算起,声强$I=I_{100Hz}$,总声级仅增加3dB),现按$OSL_{>100Hz}=OSL_{40Hz\sim20kHz}-1.5$,估算40Hz到100Hz的带宽声功率的影响,可得$OSL_{>100Hz}=181.5dB$,及$f_1=100Hz$处的谱级$SL_{100Hz}=161.5dB$,声级谱线为$SL=201.5-20\log f$。与由实际测得值$OSL_{>40Hz}=10\log(10^{181/10}+10^{178.8/10})=183dB$,得$SL_{100Hz}=161dB$,声级谱线为$SL=201-20\log f$,两者相差为0.5dB,小于测试误差(±5dB)。

关于潜艇螺旋桨噪声检测报告数据,二战前后提供的基本上都是$f_1=300Hz$频段以上的数据,到20世纪末有报道,除有约50Hz的潜艇交流电基频信号外,在40Hz附近的声级$SL\approx110\sim130dB$,与$f_1=300Hz$处的SL_{300Hz}声级相当,所述频段$f\approx100Hz$区的噪声SL也与螺旋桨有关。但国际上公开的技术(产品)说明书保证的潜艇低噪声及相应航速指标,仍如图3-1(a)所示,都由$f\sim300Hz$频段起,在$V_S=(3.5\sim5)kn$,以$-10dB/oct$衰减,声级表达式为$SL=10\log A-100/3\log f$,其总声级$OSL_{>300Hz}$与SL_{300Hz}及$10\log A$间关系为

$$OSL_{>300Hz}=SL_{300Hz}+21.1(dB)$$
$$10\log A=OSL_{>300Hz}+61.5(dB)$$

当检测数据包括频率$f_1=300Hz$以下噪声时,需视不同频段的声级衰减率进行估算。

(3) 二战前后潜艇螺旋桨实际水下值勤时的航速,并不能保证噪声不受空泡影响,从噪声以$-10dB/oct$衰减的状态,到潜艇螺旋桨噪声与水面舰船螺旋桨一样,以$-6dB/oct$衰减是一个演变过程,有待研究。

检测到的潜艇低频信号可能不是空泡现象提供的,但不排斥信号与螺旋桨有关,例如与螺旋桨运行的轴频(桨转数)和叶频(桨转数×桨叶数)信号相连,或与螺旋桨尾流旋转-涡流的振动同步。

(4) 有时,不是对螺旋桨的总声级,而是对螺旋桨某一特定频段的声级有技术限制,例如,设备仪表运行在$f=10kHz$,要求背景噪声$SL<90dB$。由3.2节中所述护卫舰以$V_S=15kn$航行时的声级

$$SL=196-20\log f$$

在$f=10kHz$处,$SL_{10kz}=196-20\log10^4=116dB$,显然不满足要求,为保证设备仪器正常运行,只能采取以下步骤:① 通过降低螺旋桨转数,即舰船航速,使噪声降到$SL<90dB$,或② 重新设计螺旋桨,设法改善螺旋桨的空泡状态。

靠降低舰船航速来保证仪器工作,和换螺旋桨改善螺旋桨的工作环境(伴流场),消除其空泡(只有消除),提高衰减指数q值,使螺旋桨的噪声SL和噪声谱衰减率改变。在现成船体难以改变时,看来也就只有降速和尝试重新设计推进器两种办法。

由于螺旋桨噪声是广谱信号，即含有多种频率，在较低频段的声级和总声级相近的情况，衰减指数 q 值的不同，可能导致高频段噪声级 SL 相差巨大。的确，如表3-3 算例，若 $f_1=100\text{Hz}$ 处，$SL_{100\text{Hz}}=156\text{dB}$。而由于螺旋桨噪声随频率增高而衰减的指数不同，声级 SL 以 $q=2$（-6dB/oct）和 $q=10/3$（-10dB/oct）变化，将导致高频端的声级差异很大。

表 3-3　衰减指数 q 不同导致螺旋桨噪声级的变化

噪声衰减率/(dB/oct)		−6	−10
相应衰减率指数 q		2	10/3
$f_1=100\text{Hz}$ 处噪声谱级坡形起始点声级 $SL=10\log I_0$/dB		156	
总声级 $OSL_{>100\text{Hz}}$/dB		176	172.3
式(3.12)中的 $10q\log f_1$/dB		40	66.7
计算 $f=6.3\text{kHz}$ 处声级/dB	$10q\log 6\,300$/dB	76	126.6
	谱级/dB	120	96
计算 $f=100\text{kHz}$ 处声级/dB	$10q\log 100\times10^3$/dB	100	166.7
	谱级/dB	96	56

由表 3-3 看出，若能将桨噪声坡段之衰减指数 $q=2$ 提到 $q=\frac{10}{3}$，总声级将下降 3.7dB。至于在 6.3kHz 及 100kHz 处的谱级，则其影响是决定性的。例如，在最常见的舰载声呐工作频段 6.3kHz 处，流态（伴流）恶劣及加工粗糙的螺旋桨等，可能导致谱级升高；而流态改善及制造精良的桨，有可能使噪声下降数十分贝，即“声源”功率可能提高十几倍或降到原来的百分之几。

第4章　在舰船辐射噪声中的螺旋桨噪声

本章讨论舰船发射的噪声中，螺旋桨噪声在辐射噪声中的份额。它与船上环境噪声、舱室噪声等不一样，辐射噪声是船在海上活动时，由水中传播出去的水声信息，可能被对方发现，成为受到攻击的信号，而不主要是对本舰舰载人员的活动环境造成影响。因此，水中噪声从一开始就是军事对抗活动中的目标信号，公开文献[2]、[3]认为："任何一艘海船螺旋桨若发生空化，这个空化就是全船最主要的辐射噪声源。"甚至进一步认为"水面舰船都有充分发展了的螺旋桨空泡，因此，这种声源左右了由5Hz～100kHz的全部辐射噪声"。至于潜艇，其活动能力也受到螺旋桨噪声的限制，二战时期声呐监听人员能听到的主要是螺旋桨噪声，在当时声呐工作的声频段约为6kHz，螺旋桨空化后的声级可能比空化前高出30～40dB。因此，螺旋桨空泡辐射噪声也是潜艇性能的关键性指标。除有大量报道螺旋桨噪声是暴露潜艇的主要原因之外，螺旋桨噪声还是舰载声学设备的背景噪声源之一，影响某些专业舰船(如水声侦察船、扫雷舰船等)技术性能的关键因素。螺旋桨的噪声往往限制该类舰船的效能。

4.1　螺旋桨噪声与空化的关系

舰船航行时，监听到的噪声带有螺旋桨转数的特点，有时甚至可以计算出螺旋桨的转数。在实验室的空泡筒中试验时，在可见空泡出现之前，先开始出现高频声信号，随后才看到空泡，整个噪声谱级 SL 全面升高。因此，普遍承认螺旋桨空化是最强的辐射噪声源，水声学界也将空化发声作为水声学的重要研究课题。利用频闪光源，直接观察运行状态中的水面舰艇螺旋桨，可以看到实船桨上发生空化的情况。但是，由于观察，计量空泡的困难和空泡与噪声发射不成线性关系，人们在遇到舰船噪声异常时，仍会产生对噪声源的困惑，因此，除了实验室观察螺旋桨空泡和噪声之外，还试验研究一些会产生空化的物体，以期进一步确认空泡与噪声的关系，包括各种形态空泡与噪声的关系。

文献[2]认为，舰船螺旋桨噪声最成功的海上定性实验观察、测量是苏联学者进行的[5]。为了研究空泡所发射的噪声，苏联学者在黑海水面下15～45m处，试验了一些旋转翼型棒。从文献[5]发表的资料看，翼型试验棒长约0.52m，截面为对称翼型(茹科夫斯基对称翼型),剖面厚 8mm,弦长 30mm,按理论计算并经测定压降系数 $\varepsilon_m=1.05$。由于是对称翼型零螺距设置,没有翼型两面的压差,即没有升力(推力),只有翼型棒旋转的周向运动线速度 $U=2\pi rn$(n 为试验转数),压降系数 $\varepsilon=2\dfrac{p-p_m}{\rho U^2}$,当最低压力 p_m 达到饱和蒸气压 e,即空泡数 $\sigma_i=\varepsilon=2\dfrac{p-p_m}{\rho U^2}$ 时才会产生空泡。该旋转棒的初生空泡数预期值是 $\sigma_i=\varepsilon_{min}$。噪声测量试验是在海上(无限声场)和自然海况(海水空气含量,海面自然状况)中进行的,因此通常试验室中的一些影响空泡发生和声学测量的限制因素都被排除掉了。所发表的噪声测试数据,是在水下 15～45m 深,以约 600～1 200r/min 转动时取得的。由于是翼型棒,从叶根到叶梢的横截面是一样的,各半径剖面做旋转运动的线速度为 $2\pi rn$,叶梢速度为 $U=\pi nD$,叶梢剖面空泡数 σ 首先达到 ε_{min} 值:

$$\sigma=\varepsilon_{min}=2(p-e)/\rho U^2 \tag{4.1}$$

式中,e 为饱和蒸气压或空泡初生气压,ε_{min} 值在螺旋桨梢部剖面最厚处,该处最先出现空泡。

梢部外缘的流体受到试验棒的影响,有可能产生径向流动。该翼型棒展向(旋转翼型棒径向)尺度不变,具有平直“ ⊓ ”状的梢端,在直角边上有可能产生“二次流”及相应的涡线流动。文献[5]作者还试验了另一翼型棒,与前述翼型棒剖面翼型相同,展向(旋转翼型棒径向)横截面端部为半圆形,即呈“∩”状,棒的梢端部贴了个半圆体,试件端部成了半个回转体(半个水滴形体),其横截面半径就是翼型棒局部剖面的半叶厚,相当于将翼型剖面绕剖面中线旋转 180°。从而将翼型棒的绕流理顺,避免了尖劈(直角)的流线分离及形成涡流,因叠加了由翼型“导边”到“随边”不同的半叶厚,使试件展向(旋转翼型棒径向)尺度也略有变化。关于试验模型设计,文献[5]的作者没有作任何解释。为讨论方便起见,现将平直“ ⊓ ”梢端的旋转翼型棒称之为“A”翼型棒,带回转体“∩”梢端的旋转翼型棒为“B”翼型棒。文献[2]作者曾将文献[5]中翼型棒“A”的试验结果,绘制成图 4-1 及图 4-2。

图中的 N 为试件试验时的转数,N_i 按文献[2]的定义是噪声谱上 $f=4$kHz 处出现信号增高所对应的转数。可以理解为声学空泡初生转数(这时的空泡数,按文献[5]的介绍“A”翼型棒是 $\sigma\approx1.83$,“B”翼型棒是 $\sigma\approx1.05$)。由文献[5]标注的 σ 及潜深 H 算出转速 $N=60n$,画出图 4-1 的 N/N_i 和对应声谱级。

$$\sigma=\frac{p-e}{\dfrac{\rho}{2}(\pi nD)^2}=\frac{p_a+\rho gH-e}{\dfrac{\rho}{2}U^2} \tag{4.2}$$

式中,p_a—— 大气压,H—— 潜深,n—— 转数(1/s),$N=60n$。

由图 4-1 可以看出,随着空泡的发生、发展,噪声谱高频部分先增高;随着转数

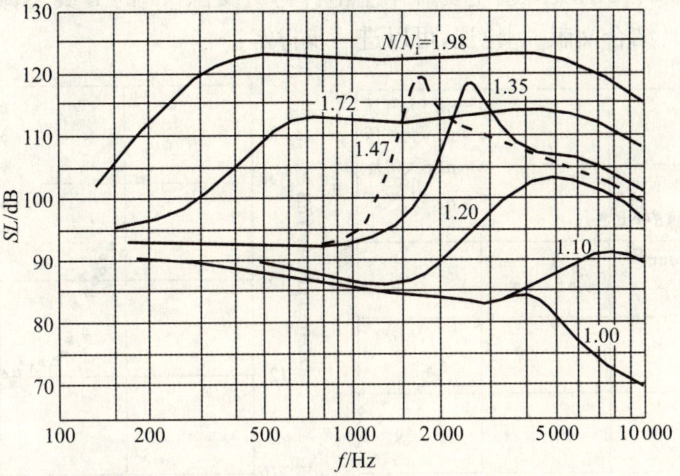

图 4-1　旋转棒 A 水下试验测得的噪声谱[2]

N_i——试件声学空泡初生的转速，N——海上实验时试件的转速

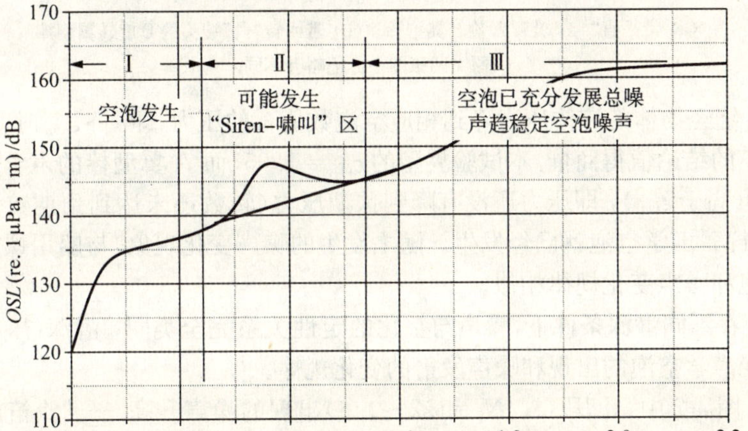

图 4-2　总噪声级升高与空泡发生发展[2]

N_i——试件声学空泡初生的转数，N——海上实验时试件的转数

再升高——空泡发展，将出现窄带噪声峰；到转速升至约为 $2N_i$ 时，整个噪声谱值升高为 25～35dB。在 $\frac{N}{N_i}=1.25\sim1.55$ 区间，会出现"吹笛"似的单调声，导致总声级升高 5～8dB。文献[2]将这个结果绘制成图 4-2。文献[2]是根据 A 棒噪声测试数据为依据进行讨论的。结论为空化是螺旋桨噪声的主要声源。甚至在水下 45m

深处，翼型旋转棒的噪声也主要源于空泡。再看文献[5]的 B 翼型棒的试验资料（图 4-3(b)），结合文献[2]论述，可以进一步肯定：

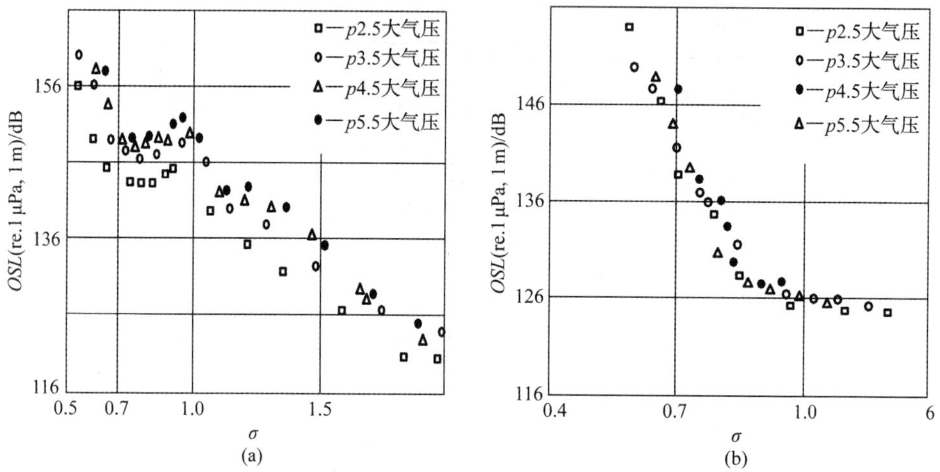

图 4-3　总声级[5]

(a) 带平直“⊓”端头 A 旋转翼型棒　(b) 带回转“⋂”端头的 B 旋转翼型棒

（原文两张图中标记略有不同）

(1) 绕经物体的流体压力降到相应空泡数值 σ_i 的压力，即 $\sigma\to\varepsilon_{min}$ 时，开始出现空泡噪声的结论值得商榷。本试验翼型的 $\varepsilon_m=1.05$，而 A 翼型棒的声学空泡早在 $\sigma=1.83$（高于 ε_{min}），即压力还没有降到预期压力（转数还未达到预期数值）时，噪声已经升高，声学空泡就已经发生。随之发生的噪声变化现象，与船用螺旋桨运行中的空泡和噪声变化规律相似。

(2) 在不同潜深条件下，噪声与空化的定性关系完全类同，潜深（压力）增大，不会改变声学空泡的出现和噪声发射的变化规律。

(3) 图 4-2 中“Ⅱ”段（$N/N_i=1.2\sim1.6$）出现的噪声升高——“汽笛声”，指的是 A 翼型棒的测试结果，主要源于图 4-1 中 1.5～3kHz 处出现的，比相邻频区高出 15～20dB，宽约一个 1/3 倍频程的窄带噪声峰。这种现象在实际潜艇螺旋桨上也会出现[3,8]。

(4) 文献[5]中还报道了 B 翼型棒的测试结果（见图 4-3(b)）。文献[2]作者所说的 B 棒的空泡发展情况是：A 棒试验时遇到的前两个发声阶段（图 4-2 中Ⅰ、Ⅱ的空泡发生和“汽笛声”或称“啸叫”，siren）没出现。在 $\sigma\approx\varepsilon_{min}=1.05$ 的区间声级 SL 才开始增高，即在按理论应出现空泡的 $\sigma\approx\varepsilon_{min}$ 值附近。各种潜深条件下都是如此。证明不同的梢部形状，会导致声学空泡出现的“时刻”发生变化，改变声谱线 SL，并有不同特点的噪声。

4.2　空化发展对噪声的影响

实验观察径向螺距按常规分布的螺旋桨，在运行工况区的空泡发生、发展情况，大致如下：随着空泡数值减小，即转数及进速增大，通常首先在桨叶梢部出现空泡，空泡呈螺旋线条状，称为梢涡空泡。随着空泡数进一步下降，空泡由螺旋桨梢部开始沿径向逐步向桨叶中部（相对半径$\bar{r}=0.7$）延伸；由于桨工况不同和叶剖面形状差别，沿径向往内半径发展的空泡，可能起始于叶剖面的前缘或最“厚”处（即压降系数值 ε_{min}处），可能成片状，也可能沿螺旋桨周向成条形，或出现大小不一的球状空泡群。顺流而下的空泡，可能在到达尾部前消失（高压处），也可能淹没在桨叶尾流中。在空泡消失-溃灭处，可能形成雾状，称为雾状空泡。雾状空泡会造成很强的高频噪声，也是造成螺旋桨严重剥蚀的主要原因。与桨叶上出现空泡同时，随螺旋桨叶根螺距的设计差异，先后出现从桨毂尾端曳出的毂涡及毂涡空泡。图 4-4 为七叶大侧斜螺旋桨模型试验时的照片，可以看到由叶梢曳出的线状梢涡空泡和麻花状毂涡空泡。

学科上可以按空泡的形状、位置等来对空泡现象分类（这已不属于本书讨论范围）。由于梢涡空泡最早出现，又知道空泡是最主要的噪声源，所以，二战后为减小螺旋桨噪声，首先采取减小螺旋桨桨叶“梢部”叶背与叶面压力差的办法，即减小梢

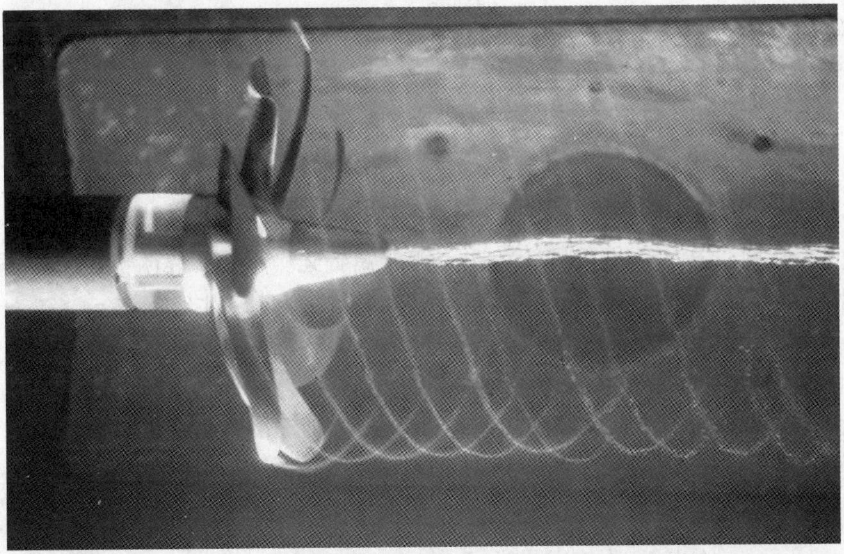

图 4-4　七叶大侧斜螺旋桨模型的梢涡和毂涡空泡

部螺距，实行“叶梢卸载”，希望推迟梢涡空泡出现。关于图 4-4 中所见毂涡及毂涡空泡，由于该桨毂部流体速度较低，当地空泡数很高，对流体动力的影响相对低，人们对它带来的噪声影响的关注程度较低，近年来情况有所变化，关于这个问题，以后将专门讨论。

由于螺旋桨的推力是靠叶面与叶背的压差来取得的，现在减小（螺距）压差，减小梢部剖面提供的推力，应预期可能导致螺旋桨效率下降。工程实践表明，最初采用减小叶梢螺距的卸载办法，其卸载程度较难把握，初步尝试并没有给舰船螺旋桨降噪带来预期的效果。为解释所述困惑，现作以下分析。

螺旋桨桨叶的梢部（$2r/D > 0.75$ 处，r 为剖面所在处沿半径离桨轴的距离）剖面必须与来流形成攻角（也可经由剖面拱度），以提供推力，因此叶背必有压降，按常规表达的压降系数 $\varepsilon = 2\Delta p/(\rho W^2)$ 在 $0.1 \sim 0.2$ 之间。也就是说，若按桨叶剖面合速度 W 计算空泡数 σ，只要 σ 大于前述 $\varepsilon = 0.1 \sim 0.2$，理论上不应该出现空泡。的确，空泡数表达式

$$\sigma = \frac{p - e}{\frac{\rho}{2} W^2} = \frac{p - e}{\frac{\rho}{2}\left[v_A^2 + (\pi n D)^2\right]} \tag{4.3}$$

其中，$W^2 = v_A^2 + (\pi n D)^2 = (\pi n D)^2\left[\left(\frac{J_p}{\pi}\right)^2 + 1\right]$

通常各类舰船用螺旋桨的进速系数 $J_p = \frac{v_A}{nD} = 0.5 \sim 1.0$，有 $\left(\frac{J_p}{\pi}\right)^2 \ll 1$，因此式（4.2）、（4.3）所表达的空泡数值十分接近，有下列近似关系：

$$\sigma = \frac{p - e}{\frac{\rho}{2} W^2} = \frac{p - e}{\frac{\rho}{2}(\pi n D)^2\left[\left(\frac{J_p}{\pi}\right)^2 + 1\right]} \approx \frac{p - e}{\frac{\rho}{2} U^2}$$

由螺旋桨试验测得的，随 J_p 而变的最低初生空泡数 σ_i 比 ε_{min} 大很多。加上船—机—桨匹配方面的原因，大多数舰船用螺旋桨又都不能在它的最佳效率所在进速系数 J_p 点（接近初生空泡数最低）运行。舰船螺旋桨噪声实践表明：声学空泡早在 σ 值到达 $2 \sim 4$ 以前就出现了。通常，实船用螺旋桨的声学初生空泡数 $\sigma_i > 2$，一般在 $\sigma_i = 4$ 时就出现空泡噪声了。

对于各类水面舰艇，其叶梢距水面约 1m 左右，即静压 $p = p_a + \rho g H$（p_a——大气压，H——叶梢距水面最小距离，g——重力加速度），初生空泡数

$$\sigma_i = \frac{p_a + \rho g H - e}{\frac{\rho}{2}(\pi n D)^2} = \frac{p_a + \rho g H - e}{\frac{\rho}{2} U^2}$$

$$U = \pi n D = \sqrt{\frac{2(p_a + \rho g H - e)}{\rho \sigma_i}} \tag{4.4}$$

以 $p_a=101\,325\text{Pa}, H=1\text{m}, g=9.8\text{m/s}^2, e\approx 1\,300\text{N/m}^2$ 代入得

$$U=\pi nD=\sqrt{\frac{217}{\sigma_i}}$$

若取最低值 $\sigma\sim 2$，即空泡出现在相对高的叶梢线速度，可以算出出现空泡的叶梢线速度 $U\approx 10\text{m/s}$，即螺旋桨的无空泡旋转叶梢线速度为 10m/s。一般舰船的螺旋桨运行进速系数 $J_p\approx 0.8\sim 1.0$，$J_p=\frac{v_A}{nD}=\frac{\pi v_A}{U}$，$U=(3.1\sim 3.9)v_A$。只允许 $U=10\text{m/s}$ 左右，这意味着螺旋桨进速 $v_A=2.5\sim 3\text{m/s}$，即船的航速大约只有 $V_S=5\sim 6\text{kn}$。水面舰船实际运行航速明显高于上述允许值，因此，水面舰艇螺旋桨的实际转数比 $\frac{N}{N_i}$ 都处在图 4-2 的“Ⅲ”区以上，即空泡充分发展、噪声趋于平稳(在高声级 SL 水平)的区域。

至于潜艇，由于潜深 H 的增大，允许的周向速度会高一些，尤其在水下 $20\sim 30\text{m}$，若 σ_i 值不变，仍约为 $\sigma_i>2$。则 30m 潜深下允许的周向速度，按式(4.4)可算得为

$$U=\pi nD\approx\sqrt{\frac{768}{\sigma_i}}\approx 19.6\text{m/s}$$

即允许螺旋桨的叶梢线速度约为 20m/s。大多数潜艇船—机—桨匹配的进速系数 $J_p\approx 0.5\sim 0.8$，则 $v_A=\frac{J_p}{\pi}U=3.2\sim 5.0\text{m/s}$，即无声学空泡航速在 $V_S=6\sim 10\text{kn}$ 左右。

这个 $V_S=6\sim 10\text{kn}$ 区间恰恰是潜艇水下执勤的航速。实践中却可能碰到图 4-2 的Ⅰ、Ⅱ区。特别是Ⅱ区的“汽笛声”。在水下出现这种异常声调往往令人非常困惑。文献[5]中详细介绍试验 A 棒时噪声给人的感觉：在图 4-2 的Ⅰ区，可以听到阵发性的、延续时间不同的“弹指”声，当试验转数进一步提高时，“弹指”声连成一片，这时总声级(*OSL*)基本不变。进入Ⅱ区，声级再次上升到峰值，可以听出音调来，如同“汽笛声”(以后，本书将称之为“啸叫，siren”)，而且调子的高低与线速度 U 有关，在等压条件下(潜深不变)，随着 U 增大，音调(频率)下降。再进一步提高转数，$\sigma<0.7$ 时，噪声失去音调，出现低频声，听起来像不准确的“斯、史”声(原文用的是一个俄文专用词，说俄文四个字母的发音混淆不清)。至于具有同样截面，带有回转体“∩”形端头的 B 棒，在相同 $\sigma\approx 0.7\sim 1.2$ 的区间试验时，总声级低约 10dB，其听觉感受是：噪声中未出现Ⅰ、Ⅱ区的声音；在 $\sigma\approx\varepsilon_{min}=1.05$ 处，噪声级突增，其声音的听觉感受与 A 棒的Ⅲ区噪声一样。故原著[5]认为：“模型端部形状，严重影响旋转棒的空化发展，并影响噪声特性。”文献[5]中 A、B 两根旋转翼型棒

的噪声测量(总声级)结果引在图 4-3(a)和图 4-3(b)中,为便于查对,将原文献[5]相对 20μPa 的声级,换成了相对 1μPa,加注了进行测试的潜深(气压数),总声级所指的频段是(20～40)kHz。

国内曾遇到过类似 A 棒在试验时遇到的噪声现象。为改善 33 型潜艇螺旋桨噪声性能,决定用五叶导管螺旋桨置换原装四叶导管螺旋桨,五叶桨"装艇"进行试验时,两个新研方案都出现了"噪声异常",在桨转数 210～240r/min 以上一段转数区间,分别出现了频率在 1.25kHz 和 1.6kHz 频段的窄带噪声峰(啸叫)。现将文献[5]中翼型棒 A 试验中出现的情况,与改装后导管螺旋桨的啸叫,按第 2 章空泡噪声相似律进行评价。旋转翼型棒有别于导管螺旋桨,只有绕流中都含梢涡流动是两者的共同点。将试验中发生啸叫的直径 $D=2\times0.52$m 的 A 棒换算到直径 $D=1.6$m 后,观察噪声变化的情况。将其与实际直径 $D=1.6$m 的导管螺旋桨比,有何相似和不同之处。由于导管螺旋桨叶梢与导管内壁间的缝隙很小,涡流发声是在受限的(导)管道中出现的,应该预期两者的噪声级和频率都会有差异。目的是通过比较,想了解形成啸叫的物理现象之间是否有联系,借以判断发生"噪声异常"的原因。在表 4-1 中,列入了翼型旋转棒 A 的"噪声异常"数据,包括试棒 A 的噪声峰频率区、频段宽 Δf、异常噪声峰增值 ΔSL,及对应运行转数。并按空泡噪声相似律,换算到直径 $D=1.6$m 情况。作为对比,将两套五叶导管螺旋桨的水下噪声实测情况也列于表 4-1 中。可以看出,导管螺旋桨噪声谱中出现"噪声异常"的频段宽 Δf、噪声峰增值 ΔSL 都有类同之处,螺旋桨在导管中发生啸叫时的频率 f 区段相对更高。故可以认为,文献[2]将旋转翼型棒 A 的噪声测试结果,作为螺旋桨噪声变化的普遍规律(图 4-2)是有道理的。

翼型棒 A 与 B 的唯一差异在于梢部,因此出现噪声差异的原因就单一了。可以理解为:在 A 棒平直的梢部,水流绕过尖角,形成不稳定的"二次流"涡动,在棒横截面最厚处(水速最高处)的气泡,向出现的涡线的中心集中,加强了涡线的振荡及气泡的胀缩,形成带有音调的"吹笛"声。涡流和横截面上的空泡相互作用,形成了通常实验室中较难遇到的这种异常噪声。33 型艇改装时采用的五叶桨,其中代号 JSS 螺旋桨的叶剖面形状与原装桨完全一样,仅叶梢部螺距略有增大,加上导管形状改变,与原螺旋桨的差别主要在螺旋桨梢部。当时曾怀疑梢部出现了涡动,并从导管内壁开孔向桨叶梢掠过处注入墨水,发现孔上游显示墨水颜色,证明新螺旋桨在导管内,梢部出现了逆流-涡流动;而试验原装四叶螺旋桨时,注入墨水,却未发现上述现象。两种螺旋桨模型方案在导管内绕流的差异,与实船螺旋桨噪声谱中出现窄带噪声峰与否的差异,相互印证,可以确信 JSS 螺旋桨的梢部设计有问题。出现窄带噪声峰的类似现象,在水面舰船用螺旋桨运行中未发现,是在水面舰船起航时，已跨过了所述现象对应的航速区。桨叶上大量出现的空泡随机生成、溃灭，冲“垮”了前述流动及锁定频段的发声过程。以后将会看到，其他潜艇常规螺旋桨的噪声谱中，有时也会出现类似情况。

表 4-1　翼型棒 A 深海试验“噪声异常”结果换算与××型潜艇螺旋桨改装后“噪声异常”的比较

1	N/N_i	1.0	1.1	1.2	1.35	1.47	1.72	1.98	备注
2	运行转数/(r/min)	600	660	720	810	880	1030	1188	约值
3	噪声峰 SL/dB	85	92	100	120	121	115	1125	
4	噪声峰频率区 f/Hz	4k	7.5k	5k	2.6k	1.7k	1.4—6.3k	0.4—4k	
5	峰宽 Δf 倍频程数	1	1/3	1/2	1/3	1/3	4～6	～8	
6	与相邻频率比 ΔSL	±4	±4	～10	10/20	10/20	±2	±1	(dB)
7	运行空泡数 σ	1.83	1.51	1.27	1.04	0.85	0.62	0.47	
8	换算到 $D=1.6$m 的转数 N	390	420	460	527	570	660	770	按等线速度
9	算 $D=1.6$m 的频率 f/Hz	1.75k	3.3k	2.1k	1.2k	750	600～2800	175—1.8k	(2.13)
××潜艇改装螺旋桨	CSS 在伴流场 $\sigma_i=3.5$ 水下 $H=25$m，对应 $N_i=166$(r/min)—[按式(4.2)用 σ_i 算得]								
	运行转数/(r/min)*	166	183	199	224	244	286	330	
	运行空泡数 σ **	3.5	2.89	2.43	1.92	1.62	1.18	0.89	
	噪声情况			|←(出现啸叫)→|			(1.6kHz 处 $\Delta SL\approx20$dB)		
	JSS 在伴流场 $\sigma_i=3.0$ 水下 $H=25$m，对应 $N_i=179$(r/min)[按式(4.2)用 σ_i 算得]								
	运行转数/(r/min)*	179	197	215	241	263	308	355	
	运行空泡数 σ**	3.0	2.48	2.08	1.65	1.39	1.10	0.77	
	噪声情况			|←(出现啸叫)→|			(1.25kHz 处 $\Delta SL\approx20$dB)		

注：表中第1到7行数据由图4-1引用文献[5]潜深 $H=15$m 的试验结果；第8行按“棒直径×棒转数＝桨直径×桨转数”算得；第9行按 $f_s=f_m(D_m/D_s)(P_s/P_m)^{0.5}$ 算得。*由第一行值×计算螺旋桨的 N_i 算得；**按式(4.2)算得。

根据以上讨论，概括起来，可以认为：

(1) 螺旋桨空化是最主要的舰船辐射水噪声源。

(2) 水面舰船通常在航速高于10kn的条件下执勤，因此，其螺旋桨已经空化，具有高频段易于被监听到的噪声级 SL。对于某些特种作业船，水声设备可能受到螺旋桨噪声的干扰而无法正常工作。为此，需要考虑降低螺旋桨噪声的问题，看来也只能降低主机转数，控制桨叶线速度，即在线速度不超过 $U\approx10$m/s 的条件下，可能实现预期工程目的。由于空化的发展和噪声强度并不成正比关系，充分发展的空泡流中，当一些空泡溃灭发声时，邻近的其他空泡起到吸声和阻尼作用，反而使总噪声级平稳和下降，如图 4-2 中Ⅲ区所示。苏联船舶原理手册[6]中甚至认为："单一推迟最早出现的空泡，减小叶梢和叶根剖面螺距，可能推迟某种空泡，但是在实际运行工况，这种采取了降噪措施——叶梢卸载的桨，若处在相对前期空泡未充分发展的阶段，反而使噪声更高"，看来需要根据水面舰船技术任务的特点，有针对性地作出降噪抉择，包括选用主机，拟定低噪声航速，再采用相应的螺旋桨减振、降噪对策。二战以后，欧美（北大西洋公约组织）和日本都曾公开报道，执行与水声有关任务的舰船，采用螺旋桨改型设计后，才将执勤航速相应提高到 4～7kn。此前，这些船都很难在所述速度下执行技术任务。

在这里讨论的是螺旋桨向水中发射的水噪声，对于其他船用水声设备来说，螺旋桨噪声是其背景噪声。对于水面舰船来说，降低水噪声，主要是保证船载水声设备的运行，而保证自身的水下噪声隐蔽性并不是主要目的。但是，作为全船动力最主要的转换器（将主机旋转功率转换成推进功率），螺旋桨在运行时可能造成巨大的振动和舰船舱室内环境噪声，因此，还存在水面舰船的安静航速问题，即舰员的感受问题、战斗力保持问题。有关问题将另行讨论。

（3）潜艇在水下航行时，有可能避免螺旋桨空泡，包括声学空泡，从而实现低噪声航行。条件是：螺旋桨的运行空泡数足够大[见式(4.1)]。这包含两重意思：一是螺旋桨的运行线速度比较低；二是螺旋桨运行潜深足够深。在目前常处潜深约 100m 的条件，有可能研制出艇速接近 $V_S=14$kn 的低噪声螺旋桨。与常规水面舰船螺旋桨或出现空化后的潜艇螺旋桨相比，同样航速下低噪声（无空泡）螺旋桨在 5kHz～20kHz 频段的声级 SL，低 30～40dB。一旦桨出现空化，噪声级立即提升数十 dB，而且由于这些桨大多是采用了叶梢卸载等措施的，运行线速度又较低，往往落入图 4-2 的Ⅱ区，出现啸叫声，虽然这时啸叫声的谱级 SL_{siren} 比螺旋桨空泡噪声在相应频段的声级 SL 还低，却给船员的感觉造成极其强烈的印象，并破坏潜艇的隐蔽性。

本节全部讨论是在螺旋桨技术状态正常的前提下进行的，有关数据是在满足所述条件下取得的，例如关于声学空泡初生数 σ_i 的确定，就是通过整理海上实测（状态正常的）螺旋桨所得数据确定的。因此，保证螺旋桨技术状态正常，就是保证螺旋桨噪声性能合乎常规的条件。一旦桨叶状态异常，例如加工失准，表面损伤，就可能诱发空泡。这种"新"的空泡，对于已有空化的水面航行状态螺旋桨的噪声级影响不太大；对于水下航行状态，却意味着"噪声反常"，出现难以预估的噪声现象。

4.3　螺旋桨噪声谱图上的最高声强谱级及谱线开始下降的频率

在第 3 章中曾讨论到，螺旋桨噪声谱具有平坡形特性，理论研究得出空泡所发射的噪声，在极低频段（$f<f_1$）以约 $+4\sim+8$dB/oct 的斜率增加到达峰值。在频率 f_1 处，噪声谱级达到峰值 $SL=10\log I_0$。随着频率增高，声谱线开始以 $-10\sim-6$dB/oct斜率衰减，高频信号主要是由空泡溃灭提供的，当桨叶上未发生空泡时，噪声谱级以接近 -10dB/oct 的斜率衰减。由于螺旋桨噪声的检测和区分的限制，目前一般只讨论和预报 f_1 以后的总声级及噪声谱级。f_1 一般在 100～300Hz 附近，其以下约 3 个倍频程（50～25Hz），已接近螺旋桨叶频 zn（z——桨叶数，n——桨转数，单位为 1/s）。在螺旋桨脉动压力及其诱发的振动研究中，主要关心叶频这个频段的信号。本节只讨论频率 $f>f_1$ 区的噪声谱的问题。

1. 最高噪声谱级 *SL* 值处的频率（段）f_1

文献[2]认为：在文献[5]的研究结果和文献[2]作者自己测量的数据基础上，可得出

$$f_1\sim\frac{1}{B}\sqrt{\frac{p_0}{\rho}}\sigma^{\frac{3}{2}}\tag{4.5}$$

式中，B—— 桨叶宽，p_0—— 静压，ρ —— 水密度，$\sigma=\dfrac{p-e}{\dfrac{\rho}{2}(\pi nD)^2}$

而苏联有的学者认为[5]：

$$f_1\sim\frac{1}{t}\sqrt{\frac{p_0}{\rho}}\left(\sigma-\frac{1}{2}\varepsilon_{\max}\right)\tag{4.6}$$

式中，t——桨叶厚，$\varepsilon_{\max}$——最大压降系数。

还有，苏联船舶原理手册[6]给出的是

$$f_1\sim\frac{1}{d}\sqrt{\frac{p_0}{\rho}}\tag{4.7}$$

式中，d——空泡直径。

综观式(4.5)、(4.6)、(4.7)，给出的都是比例关系，除了比例系数不确定之外，还有特征线性尺度，如叶宽、叶厚、空泡直径等。上述数据并不线性相关，例如叶宽厚比，就随桨叶数 z 不同而不同，而且相互之间差别很大。虽然，可以根据某些实船噪声谱 f_1 数据估算出相应比例系数，其准确度仍有待改善。在第 2 章讨论几何

相似、运动相似螺旋桨的噪声谱相似关系时，就得出过类似关系式(2.3)。

$$\bar{f} = fR_0\sqrt{\frac{\rho}{p_0}}, \qquad f = \bar{f}\frac{1}{R_0}\sqrt{\frac{p_0}{\rho}}$$

根据量纲分析与实船桨和模型测试，可以得出以下定性看法：螺旋桨噪声谱声级 SL 最高值的频率 f_1，随着桨线性尺度(直径)增大而减小；随着压力的增加而提升，即潜深的增大而提升；随着航速的增加而减小。其实际数值在 100～300Hz 之间。综观公开发表的舰船螺旋桨噪声数据，潜艇螺旋桨噪声谱的 f_1 大致在 300Hz 附近，对应航速 $V_S \leqslant 8$kn；而水面舰船螺旋桨噪声谱的 f_1 大致在 100Hz 附近，对应航速 $V_S \geqslant 10$kn。

2. 最高谱级 $SL = 10\log I_0$

噪声所具有的功率或能量与螺旋桨自身运行的条件及物理环境有关。$I = \frac{p^2}{\rho c}$ 是通过介质单位面积的声功率[参见式(1.20)]。而第 2 章中按常规处理振动数据，计量压力变化的 G 是功率谱密度，$\frac{G}{\rho c}$ 是通过单位面积的声能(压力能)(参见第 2 章 2.2)，由于都是与压力为 1μPa 的标准作相应比较，因此，总噪声强度——功率为

$$\sum I \sim G\frac{U}{R_0} \tag{4.8}$$

式中，U—— 运动体的特征速度，R_0—— 空泡半径。计及式(2.3)

$$\bar{G} = \frac{Gr^2}{R_0^3\sqrt{p_0^3\rho}}$$

可以得出

$$\sum I \sim \frac{R_0^3\sqrt{p_0^3\rho}}{r^2}\frac{U}{R_0} = \frac{R_0^2U\sqrt{p_0^3\rho}}{r^2}$$

基于理论和实验研究，均得出空泡直径 R_0 与绕流体线性尺度(例如桨直径 D)成正比关系[7]，故有

$$\sum I \sim \frac{D^2U}{r^2}\sqrt{p_0^3} \tag{4.9}$$

研究对象是空泡发射的噪声，因此式(4.9)的相关量中肯定还有与空泡数有关的函数 $F(\sigma_i, \sigma)$，可以理解为实际运行的环境 —— 空泡状态，与空泡发生的临界状态 —— 空泡初生的关系，即与空泡发生、发展所产生的噪声功率的关系，若肯定空泡未发生，则空泡噪声不存在。目前这个 $F(\sigma_i, \sigma)$ 关系只能靠经验数据来得出。故可以将噪声总功率表达为

$$\sum I \sim \frac{D^2 U}{r^2} \sqrt{p_0^3} F(\sigma_i, \sigma) \tag{4.10}$$

计及关系式(3.6)，曾得最高谱级的强度

$$I_0 = \frac{(q-1)\sum I}{f_1}$$

$$I_0 \sim \frac{D^2 U}{r^2} \sqrt{p_0^3} F(\sigma_i, \sigma) \frac{(q-1)}{f_1} \tag{4.11}$$

由式(4.11)，可以预期噪声谱级的经验公式应该与螺旋桨的直径 D 有关；与它的运动线速度 U 有关；与它所处静压 p_0 有关；与声谱平坡线图的最高谱级的频率 f_1 有关。特别要提出的是：噪声谱级与运行空泡数 σ 和初生空泡数 σ_i 的关系。鉴于研究的是空泡噪声，只有在 $\sigma < \sigma_i$，即螺旋桨转数 $N > N_i$（初生空泡转数）这一计算才是成立的。当 $\frac{N}{N_i}$ 接近 2 时，产生高频声的气体空泡群中开始出现蒸汽空泡，噪声谱将以近 −6dB/oct 斜率衰减，得到常见的空泡噪声谱。由螺旋桨无空泡时的噪声谱 −10dB/oct，到开始出现声学空泡，偏离 −10dB/oct 的衰减率，最后转变成 −6dB/oct 的常见空泡噪声谱。空泡（包括空气和蒸汽）的发声，应该都遵循本节所阐述的定性关系。

水面舰船的工程实践显示，当空泡的发展影响到桨推力，开始出现“失推”现象时，也就是俄文文献中常说的“第二阶段”空泡[6]后，噪声级变得平稳，开始缓慢微降。

目前，在正确设计（包括涉及图 4-4(b)的翼型棒端头——梢部设计）的情况下，潜艇用螺旋桨噪声的研究结果，可以排除图 4-2 所示Ⅱ区的突出峰，即不再含有啸叫，这也就是当前螺旋桨降噪的首要目标，至少是在螺旋桨叶梢设计方面的目标。讨论中未涉及螺旋桨毂部的降噪设计，这个问题留待第 5 章“低噪声螺旋桨开发及舰船螺旋桨噪声预报”的章节中研究。总而言之，在工程实践中，要按式(4.10)、(4.11)计算螺旋桨的噪声强度还有困难。只能靠收集、整理实际舰船螺旋桨的噪声数据来推算相应各算式中的比例系数，各种计算公式[3,8]，都建立在经验数据的基础上。鉴于螺旋桨空泡噪声声级 SL 的平坡形特性及衰减率 −6dB/oct 特点变化甚微，估算噪声问题的关键在于：确定螺旋桨噪声覆盖的最高声级 $SL_{f_1} = 10\log I_0$ 及相应频率 f_1。

4.4　螺旋桨低噪声航速和安静航速

普遍认为，螺旋桨在海水中出现空泡化是舰船的主要噪声源。螺旋桨高速旋

转，导致水中压力下降出现空泡，空泡的发生和溃灭过程，直接在水中发射声能。螺旋桨在船后运行，那里是船舶的尾流场，是不均匀的伴流场，导致螺旋桨叶剖面绕流不断变化（每一转内反复），也导致空泡初生现象提前发生，由于螺旋桨叶的多样性和伴流场的复杂性，目前船舶流体力学的研究，难以确定螺旋桨空泡初生现象到来的瞬间，加上它与海水中的空气含量、黏度等有关，甚至严格组织的空泡水筒或船舶拖曳水池螺旋桨模型试验，都未能提供需要的结果，只能得到空泡化的相对比较参考值，只得由实船螺旋桨噪声测量结果来推测声学空泡数 σ_i（初生现象到来的瞬间）。根据 1976 年前的统计，文献[2]推荐图 4-5 的空泡现象初生和伴流场的关系图，作为判断声学空泡出现与否的参考。在引用该图时，除了翻译成中文解说外，增加了些说明词，图中空泡一词均指声学空泡。

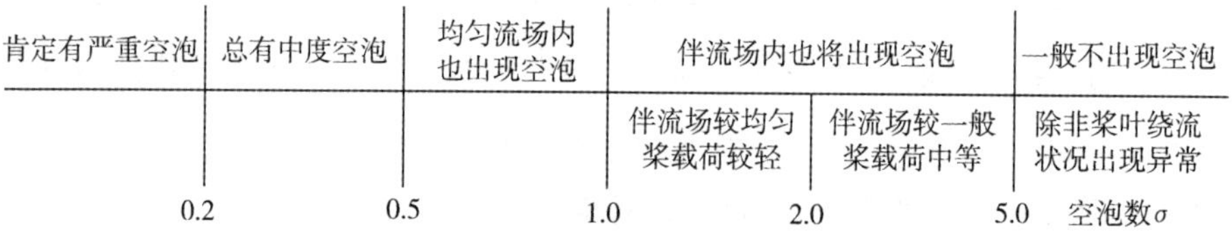

图 4-5 出现螺旋桨空泡现象与空泡数的关系图[2]

由该图结合船型及桨型，可以大致估计螺旋桨出现声学空泡的初生空泡数 σ_i，及桨叶梢线速度和相应螺旋桨转数、舰船航速。需要再次提出，这里讲的是声学空泡，即出现由气体逸出形成的空泡。下面转入讨论潜艇螺旋桨的低噪声航速和水面舰船的安静航速问题。

1. 潜艇的低噪声航速

二战后期反潜的主要技术手段是监听潜艇螺旋桨的高频噪声信号[在(1～10)kHz 范围，主要是 6kHz 附近]。一旦潜艇螺旋桨被检测到这种信号，潜艇的存在就被发现。因此，潜艇的安静航速，就是无空泡（声学空泡）航速。要控制潜艇螺旋桨噪声，必须避免出现声学空泡。依式(4.2)

$$\sigma = \frac{p-e}{\frac{\rho}{2}U^2} = \frac{p_a + \rho g H - e}{\frac{\rho}{2}U^2}$$

计及海水 $\rho = 1\,020\text{kg/m}^3$，$e \approx 1\,300\text{Pa}$，及大气压 $p_a = 101\,325\text{Pa}$，H 为潜深，$U = \pi n D$，$v_A = J_p nD(\text{m/s})$，可得

$$\sigma = \frac{19.6}{U^2}(10+H) = \frac{1.99}{n^2D^2}(10+H) = \frac{1.99}{v_A^2}\frac{v_A^2}{n^2D^2}(10+H)$$

$$\sigma = \frac{19.6}{U^2}(10+H) = \frac{7150}{D^2 N^2}(10+H) = \frac{1.99}{v_A^2}(10+H)J_p^2 \qquad (4.12)$$

推出

$$v_A^2 = \frac{1.99}{\sigma}(10+H)J_p^2,\ \frac{v_A^2}{10+H} = \frac{1.99}{\sigma}J_p^2,\ v_A = \sqrt{\frac{1.99(10+H)}{\sigma}}J_p \qquad (4.13)$$

从图 4-5 看，当伴流场情况一般、螺旋桨载荷中等的情况，得 $\sigma_i = 4$，由式(4.13) $\frac{v_A}{\sqrt{10+H}} \approx 0.71 J_p$。对于船后流场较均匀，载荷较轻的螺旋桨，得 $\sigma_i > 2$，得到 $\frac{v_A}{\sqrt{10+H}} \approx 0.9 J_p$。二战时双桨潜艇螺旋桨的 J_p 值约为 0.55～0.8，属中等载荷的螺旋桨。则在 $\frac{v_A}{\sqrt{10+H}} \approx 0.5 \sim 0.8$ 区，将出现高频噪声突增。所述结论，与引自[2]的图 4-6 实测结果比，不同 $\frac{v_A}{\sqrt{9+H}}$ 数值时，潜艇(10～30)kHz 频段带宽的声级(潜深 $H = 20$m，$\frac{v_A}{\sqrt{10+H}}$ 与 $\frac{v_A}{\sqrt{9+H}}$ 的数值相差仅 2%)变化特点非常接近。的确，实测到的潜艇螺旋桨噪声在 $\frac{v_A}{\sqrt{9+H}} = 0.4 \sim 0.7$ 间，声级确有 30～50dB 的突增。由式(4.13)等看出，要提高潜艇的低噪声航速，理论上可以采取：

(1) 增大进速系数 J_p，但 J_p 实际上是由主机和船—机—桨匹配所确定的，低转速主机体积较大，与潜艇容积限制有矛盾。

(2) 减小初生空泡数 σ_i，即推迟空泡。可惜近几十年来，为推迟空泡所进行的研究，在降低声学空泡数方面进展有限，因为饱和溶解了空气的水，一旦受到扰动，压力降低，就可能空化，而螺旋桨正是主要靠扰动流体、改变叶背与叶面间相对压

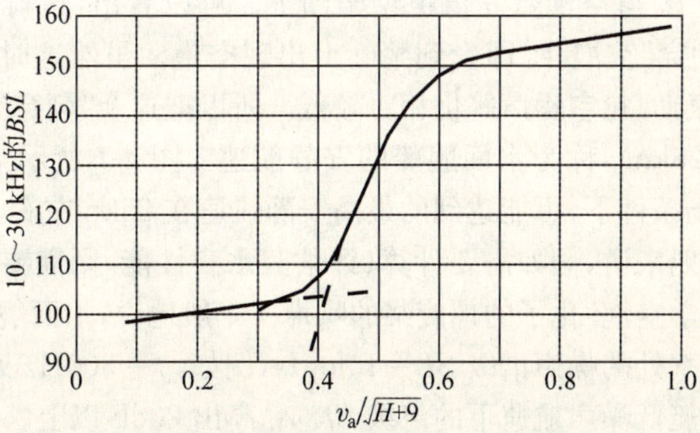

图 4-6　高频水声与进速潜深相比

v_a——进速(m/s)　H——潜深(m)

力来取得推力的。作为在静水中运动的螺旋桨桨叶，还会产生三维的压力梯度，因此，逸出的空气泡可能作三维运动，诱发相应的噪声。

(3) 增加潜深可以提高低噪声航速，除了受到潜艇抗压强度的限制之外，深度增大后，还会导致：一旦出现空化，原本设计用于保证隐蔽性的低噪声螺旋桨，可能比更小潜深的螺旋桨的噪声频率和声级都要高。

2. 水面舰船的安静航速

螺旋桨发射的水噪声，并不是水面舰船向外发射的唯一的信号源，还有电磁、红外等信号。而且按式(4.13)计算，在水面下 1 m(叶梢距水面最近距离)，要保证螺旋桨无声学空泡的低噪声航行，只允许舰船以 3m/s(6kn)左右的速度运行，对应的主机转速，可能已低于机器(例如柴油机)允许的最低稳定转速。可见螺旋桨空泡噪声是现代水面舰船固有的不可避免的噪声。它可能会造成两个问题，一个是螺旋桨空化发射的高频信号，构成某些船用水声设备运转环境的“污染”(背景噪声)；另一个是它可能成为触发某些兵器发起攻击的信号。前者靠将水声设备尽量移离螺旋桨，例如将其布放到距螺旋桨约 100 m 的船首处，当地声级将下降约 40dB($20\log r = 20\log 100 = 40$dB)，或布放到船后数百米外去。为避免本舰螺旋桨信号触发敌方攻击武器，舰船只能靠通过降速来寻找出路。除了高频水噪声之外，螺旋桨空泡还会诱发船体结构振动和舱室噪声。通过现有的减振研究，与常用图谱螺旋桨相比，已有将螺旋桨空泡诱发的脉动压力(作用于船体表面的)降低 70% 及船底板结构振动加速度下降 70%左右的实例。实验观察螺旋桨运行工况，看不到空化，即在 $\sigma - J_p$ 所对应的点，是处在空泡斗内，相应实船舱室内就安静很多，但水中辐射噪声变化并不大。图 4-7 所示是某驱逐舰用螺旋桨在空泡筒中的试验结果。图中“空泡斗”σ_i 值是由目测确定的(不是声学空泡初生)。将船—机—桨匹配计算得出的运行 J_p 与空泡数 σ 值也绘于图上。可以看出，运行曲线在航速高达 24kn 以上，才“刺穿”空泡斗，即看到桨叶上出现空泡。虽然这时高频噪声信号已很强了，但结构振动、舱室噪声等仍相对较低。所以把这个“刺穿”空泡斗所对应的航速(图中 $V_S \approx 25$kn)，称为水面舰船的安静航速。图 4-7 所示桨、装备特定的舰船，在该舰伴流场条件下，可能达到的最高安静航速在 25kn 左右。

对于水面舰船来讲，假如需要计算、评估其水声性能，则需要就水声发射的情况，另行计算“声学空泡”化了的螺旋桨的噪声。一般地说，水面舰船在安静航速下运行时，其 f_1 频率处的噪声谱级 $SL = 10\log I_0$，例如，$f = 300$Hz 处的 SL_{300Hz} 值，已经比通常所说潜艇低噪声航速下的声级 SL_{300Hz} 高出 20dB 以上。

总而言之，潜艇和水面舰船对不同种类的噪声(水下噪声、舱室空气噪声)有不同的要求，螺旋桨应该根据不同的使用目的，进行工程抉择。就发射水声和激起振动等而言，螺旋桨对于水面舰船和潜艇是“一视同仁”的。只要在水面附近（指叶梢距水面 1～2 m），当螺旋桨叶梢线速度达到约为 10 m/s 时，就会出现高频噪声。这时对应的空泡数 $\sigma_i > 2$；而由图 4-7 看到，出现可见空泡所对应的 $\sigma \approx 0.1 \sim 0.2$，两者相差 10 倍左右。为控制螺旋桨激起的振动，通过目测观察空泡初生（有时是空泡消失）的办法，测定空泡初生所得的临界空泡数，比声学空泡临界空泡数小 10 倍左右。这意味着，桨叶梢允许的线速度高约 $\sqrt{10}$，即近 3 倍。所以，在国际水池会议（International Towing Tank Conference，ITTC）上曾有过议论，认为为了控制民船振动、噪声（指舱室噪声），希望将桨叶梢线速度控制在 30 m/s 左右。

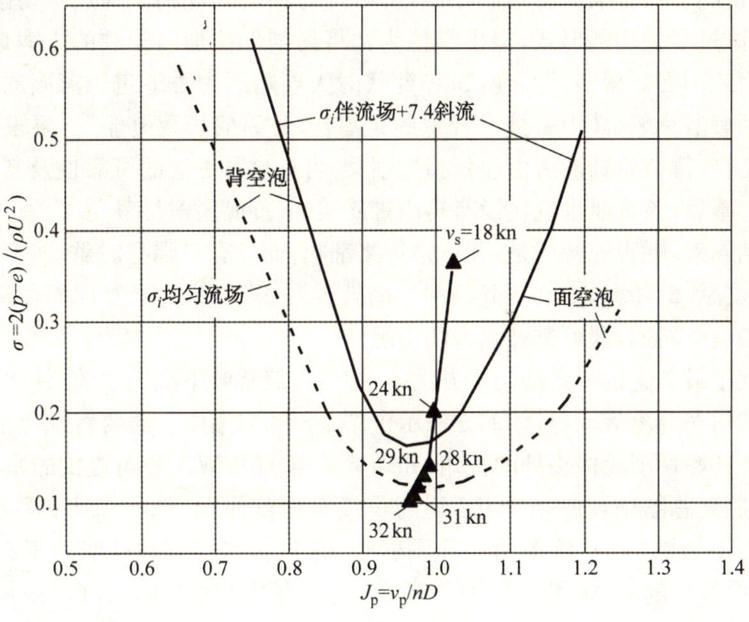

图 4-7　目测空泡斗与桨运行的 $\sigma - J_p$ 线

4.5　螺旋桨唱音

讲到舰艇螺旋桨水下噪声，当然不能不提螺旋桨唱音。有时，螺旋桨会发出一种有音调的，周期性出现、消失的尖叫声。早在 80 年前，很多著名的推进器研究人士都关注到这个问题，提出过各种解释。同一张图纸加工的螺旋桨，装在同一个型号的船上，有时只有一只桨出现唱音。深入的研究还发现，甚至只有一片桨叶有唱音[2]。直到 20 世纪 50 年代，逐步取得一致的认识，认为是由桨叶剖面“随边”处，出现分离涡（通常称“卡门涡”），当涡分离（发生）频率与桨叶结构自振（固有）频率耦合时发生共振，出现唱音。不同半径处的剖面有不同绕流速度和不同厚度，其流线分离涡的频率也不同，而且分离的涡在螺旋桨叶径向还应相连（涡不可能在连续介质中结束，除非接到另一介质，或形成涡环），加上桨叶是多质量系统，其自振频率也非常丰富。为什么螺旋桨 A 出现唱音，按同一图纸造螺旋桨 B 不出现唱音，又为什么只有一叶或部分叶发生唱音，虽然文献[2]曾作过解释，但仍缺乏作出肯定结论的必要证据。好在按苏联船舶原理手册的说法[6]："自 1950 年代以后，失去了研究唱音的兴趣，因为已经找到有效的、简便的办法，能用于所有现行结构形式的螺旋桨，用来消除唱音现象，而且还不带来任何有负面影响的后果。"这个方法就是采用"抗鸣边"，将桨叶随边一小段削薄，由叶根削到叶梢。为选定切削方案，文献[6]曾试过多种切削形式，得出结论为："将切削部位加以光顺的方案最差，横向切成平面或凹面好得多。"的确，1980 年代时大连船厂为香港包氏家族的船务公司建造的两艘散货船，其中一艘出现螺旋桨唱音，外籍船长致电船厂，要求工厂届时派人到烟台，待该轮到港后由船长指挥削桨，可见这种方法的可靠性及其推广应用的程度。事后，该货船也确实没有再因螺旋桨唱音问题找过工厂。

概括起来，唱音的特征是：并不是每桨都唱，而且有时唱有时歇，然后再唱。另外，就是文献[2]，[3]，[6]中都认为"一削就灵"。若试航时未发现而营运时遇到，只要略微调整转速，即可避开唱音的出现。

工程中最常见抗唱音的削边办法是：扰动螺旋桨叶下洗的水流，使水流不能形成有规律的涡分离流动，具体的方法示于图 4-8 两方案中。需要特别提出的是，希望保留在开始切削段接头处的折角，如瑞典前 KAMEWA 公司提供的军用高速调距桨，螺旋桨总图中，在"抗鸣边"切削段接头处就注明"sharp edges"（尖锐边折角），见图 4-8 中的(a)，该图由工程图转绘，是只切削螺旋桨叶吸力面；也有吸力面、压力面都切削的，如图 4-8 中(b)所示，就是直径 $D=1.6\sim5.6\mathrm{m}$ 螺旋桨的"抗鸣边"（俄国图纸）方案，该图也转绘自工程图。

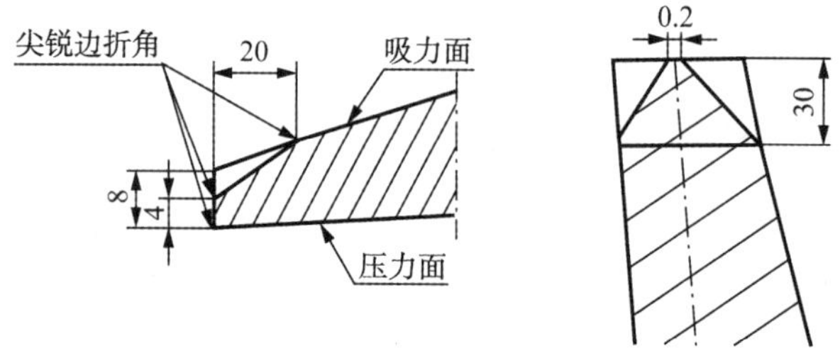

图 4-8 抗鸣边

(a) 切削吸力面 (b) 压力面和吸力面都削

4.6　螺旋桨充气降噪——气幕降噪

为降低螺旋桨噪声，有人工向桨叶绕流充气的尝试。依据物理概念，若在空泡溃灭过程中向空泡区充入气体，充入的气体将影响原本的空泡，减小其溃灭时的压力脉动峰值，并阻尼声压的形成和传播，最终起到降低螺旋桨噪声的作用。此外，充入的气体还有隔绝空泡激发的振动压力向船体传送的效果。为实现所述想法，首先在运动赛艇上安装充气系统，那里有实施条件，因为用小燃气轮机拖动螺旋桨，燃烧废气需要排出，通过管道将废气接往螺旋桨前部，向直径约300mm的螺旋桨喷出，既起到了废气过滤的环保作用，又确实降低了螺旋桨噪声，从而在实践中证明充气降噪原理可行。要工程实现充气降噪，可以由螺旋桨前的轴包架或螺旋桨毂，向螺旋桨盘处喷气；也可将出气孔开在桨叶导边处，向绕经桨叶剖面的水流充气。显然后者在工艺上复杂得多。特别是如何让喷出的气体均匀分布到各桨叶的空化部位，直到距桨毂数米远的梢部并覆盖到桨叶剖面上，会有技术困难。更大的问题还在于，日常如何维持充气降噪装置的功能。与赛后通常将赛艇放置在存贮架上，推进系统随赛艇贮存在干燥空气空间的情况不同，舰船螺旋桨经年累月地浸于海水中，难免“污底”（海蛎子生长等），附在螺旋桨表面的海生物会堵塞直径以mm计的出气孔，使充气降噪装置失效。若要避免污底而维持充气降噪装置的功能，在装置保养上有巨大的困难。

对于只在使用时才下水的赛艇螺旋桨，有条件可考虑充气降噪，甚至充气减阻的可能性。在此必须提出，利用充气降噪，是在螺旋桨已有的空泡噪声声级 *SL* 水平上谈降噪，对于没有空泡化的螺旋桨，充气噪声声级 *SL* 本身比螺旋桨噪声 *SL* 高，充气只会使潜艇总噪声级更高，何况潜艇上用来充气的气源保障，及泄入海水后上浮的气泡留下水中潜艇航迹，都是问题。至于利用空泡化，实现减阻达到短期高速运动之目的，在鱼雷推进技术中已有应用，不属本书讨论范围。关于水面舰船利用充气降噪——气幕降噪，与具体的工程目的有关，是要屏蔽螺旋桨的噪声向特定目标传输，还是泛指降低水中辐射噪声和舱室噪声，这些都需要具体分析。在水面舰船上，气源供应虽无问题，但装置的日常保养困难，这可能是气幕降噪未见在舰船降噪技术中广泛应用的原因。

第5章 低噪声螺旋桨开发及舰船螺旋桨噪声预报

第二次世界大战中，舰艇海上活动和反潜战的实践，证明螺旋桨是舰船的主要声源之一，是最主要的水中声源。在军事对抗中发现，潜艇螺旋桨会发出低到数百Hz高至数十kHz，甚至高达数百kHz的水噪声，研究螺旋桨水下噪声的问题被提上议事日程。二战前，现代空泡试验装置刚出现，还没有大量进行螺旋桨空泡课题的研究，甚至没有提出螺旋桨噪声的问题，战争期间又无暇顾及有关的基础性研究，直到战后，舰船螺旋桨空泡的研究工作才充分展开。为改善舰船的推进、强度、隐蔽性能及生活环境，二战后开始广泛研究螺旋桨空化，探索螺旋桨空泡问题的方方面面。随着研究工作的进展，发现空泡是螺旋桨出现的一系列问题，如剥蚀、振动等的主要原因。二战前后，螺旋桨叶大多是径向等螺距的椭圆形叶片状物体，其截面呈机翼形。观察模型试验的主要手段是采用与螺旋桨转动同步的频闪光源，将高速旋转的模型绕流图像显示出来，得到如图4-4所示图像，进行流态观察。基于力学测量和绕流观察，工程实践中陆续提出径向变螺距、桨叶侧斜等等改进措施，以期达到提高螺旋桨效率和减振、降噪之目的。关于螺旋桨空泡，试验中发现螺旋桨梢涡空泡通常最早出现。至于螺旋桨水下噪声，经过各种试验、研究，并经过实船噪声的测量，查明试验目察到空泡前，水中已出现高频噪声。经过大量实验和海上试验，终于确信在目察到空泡之前，就已经出现“声学空泡”。按式(4.2)表达的空泡数约为$\sigma=3\sim5$时(在看到螺旋桨空泡前)，就已经出现“声学空泡”。在相当于水面航行的船用螺旋桨叶梢线速度$U=\pi nD=7\sim10\mathrm{m/s}$时，就已出现声学空泡所带来的高频噪声；对于潜艇螺旋桨，在不同潜深[8](相当于$\sigma\approx4$时)，也出现“声学空泡”。虽然都未见空泡的“泡”。原因是运动物体在水中扰动时，改变了水中压力，导致溶于水中的气体逸出和随后又被“压入”(气泡发生和溃灭)，水中微小气泡的生灭周期是微秒级，视留时间和体积变化都难以目察到，但却会发出高频水声波。因此，就潜艇螺旋桨而言，要避免“声学空泡”，才能保证噪声谱级SL在$110\sim120\mathrm{dB}$以下，满足潜艇航行于低噪声工况的要求，实现潜艇隐蔽性指标。

螺旋桨作为舰船的主要设备，其主要功能是推进舰船航行，在主机额定转速和功率下，保证舰船尽可能有效地(在高速或经济速状态)航行，实现和船体—主机的匹配。虽然早在二战以前，就已发现舰船高速航行时，螺旋桨会遇到空泡现象，水中运动的物体表面与水脱开，被一些“泡泡”占据，螺旋桨表面部分区域不再浸水。

空泡出现后，会导致舰船航速不再随主机（螺旋桨）的增速而升高，出现“失速”，还发现这时船体的振动也大大加剧，随后还出现螺旋桨剥蚀。经过二战后的研究，船用螺旋桨空泡问题取得一系列进展。与此同时，在其他水力工程和机械学科，也开始对空泡现象进行实物和模型试验研究，取得了进展，例如研究确认，可以以出现高频水声信号为标志，判断空泡出现与否（在水工学的试验研究中广泛采用）。早在第二次世界大战海上潜艇较量中出现声呐时，对于听到的声音是螺旋桨声，似乎没有争论，因为它带有螺旋桨的节拍。但到底是什么物理现象造成的？当时还没有立即得出结论。经过 35 年，直到 1970 年代末期，在国际水声学会议上，美国 David W. Taylor 研究中心的一批研究学者 M. Strasberg 等才公开发表论文[8]，认定空泡现象是主要的舰船螺旋桨噪声源。1957 年前后，苏联的克雷洛夫（Крылов）舰船科学研究院，就在空泡筒中进行低噪声螺旋桨系列试验研究，主要靠观察空泡现象的发生与否，并据以判断螺旋桨噪声性能优劣。因此可以认为，二战以后关于低噪声螺旋桨的研究，实际集中在空泡现象上。直到 1980 年代中期，还有学者认为：“推迟一切空泡，到要出现空泡时，就各种空泡（背、面、梢、毂等空泡形态）都出现，这就是最佳方案。”关于各种空泡形态和流动发声有何特点，在低噪声螺旋桨研发中，是对各种空泡形态“一视同仁”，还是区别对待？要真正研究开发低噪声螺旋桨，还必须充分考虑工程实践的需要和接受实践的检验。在 4.2 节中，曾提到潜艇换装五叶螺旋桨希望降低噪声的尝试，当时将螺旋桨模型上出现的多种形式空泡，“推”到接近“各种空泡都同时出现”，螺旋桨降噪却遇到了困难。

在以下有关各节中，将力图收集可能得到的公开资料，通过模型试验和实船的检验，来判断螺旋桨的各种声学现象与流体运动的关系。由于螺旋桨噪声主要涉及潜艇隐蔽性，故潜艇用低噪声螺旋桨有更重大的技术意义，在本章中将着重讨论之。

5.1　某些潜艇用螺旋桨的分析

在满足舰船推进需要的前提下，希望潜艇螺旋桨的噪声低。首先，从当前已有的关于螺旋桨空泡的理念出发，认为要降低螺旋桨噪声，就要推迟螺旋桨空泡的出现。因为在实验室中可以看到空泡，因此就在空泡筒中用目测想方设法推迟空泡，直到 1960 年代中期，技术文献公认“推迟一切空泡”后，得到的就是最佳方案。现根据 20 世纪 50～90 年代能看到的外国潜艇用螺旋桨，包括最早的原装苏联 33 型导管螺旋桨 Rss，和当时看到的“低噪声”螺旋桨图谱，以及随后看到的各种技术文件（文献）和照片上的那些潜艇螺旋桨作一些分析。与其他舰船用螺旋桨一样，随着二战结束后的技术开发，陆续出现径向变螺距、侧斜螺旋桨；又基于减小单一桨叶振动源(力和位移)幅值的愿望等,放弃常用的三叶和四叶螺旋桨,开始采用叶数更多的螺旋桨来装备水面舰船和潜艇。战后对于桨叶剖面翼型的研究,导致将美国 NACA16 和 NACA66 厚度分布及 NACA 的"a"拱度系列翼型,推广于舰船螺旋桨,包括潜艇螺旋桨。综观这些螺旋桨,只有潜艇用螺旋桨,采用的螺距比分布有特点,明显不同于公开技术文献中推荐的常规图谱螺旋桨的螺距比。现将部分确知的潜艇螺旋桨剖面螺距比变化数据绘于图 5-1。为相对比较,将各半径处的剖面螺距除以 $2r/D=0.6$ 处剖面的螺距,将所得比值绘成曲线,图中还绘有苏联七叶图谱桨"T7-70"和带叶稍卸载的交大设计 33 型潜艇导管螺旋桨 Jss 的相应数据。与早前的图谱桨都是径向等螺距(沿径向的螺距值 $P=$常数*)不同。从图 5-1 的各潜艇螺旋桨 Rsj、Rwl、LsL、Rss 的螺距变化看到,在螺旋桨叶梢部,这些螺旋桨的螺距比值的相对变化超过 70%,即叶梢螺距仅为桨叶最高螺距值的 30%。现就螺旋桨叶梢螺距值,降到如此程度的流体动力原因和后果,作一专门讨论。

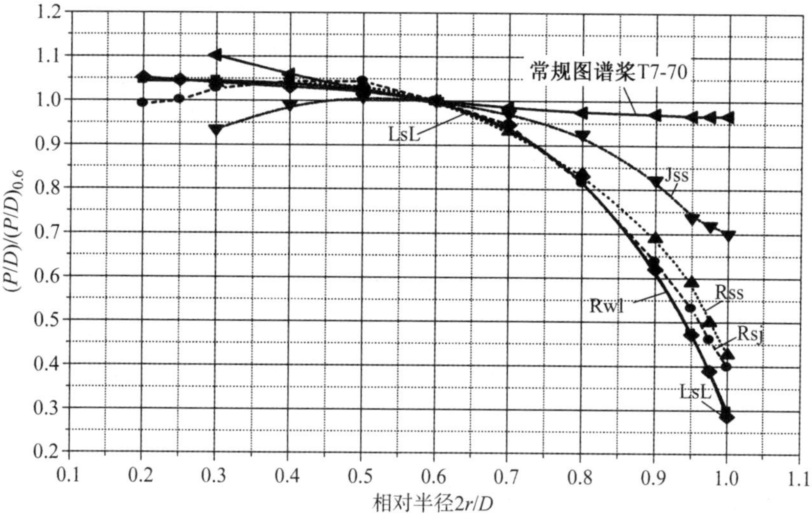

图 5-1　若干潜艇桨的螺距相对变化 $\dfrac{P/D}{(P/D)_{0.6}}=\dfrac{P}{P_{0.6}}$

(1) 从流体动力的角度看,螺旋桨要获得推力完成推船航行的使命,桨叶整体必须与流体形成攻角。目前,认为流动是处在以桨轴为中轴线的圆柱面内,桨叶各半径剖面均应与该半径圆柱面内的合速度形成攻角,据此概念建立数学模型来估算桨轴向、周向流速变化。因此,在圆柱展开面内的速度矢量与桨叶剖面位置的相

* 本章所用螺距 P 等均采用《船舶水动力词典》[12](中国造船编辑部)中的专用标记。

互关系，如图 5-2 所示。若不计受力后流场变化，为取得推力，须有 $\gamma > \beta$ 的关系，即在圆柱展开面内有 $\tan\gamma > \tan\beta$，其中 $\tan\gamma = P/2\pi r = (P/D)/\pi(2r/D)$，$\tan\beta = v_p/2\pi rn = (v_p/nD)/\pi(2r/D)$，亦即应有

$$P/D > v_p/nD = J_p \tag{5.1}$$

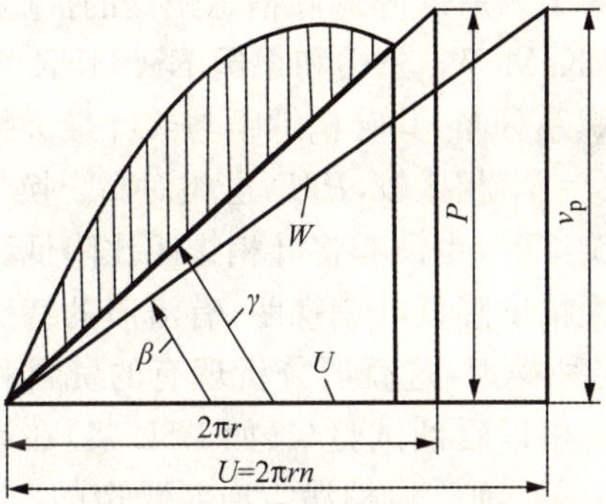

图 5-2　桨叶剖面螺距速度图

对于常规图谱桨，其各半径剖面 P/D 约为常数。螺旋桨的最佳推进效率点的进速系数 J_p 约为

$$J_p \approx 0.85(P/D)$$

通常由于机器转速偏高或桨直径受限制的原因，在主机和船体都不能改动的情况下，为实现船—机—桨匹配，往往导致螺旋桨只能在进速系数 $J_p \approx 0.5 \sim 0.7(P/D)$ 区运行。这时螺旋桨不在最佳效率点工作。桨推进效率受到影响。

若出现 $\tan\gamma < \tan\beta$，即 $P/D < v_p/nD(J_p)$ 的情况，意味着在圆柱展开面内，该剖面产生的升力与推船前进的力相反，总体推进效率下降，可能出现面空泡，继而导致桨叶严重剥蚀。现在，图 5-1 所提及的潜艇用螺旋桨，无论是否低噪声螺旋桨，其叶梢螺距比 P/D 都小于 J_p，照理应该出现上述各种弊病，也“不可能”保证螺旋桨的低噪声。但实践中没有所述问题，其流体动力学原因在于，无论螺距比 P/D 沿径向变化如何，螺旋桨必须保证提供舰船航行所需推力，叶梢螺距比 P/D 减小，螺旋桨叶中部的螺距比 P/D 势必增大(增加负荷)，桨叶除了在圆柱体筒状面内吸入流体之外，还由相邻圆柱面吸水，导致径向流，从而使绕经叶梢部剖面的流体进速下降，得以避免面空泡出现和推力明显损失。事实是，这类螺旋桨几十年来一直被采用，且随着桨叶大侧斜的出现，这种减小叶梢螺距的趋势更剧。前面提到，若将图 5-1 中各潜艇用螺旋桨的剖面翼型等与其他舰船螺旋桨作比较，它们的剖面均属 NACA 类翼型，有时为了改善桨叶剖面“随边”的强度及适应不均匀伴流，作了所谓 ИК 改进[6]，即桨叶剖面“导圆”直径适当加大及“随边”加厚，这些与一般水面

舰船螺旋桨并没有明显的区别。由于降低噪声是潜艇极重要的战术技术指标，因此，收集到的这些螺旋桨，既被长期用作潜艇螺旋桨，必须具备噪声低的特点。与其他舰船螺旋桨相比，潜艇螺旋桨叶梢部位的卸载（P/D 如此低）程度是唯一的差异，应是为了降低潜艇螺旋桨噪声而采取的对策。

在潜艇低噪声螺旋桨上采取的降低叶梢螺距比的措施，也见于一些水面舰船螺旋桨，图 5-3 所示瑞典 KaMeWa 公司和德国 ESCHER WYSS 公司供货的有减振要求的调距螺旋桨的螺距分布，其叶梢螺距与桨叶最大螺距的比值约在0.55左右，与潜艇桨运行 $v_p/nD=J_p$ 相比较，P/D 也相对高。换句话说，对航速更高、振动更剧的水面舰船用螺旋桨叶，也没有将叶梢螺距比降低到所引述的潜艇螺旋桨的程度。因此证明这种大幅度降低叶梢螺距，有潜艇的特殊原因。现认定为降低噪声所为，还要研究是何种噪声，这就要分析现有的资料和国外的系统资料。的确，在空泡实验室试验中，可以看到试验桨（如 LSL 桨）在运行工况 J_p 时，随着压力下降，到最后才出现梢涡空泡。但梢涡空泡对噪声的“贡献”真的有那么大吗？是的，在一些技术资料中，如文献[3]中的确说：“根据螺旋桨模型试验和现场数据，梢涡空泡（tip vortex）是更重要的水声源（见[3]原文 P. 334 倒数 12～5 行）。”但是，实船上到底情况如何，在二战期间当时装艇的等螺距螺旋桨（P/D=常值），水下噪声表现如何，人们又有过何种体验？

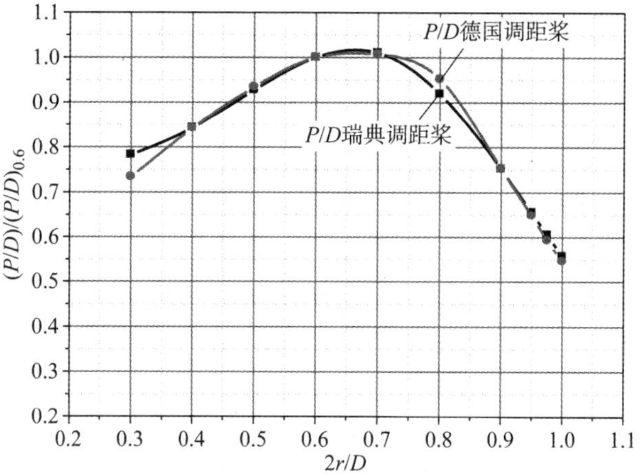

图 5-3　国外水面舰船用大侧斜调距桨螺距分布

（2）鉴于潜艇螺旋桨噪声问题的性质，公开发表的资料不多，二战当时也没有可能进行系统的试验研究。战后，对二战期间舰船采用的等螺距螺旋桨进行空泡试验，得到如图 5-4（所用标记同第 4 章）所示典型的螺旋桨空泡斗图。可看到在螺旋桨运行工况 J_p 区（例如，$J_p=0.7$），随着 σ 值的变小（航速升高），首先出现的是梢涡空泡然后才出现背空泡。与图 4-7 所示的现代舰船叶梢卸载螺旋桨“空泡斗”比较，空泡出现的次序有变化。前面曾提到 20 世纪 50 年代苏联推出的低噪声螺旋桨图谱，就是据螺旋桨模型实验观察空泡得到的。随后图谱并没有得到工程推广，又是什么原因呢？在 20 世纪 70 年代，开始着手对 33 型潜艇螺旋桨进行低噪声改装时，用 4.2 节中提到的 Jss 螺旋桨代替原装桨（图 5-1 中的 Rss 桨）后，遇到了“汽笛声 ”（书中以后将混用“啸叫声”，The sound is like a siren 称呼之）。在 4.2 节提到，苏联学者[5]进行过在潜艇常态潜深下（15～45m）的旋转翼型棒海上试验，用不产生升力（推力）而有压降的对称翼型，设计（配备）两个端头部形状不同的模型，目的是为了研究梢部涡形状对噪声的影响。A 旋转翼型棒有产生涡动的环境：绕流横向方向有压力差；有“稳定”的“二次流”（削平的端头，必然产生端涡）。而试验的 B 旋转翼型棒，端头加有对称回转体，就避免了梢（端）部出现涡线流动。试验确证两翼型棒的噪声差异：“有”或者“无”频带宽约一个“1/3 倍频程”的“汽笛声”（俄文称 свист сирены），确实源于梢部形状差异。有趣的是 1983 年出版的文献[9]中，在研究“自然和应用科学中的涡”时，除了潜艇船体各附体接口处的涡系外，不忘关注大气“龙卷风”的“尖叫”，认为强烈的声响部分由于涡线（龙卷风）振动和其风圈内杂物的撞击。说明美国舰船研究中心也在关心涡线的出现及其发声特点。

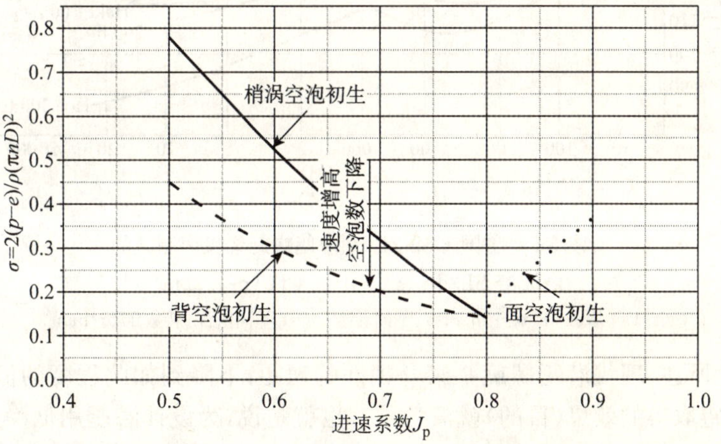

图 5-4　二战前后常规螺旋桨空泡斗

确实，假如真是由于桨叶梢涡线的形成和振动激起噪声异常——汽笛声，那么二战期间装备常规螺旋桨的潜艇就应该遇到类似现象。二战后公开发表的潜艇螺旋桨噪声系列测试，只有 USS-212 型潜艇的数据[2,3,8]。现将取自[3]的图置于图 5-5。由该图（a）可以看到，潜艇在水下 17m 航态，当螺旋桨以 110～130r/min 运行时，在频率近 300～500Hz 约一个 1/3 倍频程（频段）区间内，的确出现了比相邻频段高出约 18dB 的噪声峰(以下将简称为“窄带噪声峰”)。一般地讲,声级 SL 相差 6dB 的话,其他频段低的音量就被掩盖了,实际上只听见高的“窄带噪声峰”。因此,可以认为至少该型潜艇在以 110～130r/min 航行时,潜艇内就只听到这个声音,因此可以说,它也决定性地影响了潜艇的水下噪声。

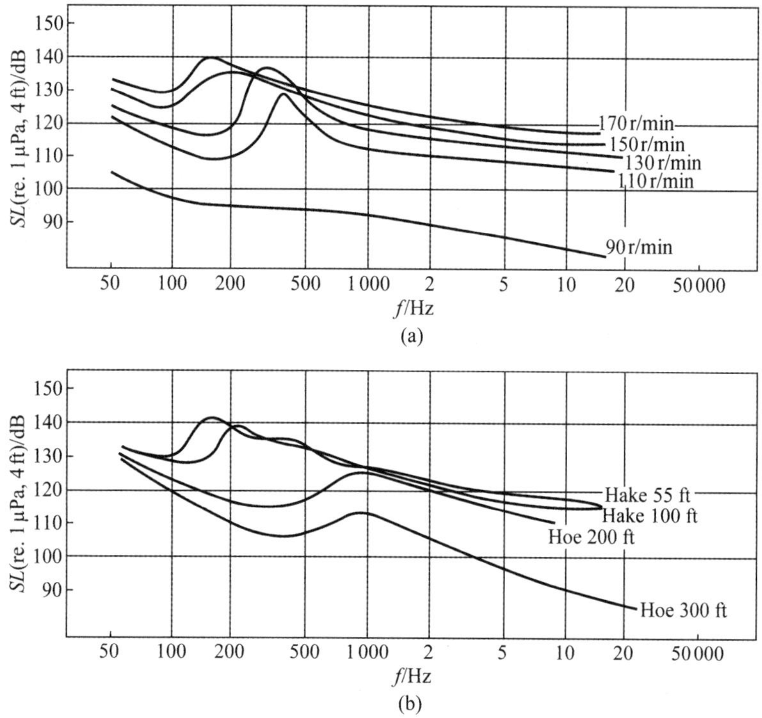

图 5-5　美国 USS-212 型潜艇螺旋桨噪声测试的
声级谱 SL/dB (re. 1μPa, 4 ft (～1.22m))
(a) 潜深 55ft(～16.8m)、不同转数　(b) 不同潜深、转数 170r/min

综上所述,现代潜艇螺旋桨桨叶梢部的螺距,下降到如此程度的流体动力原因,和希望取得的效果(目的)就清楚了。也就是说,为设计潜艇用低噪声螺旋桨,应给予螺旋桨梢涡流动更多地关注,要消除梢涡流动,而不仅是让梢涡空泡与其他空泡同时被目察到的问题。

5.2　控制潜艇螺旋桨梢涡流动的讨论

桨叶压力面和吸力面间存在压差,是螺旋桨取得推力的前提。流体又有从高压区(压力面)往低压区(吸力面)流动的趋势,从而形成螺旋桨梢涡流动。为避免这种横向流，采取螺旋桨叶梢部卸载——降低螺距比的办法取得了一些效果。压力面和吸力面两面的压差值，是由螺旋桨提供的推力，即承受的推力载荷决定的。通过降低叶梢螺距比，将压力面和吸力面间（径向的）压力梯度，降到能避免梢涡流动发声的程度；但上述两面压力梯度，又因螺旋桨的推力负荷不同而各不相同。因此，不能认为图 5-1 上某一曲线的螺距比 P/D 分布，就是“放之四海皆准”的低噪声螺旋桨螺距比 P/D 分布规律。将现有的这些螺旋桨的各视图绘出来比较，看看能否找到某些启示。图 5-6 中所绘制的就是七叶大侧斜螺旋桨的正视和侧视投影图，同时在侧视图上绘有桨叶的掠迹线——桨叶翼型剖面“导边、随边”和中点通过图纸面时留下的痕迹。并用箭头方向表示由压力面（高压）流向吸力面（低压）的横向（梢涡）流动的趋势。从图中所注“大侧斜螺旋桨掠迹线”及侧投影图看，其梢部外翘，形状有利于流体从压力面往吸力面流，即形成梢涡流。这种形状是因为降低桨叶梢部剖面的螺距（减小螺距比）和桨叶侧斜（改变桨叶周向位置）所造成的。假如处在圆柱面内，会看到实际水流除有轴向和周向速度之外，还有进出圆柱面的径向分量。若将螺旋桨叶剖面沿螺旋桨轴向位置变动，各半径处的剖面移动纵倾 a，以至从侧面看时，桨叶的掠迹线呈弯月状，图 5-6 侧投影图中的“大侧斜螺旋桨掠迹线” 被改成了“三维调控螺旋桨掠迹线”，桨叶有阻止水流从压力面往吸力面运动的趋向，而这时正投影毫无变化。这种将螺旋桨沿轴向移动（纵倾）的办法，在早先的螺旋桨图纸上也能看到，通常是将桨叶基线后倾一个角度，即线性纵倾。但只有螺旋桨各个半径的剖面纵倾 a 作非线性变化，才能最后形成如图 5-6 中所示三维调控螺旋桨掠迹线的侧投影图。为仔细分析大侧斜螺旋桨和三维调控螺旋桨的差异，图 5-7(a)、(b) 绘出两种螺旋桨的“径向剖线图”，图中标有 ψ（角度）值的曲线，即螺旋桨各剖面的径向剖线。纵坐标为轴向坐标值，上下各加减 1/2 叶厚，即得螺旋桨叶表面的轴向坐标值。在图 5-6 标出了“桨叶参考线 $\psi=0°$”，由参考线算起，向导边的角度 ψ 为负值，向随边的角度 ψ 为正值。由图 5-7(a) 可见，未设置专门非线性纵倾 a 的大侧斜螺旋桨，在相对半径 $2r/D\approx0.8$ 以外，特别在 $2r/D\approx0.9$ 处，绕经压力面的流体，由于桨叶压力面外法线（指向流体）有向外半径方向的分量，流体确有向外半径运动的趋势，从而促成梢涡的旋转流动。而采取设置非线性纵倾 a 后，得到“三维调控螺旋桨”。图 5-7(b) 所示为其径向剖线图，由图 5-7(b) 相应曲线看到，从相对半径 $2r/D\approx0.5$ 开始，距参考线 $+5°$ 起到螺旋桨叶梢处为止，桨叶压力面外法线有指向内半径的径向分量，一直在阻止流体向外半径运动，避免形成梢涡流动。这种专门用来影响梢涡流动的几何设计，能否有效抑制梢涡流动和空泡及相应噪声呢？首先，是否会影响压力面向吸力面形成梢涡流，再者，这会影响潜艇螺旋桨噪声谱线中出现的声级平坡基线（$SL_{300\text{Hz}}\approx120\text{dB}$）上的窄带噪声峰（ The sound is like a siren）吗？

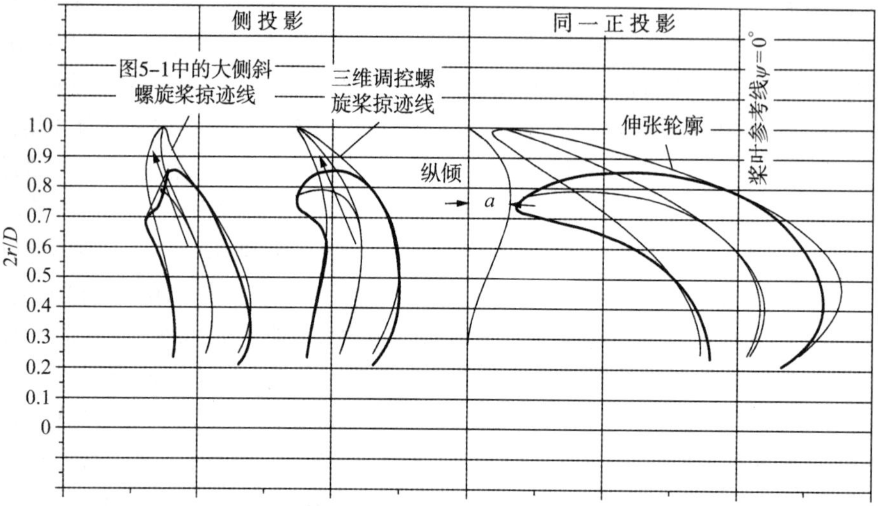

图 5-6　两种桨侧投影比较

在试验研究叶梢卸载的大侧斜螺旋桨时，遇到图 4-4 照片所示的梢涡空泡，其异常之处在于，论工况点 $J_p = v_P/\ nD$，这时 $(P/D)_{TIP} < J_p$，即 $\tan\gamma < \tan\beta$，$[J_p \approx 0.55, (P/D)_{TIP} = 0.49]$ 不满足叶剖面提供推力的式(5.1)条件，并应该出现面空泡，事实却没出现。类似现象在其他空泡实验室也遇到过，的确，1989 年德国汉堡水池(HSVA)的学者 E. A. Weitendolf 等德国、美国学者，在“美国造船工程协会论文集” 的论文中 [14]中，把这种空泡现象专门定义为“类梢涡空泡(tip-vortex like cavitation)”。

对出现所谓“类梢涡空泡”(如图 4-3 试验模型所见)的螺旋桨，加上非线性纵倾 a 后，在同样工况点 J_p：$(P/D)_{TIP} < J_p$，确实推迟了梢涡流，当 $2r/D = 0.7$ 处叶背面出现空泡之后，还未见梢涡。曾有某三维调控螺旋桨模型，加工时由于忽略纵倾 a，制造成了具有同样正投影及螺距分布的大侧斜螺旋桨，国外实验室在演试该桨模时宣称：“这种螺旋桨在我们国家是不能用于潜艇的。”但随后按本来有纵倾 a 的图纸重新加工螺旋桨模型后，经试验却承认：该螺旋桨模型噪声性能与“我们国家的螺旋桨噪声性能不相上下”。

实际潜艇装备三维调控螺旋桨也证实：避免了原用螺旋桨曾存在的比相邻频段高约>15dB 的“窄带噪声峰”，取得了实在的降噪效果。当初利用非线性纵倾 a 来控制梢涡流动，就是因为不敢将螺旋桨叶梢螺距降得太低，怕出现面空泡。此外还有一个原因，是希望能提高螺旋桨的推进效率，因为降低螺旋桨叶梢部螺距比，让叶梢部分叶剖面不提供推力，螺旋桨效率会有损失。结果发现：适当设计纵倾 a 后，效率反而有 1%～2%的收益。在此也必须承认，与前述降低螺距比 $(P/D)_{TIP}$

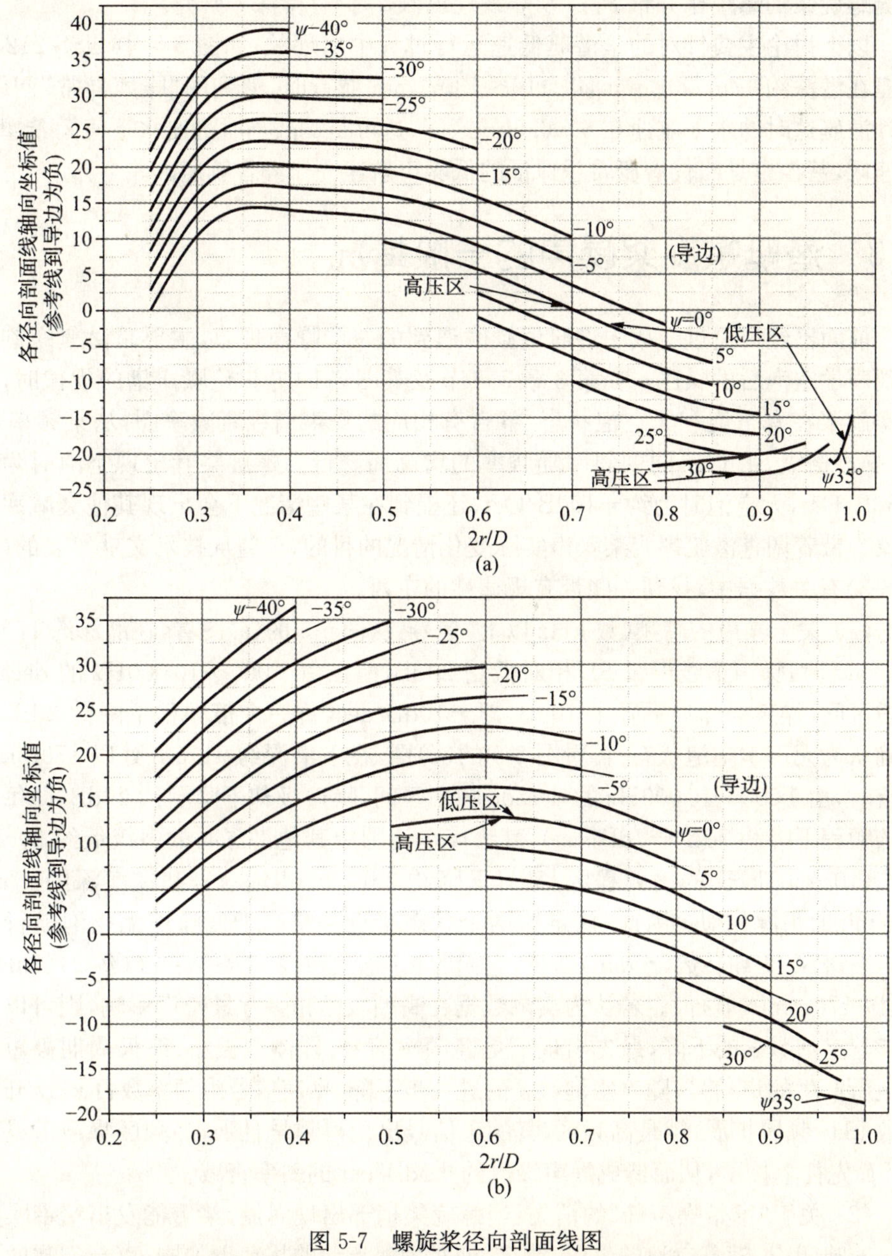

图 5-7　螺旋桨径向剖面线图

当水流沿周向运动时其内外半径的环境条件 ψ 为剖面线到参考线夹角

(a) 大侧斜螺旋桨　(b) 三维调控螺旋桨

一样，非线性纵倾 a 的形式也有待优化。根据船体和主机参数，如何具体综合选定潜艇螺旋桨的螺距比分布 P/D 及非线性纵倾 a，仍有待深入研究。

以上讨论主要针对的是潜艇低速运行过程中出现的，如图 5-5 中 USS-212 型潜艇在潜深约 17m、90r/min，以 110～130r/min 航行时，遇到的"噪声异常"问题，估计潜艇这时的水下航速在 5～6.5kn 区间，这可是二战当时潜艇水下值勤希望的航速区，甚至也是当代潜艇希望保证的低噪声航速——静音航速区。

5.3 潜艇螺旋桨噪声的一般情况

前面已经讨论过二战中潜艇值勤时遇到的一些噪声现象，主要是潜艇螺旋桨出现声学空泡后的噪声。在第 3 章 3.1 节及其图 3-1 中，讨论噪声谱的规律时，认定螺旋桨在有空泡和无空泡状态，各自有相应的噪声谱级衰减率图，从某频率 f_1 起，噪声谱级 SL 以不同的斜率随频率的增高而降低。螺旋桨叶出现空泡时为约 −6dB/Oct，无空泡时为约 −10dB/Oct；还提到在某些情况下会出现其他衰减率的现象。带着调查潜艇螺旋桨噪声实际变化情况的目的，希望从技术文献发表的（如图 5-5）有关数据中，找到一些带有规律性的东西。

（1）关于噪声的高频（数 kHz 以上）信号：从图 5-5 的（a）图看，在潜深约 17 m、90r/min 时，噪声谱线声级 SL 相对低约 20dB，但在由 1 000～10 000Hz 的 decade 频段区间，噪声级却只下降了 10dB，即 −10dB/dec，每一个倍频程下降约 2dB，不能确认为无声学空泡状态；再看图 5-5 的（b）图，在下潜深约 91.5m 处以 170r/min 运行时，由 1 000～10 000Hz 的 decade 频率区间，噪声级却下降了约 23dB，即每一个倍频程下降约 7dB（−7dB/oct），其噪声也比图中其他潜深时的声级低约 20dB，但在（10～20）kHz 的倍频程区，又只下降约 2dB（−2dB/oct），和在潜深约 17m、90r/min时情况相似。因此，认定这两个状态接近并略高于低噪声无空泡航行状态。按潜深 H 和转数（r/min）估算，它们的相应空泡数 $\sigma=4.2\sim4.5$（约 91.5m 潜深、以 170r/min 航行）。若认为实测数据在高频段已扣除背景噪声影响，则可以认为随着空泡数 σ 的下降，最先出现了更高频率信号，即体积极小、溃灭周期极短的气泡所产生的声信号，随着空泡数 σ 的进一步下降，噪声信号由频率数百 kHz 开始向数 kHz 频段扩展，越是高频区，其噪声信号出现得越早且强，高频区噪声谱线声级 SL 先往上抬了，从而造成噪声级以约 −2dB/oct 的斜率衰减。

（2）关于"窄带噪声峰"的消失：当螺旋桨梢部出现涡流，桨可能发出窄带噪声峰——啸叫声，随着空泡的生成、溃灭，泡对梢涡流动的扰动也加剧，直至空泡的扰动使螺旋桨梢部的涡流不能稳定存在，窄带噪声峰从而消失。此前，除窄带噪声峰频段区外，螺旋桨的噪声谱级近乎平行上升（参见图 5-5（a）图的 150～170r/min 线及图 5-5（b）图的潜深 17～61m 处的谱线）。随着可见空泡出现并发展后，潜艇螺旋桨噪声将与水面舰船螺旋桨噪声的声级和谱型类同，以约－6dB/oct 的斜率衰减。

(3) 关于噪声谱发展成典型螺旋桨空泡噪声谱(按－6 dB/oct 衰减)的转数：由从图 5-5 看，当转数速约为 170r/min 时，参试的潜艇螺旋桨的噪声谱在 1 000Hz 区都以接近－6dB/oct 斜率衰减，相应转数约为 90r/min 两倍。再看图 4-2 和图 4-3，大致在转数 N 达到空泡初生转数 N_i 的两倍($N=2N_i$，$\sigma\approx0.25\sigma_i$)时，完成螺旋桨噪声由无空泡影响的噪声谱(按－10 dB/oct 衰减)到典型空泡噪声谱(按－6 dB/oct 衰减) 的演变，可称之为“噪声演变区”。

5.4　关于螺旋桨毂涡流动的影响(对空泡和噪声等)

图 4-4 照片中，除螺旋状梢涡空泡外，还看到强而稳定的毂涡空泡，一般螺旋桨模型试验时，毂涡空泡图像变化较大，图中所示只是常见的一种空泡图像。图 5-8和图 5-9 所示，也是常遇到的螺旋桨空泡图像。与图 4-4 比较，从图 5-8 中看到，两型螺旋桨的梢涡空泡很相似，但毂涡空泡却大不相同，图中所示螺旋桨的毂涡空泡看上去呈更粗的管状；图 5-9 所示螺旋桨的空泡却又有不同，它拖曳出两组螺旋涡线，一组是梢涡空泡涡线，另一组是由桨叶面相对半径 $2r/D\approx0.6\sim0.8$ 附近叶背条状扭结而成的涡线，毂涡空泡形态则介于前两图所示毂涡空泡之间。所观察到的都是可见空泡，前面讨论的却主要是声学空泡及其发声。关于水面舰船可见空泡，虽然文献[6]中曾提到，“自由毂涡的初起阶段，通常会出现非常明显的噪声峰，其声级 SL 超过经验公式所得计算值”。模型试验潜艇螺旋桨时，在可见毂涡空泡出现前后，整个噪声谱 SL 线上没看到噪声异常。

在认为“可见空泡显示了空泡出现前的绕流状况”的前提下(空气动力学中有时用水中空泡来显示空气绕流及涡存在)，确认所述图像反映了毂涡旋转流动的真实存在。但在实测螺旋桨噪声的频段(100Hz～20kHz 以上)，却未发现毂涡流动对螺旋桨噪声的明显影响。关于毂涡旋转流对螺旋桨噪声的“贡献”，并未得到如关注梢涡流动的关注，在文献[3]中，就只提“梢涡”(tip-vortex)空泡是更重要的噪声源。可能原因在于：桨毂处运动线速度较低，是螺旋桨绕流速度最低的部位，毂附近剖面提供的推力也相对小，从流体动力学和空泡力学的角度看，其重要性低于螺旋桨叶的其他部位(桨叶中部和叶梢)。加上在比较螺旋桨各部分的形状差异对噪声的影响时，例如，换装形状不同的桨毂帽，却没有发现毂涡对桨流体动力和噪声的明显影响。的确，由于桨毂直径通常为螺旋桨直径的 20%左右，其绕流线速度约为叶梢线速度的 20%，桨毂处空泡数 $\sigma_{HUB}=2(p-e)/\rho\pi^2n^2d^2$($d$——桨毂直径)比螺旋桨叶梢空泡数 σ_{TIP}高约 25 倍，似乎可以忽略存在空泡的问题。但据涡的

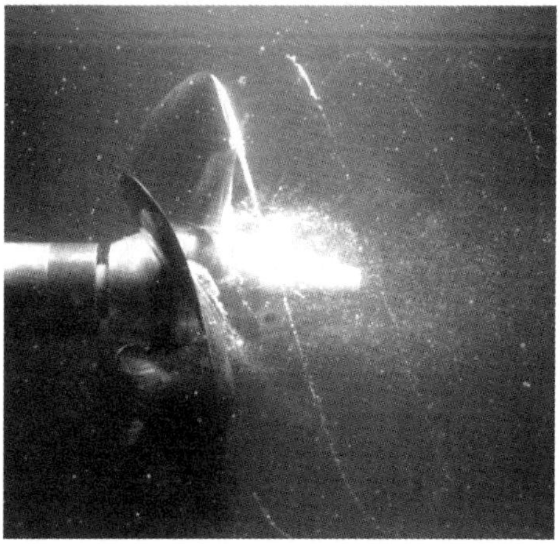

图 5-8 螺旋桨空泡图像

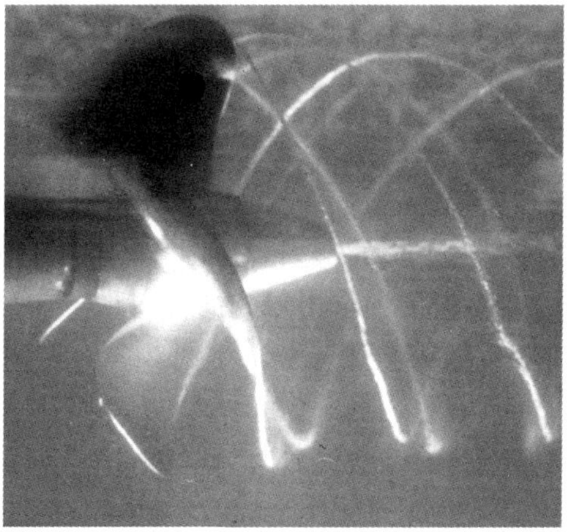

图 5-9 螺旋桨空泡图像

概念，在具有一定环量的梢涡下曳同时，桨叶另一端(毂端)应有同样环量的毂涡下曳，螺旋桨试验时看到的毂涡空泡，就都是多根涡卷成，这就肯定了桨毂处有旋转水流下洗，图 4-4 照片较清晰地显示了各桨叶毂涡卷成麻花状的单一涡束，除表面凹凸显示涡束外表面振荡外，管状涡系还沿螺旋桨轴中心线作横向摆动，总体扭成空间波状，其"波长"大致等于梢涡线"螺距"乘以桨叶数(脱离螺旋桨后涡线"螺距"一直在变)。这种空泡图像提示，除局部相对高频振动外，毂涡流整体还有低频摆动——振动，有可能发射低频声信号。假如低频声信号高出潜艇低噪声航态的噪声谱级(通常在 $f\leqslant 100\mathrm{Hz}$，潜艇声级 $SL\approx 110\sim 120\mathrm{dB}$)[11]，甚至噪声的谱级$SL=$

130dB,其功率也不过是 10^{-4} W 的量级,应该可能遇到。在 1.3 节中曾提到,相对舰船推进功率来讲,螺旋桨噪声功率是个微量,其中螺旋桨涡流噪声的功率与螺旋桨推进功率比也是个微量;要螺旋桨毂涡流提供所述功率,发射功率 10^{-4} W 的噪声也不应有问题。因此,关于毂涡流对噪声的影响,不能忽略不计。

目前公开发表的舰船螺旋桨噪声数据的频段,大多只覆盖波长 15m 以下的声波段,即频率 100Hz 以上的频段。而从螺旋桨脉动压力和桨激励的船体结构振动看,螺旋桨轴振动频率(轴频)——螺旋桨轴转数,和桨叶振动频率——叶频(桨转数×桨叶数),是振动的主要频率。它们的频率值在几 Hz 到十几 Hz 之间,相应频率的噪声,波长约数百米。实际测量噪声时,却没有测定相应频率的声信号,如假定潜艇螺旋桨以 50r/min 作低噪声航行,则螺旋桨的轴频为 $f \approx 0.8$Hz,若为七叶螺旋桨,其叶频为 $f \approx 5.6$Hz ,相应声波的波长 $\lambda \approx 1\,880$m 及 $\lambda \approx 268$m,要测量如此长波,至少需要长度大约 2 000m 的拖曳声呐。要检测所述波长(频率)声波,常用舰载声呐装置是无能为力的。

技术资料检索显示,一直以来,公开文献中虽然少见关于螺旋桨毂涡对噪声影响的研究结论,但为消除螺旋桨的毂涡旋转流动,还是采取过不少措施:例如,在导流帽上钻垂直桨轴的孔,并将其与桨轴线同心的孔连通,形成"T"形孔道,希望将毂帽表面压力拉平,破坏已经稳定形成的毂涡旋转绕流,从而消除原本出现的毂涡旋转流。在螺旋桨模型试验中,所述措施确实消除了毂涡。再如,将子弹形的导流帽的尖头截去,使绕毂帽表面旋转下洗的水流突然脱体,与导流帽分离,在导流帽后形成回流,破坏稳定的毂涡旋转流。这些消除毂涡流的措施都有采用,特别是将导流帽的尖头截去做成梯形锥状(甚至柱状)毂帽,则在水面舰船螺旋桨上得到广泛采用。

有主动影响毂涡旋转流的工程技术方案,如俄国在潜艇螺旋桨毂导流帽上装配"十字板",形状像炸弹的稳向片,但与螺旋桨一起转动。沿桨叶剖面顺流而下的水流,被横向板打散,破坏水流的平顺。模型试验时毂涡将不再存在。试验中,采用其他数目叶片(或与螺旋桨叶片数相同)的"板"取代"十字板"导流帽,可取得同样消除毂涡的效果,也未见螺旋桨性能、效率受到明显影响。但从流体动力学的观点看,这种与桨轴平行的角状板,将"导流帽"变成带"十字"尾翼的圆锥体,完全失去导流的意义,照理也应该导致螺旋桨的扭矩增大和效率损失。近年,美国公开的技术资料又透露,在潜艇螺旋桨后,出现带叶轮片的"毂帽-导流套","毂帽"表面布放的叶片与螺旋桨叶螺距的方向相反,即右(左)旋螺桨,后跟随带"左(右)旋"叶片的毂帽,有点像对转螺旋桨。带叶轮片的毂帽直径,约为螺旋桨直径的 30%左右。在带叶轮片的毂帽后部约 30%长区域,外装"圆形套管",这个圆形套管可以改善叶轮片系统的强度及桨毂绕流。叶轮片的"螺距"值由小慢慢变大,到尾部叶轮片与桨轴平行，整个叶片形状前弯后直。关于桨和毂帽如何互动，若要前置螺旋桨与后随带叶片毂帽相对旋转，将出现"轴套轴"的情况，毂帽自身还需固定在独立旋转的轴上，航行时才不致失落。此外，"轴套轴"相对运动间有多重密封，这些密封部位都要承受水下数百米深的压差，要保持密封不易，因此可以认为两者不可能相对旋转，而应该是刚性联动的。那么带叶片的毂帽功能与十字板就完全类同，也是想影响螺旋桨毂附近的旋转绕流，希望消除这种涡流。至于消除毂涡流动的目的何在，还需要作些分析和测试。现将上述两种方案示意图绘出，其中图 5-10(a)中绘有俄罗斯潜艇螺旋桨带"十字板毂帽"的示意图，螺旋桨后带的是十字板毂帽，照理也可以带"米字板"或"七片板"形式的毂帽；图 5-10(b)为美国带叶轮片的"毂帽-导流套"的示意图，它就装在图 5-10(a)"十字板毂帽"的位置。图 5-11(a)、(b)分别为螺旋桨相对半径 $2r/D\approx0.2$ 部位螺旋桨叶和毂帽的圆柱面展开图。在固定于螺旋桨的坐标系中，所看到两种装置的尾流，其技术意图都在于消除毂附近的旋转绕流。两种情况下，毂帽上的叶片均处于与来流成大攻角的状态下运行，叶片"导边"附近的绕流将出现分离。

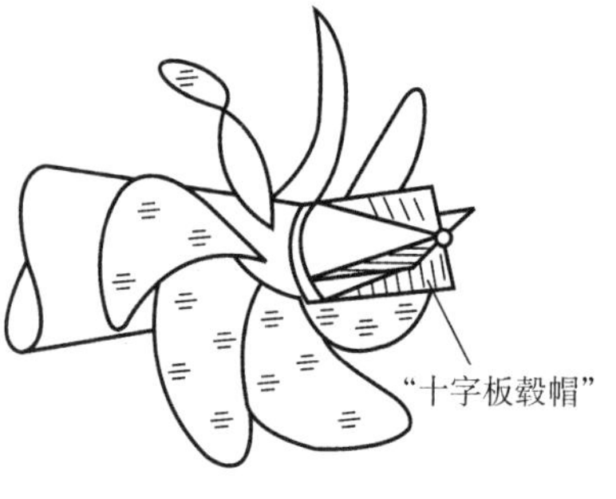

(a)

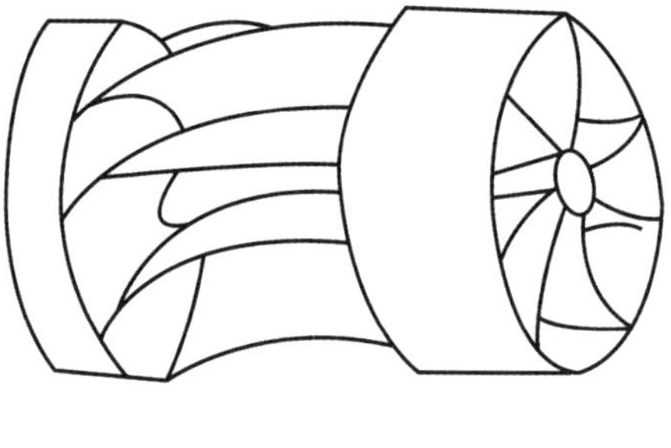

(b)

图 5-10 两种消除毂涡流动的方案
(a) 螺旋桨带"十字板毂帽" (b) 带叶轮板的"毂帽-导流套"

除了在毂帽处设置以消散桨毂附近的旋转绕流为目的的组件之外，还有理顺桨毂附近的旋转绕流，以节能、减振为目的的"毂帽鳍"。日本学者在毂帽上装些与螺旋桨"旋向"相同的小叶片，目的是理顺毂涡——旋转绕流，影响整个推进装置的推力和扭矩，取得节能效果，当然在设计适当的特定工况，也可能影响甚至部分消散桨毂附近的旋转绕流。

除"毂帽鳍"的安装有提高推进效率方面的理由外，以上提到的带其他附件(含各种措施、组件)的毂帽，从螺旋桨推进的角度看，其理由都值得推敲。首先，它们都不会对舰船推进有好处，却都指向桨毂附近水流的旋转运动，这是为了消除舰艇

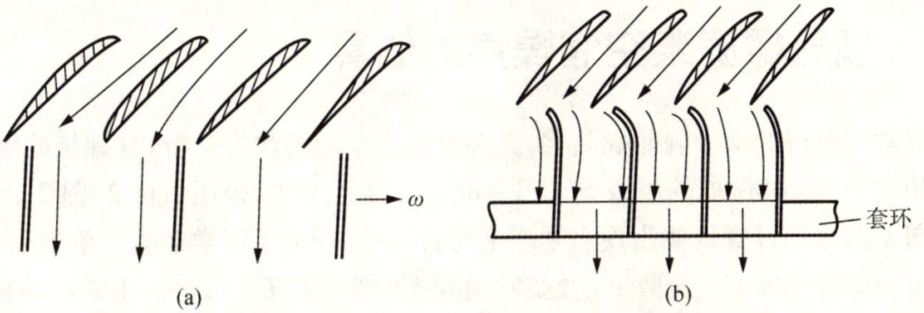

图 5-11　毂帽绕流示意图
(a) 桨叶带“十字板毂帽”尾流示意图($2r/D\sim0.2$ 圆柱面展开)
(b) 带叶轮板的“毂帽-导流套”尾流示意图($2r/D\sim0.2$ 圆柱面展开)

航迹,还是降低舰艇螺旋桨噪声?众所周知,一般旋转涡流具有更高的稳定性,在自然界能存在更长的时间,如 4.1 节中所讨论的梢涡与声学空泡综合作用,其所发射噪声就具有频带较窄和声级较高的特点,表现为窄带噪声峰,并实际影响螺旋桨噪声。整个涡系的尺度和强度,会影响噪声频率 f 和声级 SL,粗的涡系诱发的振动和噪声一般频率较低。和各种工程创新一样,在螺旋桨设计中,任何部件设置都有工程意图,都基于一定的物理概念,毂涡流受到此等关注也必有原因。关于舰船尾迹的情况,特别是潜艇在水下数十米航行时螺旋桨尾流的航迹,在舰船推进的公开文献未检索到有关材料。至于舰艇噪声,目前对螺旋桨水噪声的研究,还未能完全判定螺旋桨噪声发射中某一现象与某种流动的对应关系。而且从常规测试得的螺旋桨噪声谱(频段为 100Hz～40kHz 以上,潜艇螺旋桨由 300Hz 起)信号中,未能发现桨毂涡旋转绕流的明显影响。只能猜想该工程设计的针对性,有可能是降低超出舰艇噪声常规测试频段范围的“低频噪声”。

关于近 20 年出现在美、俄潜艇螺旋桨后的异型毂帽,由于整个问题涉及国家防务技术,创意者估计也不会公开作出解释,应该是“你们自己研究吧”。在此只是从流体力学和舰船螺旋桨的角度,提出本节的讨论。工程实践是发现工程技术现象和检验工程技术措施的唯一途径,只有实践才能回答本节讨论的课题,也就是说,要实际观察舰船尾迹及测定低频(数 Hz 到十数 Hz)噪声,并加以研究才能搞清楚。当然创意也要经受实践检验,才能证明其后续存在的价值。在螺旋桨毂帽上加各种附属装置,其效果当然也有待实践的检验,并在实践中不断发展。但是,还需要提出的是:螺旋桨毂帽通常是“污底”(海生物附着)相对显著的区域,除在寒带海域外,海蛎子很短时间就在桨毂附近长满,将小叶、小板裹成堆状,从而破坏工程设计的原始意图,看来需要专门的保养措施才能达到设计效果。

5.5 舰船螺旋桨空泡噪声的估算

以常速航行的水面舰船螺旋桨，大多处在有空泡的状态运行，其螺旋桨噪声谱级在频率 $f=100\text{Hz}$ 处的声级 $SL>150\text{dB}$。在 4.4 节中，曾用引自文献[2]的经验统计图 4-5，来估计螺旋桨出现声学空泡与否，一旦确定了声学初生空泡数 σ_i，将可以算出相应的航速 V_{si}、转数 N_i 及桨叶梢的周向线速度 U_i。的确，由式(4.3)，有

$$\sigma=\frac{p-e}{\frac{\rho}{2}W^2}=\frac{p_a+\rho gH-e}{\frac{\rho}{2}[v_A^2+(\pi nD)^2]}\approx\frac{p_a+\rho gH-e}{\frac{\rho}{2}(\pi nD)^2}\tag{5.2}$$

计及 $J_p=v_A/nD$ 及 $v_A=0.5144V_S(1-w)$，$p_a=101\,325\text{N/m}^2$，$\rho=1\,025\text{kg/m}^3$，$g=9.8\text{m/s}^2$，并以 $e=1\,300\text{N/m}^2$ 代入，可得

$$\sigma=\frac{1.98(10+H)}{\left[1+\left(\frac{J_p}{\pi}\right)^2\right]}J_p^2\frac{1}{v_A^2}\approx\frac{1.98(10+H)}{v_A^2}J_p^2\tag{5.3}$$

由式(5.3)求得螺旋桨空泡初生时($\sigma=\sigma_i$)的螺旋桨运动数据表达式(计及伴流分数 w)，如

$$V_{si}=2.7\sqrt{\frac{(10+H)}{\left[1+\left(\frac{J_p}{\pi}\right)^2\right]\sigma_i}}\cdot J_p/(1-w)\approx 2.7\sqrt{\frac{(10+H)}{\sigma_i}}\cdot J_p/(1-w)$$

$$N_i=\frac{84}{D}\sqrt{\frac{(10+H)}{\left[1+\left(\frac{J_p}{\pi}\right)^2\right]\sigma_i}}\approx\frac{84}{D}\sqrt{\frac{(10+H)}{\sigma_i}}$$

$$U_i=\pi nD=4.4\sqrt{\frac{(10+H)}{\left[1+\left(\frac{J_p}{\pi}\right)^2\right]\sigma_i}}\approx 4.4\sqrt{\frac{(10+H)}{\sigma_i}}\tag{5.4}$$

按式(5.4)可以算出，出现空泡噪声的相应航速 V_{si}(kn)、转数 N_i(r/min)及桨叶梢周向线速度 U_i(m/s)。因为螺旋桨的作用原理没有实质性的不同，这些计算公式既适用于水面舰船，也适用于潜艇。除了可以用来计算潜艇螺旋桨何时出现声学空泡，其高频段声级 SL 将升高，不再按 -10dB/oct 规律衰减。对于水面舰船，式(5.4)也可用来确定螺旋桨何时出现声学空泡，但还未发展到噪声谱按 -6dB/oct衰减，并由空泡控制整个噪声谱线的状态。水面舰船螺旋桨叶梢离水面的深度通常在 $H=1\sim2\text{m}$ 左右，以某 R 艇为例，该艇排水量 $\Delta=600\text{m}^3$，其螺旋桨参数 $D=1.65\text{m}$，$J_p\approx0.99$，$H\approx0.8\text{m}$，认为该螺旋桨设计中已计及高速、减振要求，但没考虑降低水下噪声。若以 $\sigma_i=4$，$1-w=0.95$ 代入(5.4)各式，可算得

$$v_{si}=4.4\text{kn},\qquad N_i=80\text{r/min},\qquad U_i=6.9\text{m/s}$$

以上估算所得值，是声学空泡初生所对应船舶和螺旋桨的运动参数，只有某些与水声有关的工作船，才可能必须在上述航速区运行。对于高速水面舰艇来说，这个 $V_{si}=4\sim5$kn 航速太低，甚至低于主机最低稳定旋转所对应的航速。其噪声谱也不是典型的空泡噪声谱，只是声级 SL(re. 1μPa，1Hz，1m)/dB 在谱线的高频端(5～100)kHz，出现明显的信号升高。作为靠驱动机翼形剖面运动来取得预期力学效果(推力、流量)的水力机械，螺旋桨并不因用于水面舰船或潜艇而改变其力学、声学性能的基本规律。在相同空泡条件，螺旋桨噪声的表现是类似的。

本节中讨论的，是水面舰船以常见值勤航速航行时的螺旋桨空泡噪声，即螺旋桨噪声谱线 SL 以 −6dB/oct 斜率衰减的状态。专指螺旋桨空泡已控制整个噪声谱的情况。根据苏联“船舶原理手册”[6](俄文版 591 页)的推荐，水面舰艇螺旋桨噪声开始为空泡噪声所左右的航速 V_{SY} 应按经验公式(5.5)计算。对于水面舰船螺旋桨，空泡噪声临界航速(噪声谱 SL 以 −6dB/oct 衰减对应的航速)V_{SY} 为

$$V_{SY}=28\sqrt{\frac{(1+0.1H)}{1+\left(\dfrac{\pi}{J_p}\right)^2}}=2.82J_p\sqrt{\frac{10+H}{1+\left(\dfrac{J_p}{\pi}\right)^2}}(\text{kn})\tag{5.5}$$

当达到并超过 V_{SY} 航速后，可以用由实测水面舰船螺旋桨噪声数据整理所得的经验公式，来评估螺旋桨噪声。此前，由式(2.3)的分析，曾知道声功率谱密度 G 与压力有关，而且是 $p^{3/2}$ 的关系，本节只考虑压力 p 对空泡数的影响，没有考虑潜深 H(与压力 p 成正比)对声级的影响。但因为水面舰艇螺旋桨的梢部潜深 H 值变化不大，不会明显影响 V_{SY} 值。将前述 R 艇的数据 $J_p\approx1.0$、$H\approx0.8$m 代入式(5.5)，得 $V_{SY}=8.8$kn，这个 V_{SY} 比按式(5.4)算出的 V_{Si} 高一倍，由于航速与转数基本成正比，可算得该螺旋桨在转数达到约 160r/min 时，水噪声谱级 SL 才按 −6dB/oct 斜率衰减。关于水面舰船螺旋桨噪声，文献[2]、[3]推荐有一系列经验公式，并说其误差为±5dB 左右。现将经验公式归一到标准计量单位及标准距离 1m 处，采用本书符号标记，得以下各经验公式。其中，文献[3]在推出式(5.6a)时，曾说主要用来计算频率 $f>1$kHz 以上的螺旋桨声级 SL(re. 1μPa，1Hz，1m)：

$$SL=73+51\log U+15\log\Delta-20\log f(\text{dB})\tag{5.6a}$$

式中，Δ 为舰船排水量(m^3)。

这是根据二战后美英进行的 77 艘 11 型舰船 157 个航次的噪声测试数据，整理得出的经验公式。文中同时公布的六型舰船典型的源声级 SL 表，显示在频率 100Hz～25kHz 频段内，噪声 SL 数据均以 −6dB/oct 斜率衰减。式(5.6a)的适用频率范围为 $f>100$Hz。照理在实测数据中应该区分舰船装备的螺旋桨只数和螺旋桨的叶数，却未见诸报导。二战时多数舰船采用的是三叶或四叶螺旋桨，其吨位

大多在 25 000m^3 以下，故该式适用范围受到限制。后来，文献[2]中又提出，所述经验公式(5.6a)不适用于 30 000m^3 以上排水量的船。并提议用式(5.6b)来估算长度大于 100m 的舰船螺旋桨噪声，其 100Hz 以上频段的总声级表达式为

$$OSL_{>100\text{Hz}} = 91 + 60\log U + 10\log(z/4) \tag{5.6b}$$

式中，$U=\pi nD$，即螺旋桨叶梢周向线速度，z 为螺旋桨叶数。

式(5.6b)注明 U 值约在 15～50m/s 间，声级误差也为±5dB。式中 $10\log(z/4)$ 项表明，经验公式估算所得为 z 叶螺旋桨的噪声级，若是四叶螺旋桨，以 $z=4$ 代入式(5.6b)，得 $OSL_{>100\text{Hz}}=91+60\log U$，这可以理解为单只四叶螺旋桨的噪声。若要估算全船双桨的噪声，则噪声级应加大 3dB，照说也在经验公式误差范围之内。由式(5.6a)中 $-20\log f$ 项可见，f 值增加一倍，噪声下降 6dB，表现出典型空泡噪声的特点（－6dB/oct）。在第 2、4 章中，从式（4.10）$\sum I \sim \frac{D^2U}{r^2}\sqrt{p_0^3}F(\sigma_i,\sigma)$ 曾知道，空泡噪声总功率与空泡状态有关；与发声体的线性尺度有关；与运动线速度有关。但是，从经验数据整理所得噪声表达式(5.6)看，有的包含了与舰船排水量 Δ 有关的项(式 5.6 a)；也有总声级 $OSL_{>100\text{Hz}}$(5.6b)根本与排水量 Δ 无关的情况，即声级 SL 与排水量 Δ 无关。显然，两者是分别以不同参变量为基础整理试验数据所得，并不是理论推算的结果。文献[2]在讨论噪声计算经验公式时也说，“整理二战(噪声)数据时清晰地看出，空泡噪声与叶梢线速度和桨叶数有关，而不是与其他变量有关”。基于以上讨论，可以概括为：螺旋桨空泡噪声的经验公式中，高于频率 100Hz 的频段噪声的谱级 SL，仍应以斜率约－6dB/oct 衰减；但式(5.6 a)中考虑了排水量 Δ 的影响(隐含线性尺度)；而式(5.6b)中虽引进了螺旋桨数和叶数，却没考虑排水量 Δ 的影响。若全部归一到标准距离 1m 处后，得单一桨噪声谱级式 SL(dB *re.* 1μPa，1Hz，1m)（在 100Hz～40kHz 以上频段)为

$$SL = 111 + 60\log U + 10\log(z/4) - 20\log f \tag{5.6c}$$

以上各式的共同特点是噪声谱级均以－6dB/oct 斜率衰减，一旦求得某一特定频率 f 处的噪声谱级 SL，则整根螺旋桨噪声线 SL 都已确定。在噪声谱线 SL 的衰减斜率已定后，若由式(5.6a)、式(5.6c)求得的整根谱线的 SL 值相同，与在某一特定频率 f 处的噪声值 SL 相等(例如 $f=5$kHz 处的 $SL_{5\text{kHz}}$ 相等)，这两者是完全等价的。由 3.2 节已经知道，只要确定了噪声级的平坡面开始衰减点处频率 f_1 及声级 SL_0，由式(3.12)可求得任意频率 f 处的噪声谱级 SL[(式(3.12)]，并且按式(3.7)的关系计算总声级 OSL。决定两者的物理参数是相同的，进而由式(3.12)得出关系式

$$SL_{5\text{kHz}} = 10\log I_{5\text{kHz}} = 10\log I_0 + 10q\log f_1 - 10q\log 5\,000,$$

$$10\log I_{5\text{kHz}} + 10q\log 5\,000 = 10\log I_0 + 10q\log f_1 = 10\log A,$$

最后可将等式写成 $SL = 10\log I = 10\log I_{5\text{kHz}} + 10q\log 5\times 10^3 - 10q\log f$

$q=2$ 时（-6dB/oct），噪声谱级 SL 可表达为

$$SL = SL_{100\text{Hz}} + 20\log 100 - 20\log f = SL_{5\text{kHz}} + 20\log 5\,000 - 20\log f$$

任意频率特征点 f 处的 SL 值相差小于 5dB 的话，由式(5.6a)、式(5.6c)等经验公式算得的 SL 谱线之间的差值也小于 5dB。文献[3]中大量引述军舰、小艇、商船的 $f=5$kHz 处的声级 $SL_{5\text{kHz}}$ 加以比较，这也是因为它实质代表了参与比较的各类舰船螺旋桨噪声的总体情况。关于计算螺旋桨空泡噪声的经验公式，技术文献上有不少资料（例如日本人也报告过[10]），其预报结果之间的差异也允许在±5dB 范围内。

解读式(5.6a)、式(5.6c)等经验公式，可以认为声强 I 与 $U = \pi nD$ 的 5.1 或 6 次方成正比（相关指数为 5.1 或 6.0），即噪声主要与螺旋桨叶梢线速度有关；式(5.6a)中的 $15\log\Delta$ 项，说明声强 I 与舰船排水量 Δ 有关，其相关指数为 1.5。先前按物理概念推论，曾得出在相同线速度 U 值，螺旋桨线性尺度越大，噪声 SL 越高的论断，实际螺旋桨的直径（尺度）随舰船吨位的增大变化较缓慢，通常大船采用更低转数的螺旋桨，一般保持线速度 U 基本不变（由于空泡的限制），故螺旋桨直径 D 变化大致为舰船排水量 Δ 变化的 0.25～0.3 次方，如 27 000 吨的货船与 71 000 吨货船的螺旋桨直径比，约为 5.6m 比 7.2m。基于以上观点，建议将式(5.6a)中的 $15\log\Delta$ 项中的 15 改小以适应上述论断。同理，式(5.6c)完全不计舰船排水量 Δ（螺旋桨尺度 D）的影响，认为只要螺旋桨叶梢线速度 U 相同其噪声级 SL 就相同，也与实际不符，应该引入与螺旋桨尺度（排水量吨位 Δ）有关的项。

基于以上讨论，参照各种可能得到的实测数据及经验公式，推荐以下新经验公式，用来估算舰船螺旋桨在频率 100Hz～40kHz 以上频段的噪声，并用方括号表示算式适用的频段（以下同）：

$$SL = 92 + 60\log U + 5\log\Delta - 20\log f + 10\log(z_p z)/4 \quad [100\text{Hz} < f \leqslant 40\text{kHz}] \tag{5.7}$$

式中，$U = \pi nD$——螺旋桨叶梢线速度(m/s)，Δ——舰船排水量(m^3)，z_p——桨轴数，z——桨叶数。按式(5.7)估算舰船螺旋桨噪声谱，对不同排水量 Δ 舰船螺旋桨的噪声估算结果，与按其他经验公式所得结果比较，没有(5.6a)、(5.6c)等式所作的限制，数值在上述公式之间，数据的差异在误差范围之内。

关于舰船螺旋桨空泡噪声，还有一种物理现象，在 4.6 节“螺旋桨充气降噪——气幕降噪”曾提到：当螺旋桨空泡充分发展后，出现大量成堆、成片的空泡，在部分空泡溃灭发出声波的同时，邻近的空泡正在发生、发展，对溃灭空泡的脉冲声压起阻尼、隔绝作用，导致声压总体不再上升，有时反而略有下降，称之为“空泡噪声饱和”。这类现象在实验室和实船航行时都可遇到，通常这时的螺旋桨空泡，

即将或已经发展到导致螺旋桨接近“失推”的阶段，螺旋桨将难以发出预期推力而保证舰船航行。这时螺旋桨叶梢的线速度 U 大致在 50m/s，故文献[2]中曾规定式(5.6b)中的“U 值约在 15～50m/s”。

苏联《船舶原理手册》[6]中，还提出确定“空泡噪声饱和”或“失推”(俄文献中称“第二阶段空泡”)对应的舰船航速 V_{SE} 的经验公式，主要是据三叶、四叶螺旋桨数据整理得出。在相同载荷(C_T、K_T)条件下，若要直径 D 相同的螺旋桨提供相同推力 T，则 z 叶螺旋桨的每一叶应提供 T/z 推力。在盘面比 EAR 相同条件下，单位面积桨叶提供的推力(叶面与叶背压的差)也应相同。但鉴于螺旋桨桨叶片是有限宽度的，桨叶导边、随边部受到边缘的影响，提供的推力(叶面与叶背压的差)相对小一些。因此相同推力下，桨叶数 z 越多，桨叶片中部的叶背压降值越大，更容易出现空泡。即同样条件下，叶片数更多的螺旋桨也更早出现“失推”。故将螺旋桨叶片数 z 的影响引入 V_{SE} 的计算式，使之更符合实际观察。表示为 V_{SE}——空泡噪声饱和时航速，EAR——螺旋桨盘面比，C_T——螺旋桨载荷系数，及

$$C_T = 2T/\rho v_A^2(\pi D^2/4)\pi D^2 = (8/\pi)(K_T/J_p{}^2)\ ,EAR = 4A/\pi D^2,$$

式中，A——螺旋桨桨叶面积和。得

$$V_{SE} = 17.8\sqrt{\frac{EAR(10+H)}{zC_T}} = 11J_p\sqrt{\frac{EAR}{zK_T}(10+H)}\ (\text{kn}) \qquad (5.8)$$

此外，文献[6]中还提出估算 $10\text{Hz} < f < 100\text{Hz}$ 频段噪声级 SL 的公式，认为在该频段螺旋桨空泡噪声 SL 将随着频率的增高而增高，以 +1.5 dB/oct 到 +3dB/oct的斜率增高。在 10Hz 到 100Hz 整个 Decade，SL 增高 5～10dB。作为计算 $f>100\text{Hz}$ 频段噪声公式(5.7)的补充，推荐计算式(5.9)以估算频段 $10\text{Hz} < f < 100\text{Hz}$ 的噪声。该式意味着噪声级 SL 以约+2.5dB/oct 斜率增高：

$$SL = 36 + 60\log U + 5\log\Delta + 8\log f + 10\log(z_P z)/4$$
$$(10\text{Hz} < f < 100\text{Hz}) \qquad (5.9)$$

关于确定 V_{SY}、V_{SE} 的问题，除了式(5.6)(5.8)外，还可以由式(5.3)、(5.4)推算。在实验室中进行螺旋桨空泡试验时就观察到，按式(5.2)以合速 $W = \sqrt{v_A^2 + (\pi nD)^2}$ 表达的空泡数 σ_W 值，大致在 $\sigma_Y \approx 0.9 \sim 1.1$ 时出现可见空泡，对应航速 V_{SY}；当 $\sigma_E \approx 0.08 \sim 0.11$ 时，空泡覆盖叶背大部分，推力开始下降，对应航速 V_{SE}。情况随螺旋桨的载荷系数 C_T 和螺旋桨桨叶数 z 的不同而会有点变化。

$$V_{SY} = 2.7\sqrt{\frac{10+H}{\left(1+\left(\frac{J_p}{\pi}\right)^2\right)\sigma_Y}}\,J_p/(1-w)$$
$$(\sigma_Y \approx 0.6 \sim 3 \quad C_T \approx 0.5 \sim 3.0) \qquad (5.5)'$$

$$V_{SE}=2.7\sqrt{\frac{10+H}{\left(1+\left(\frac{J_p}{\pi}\right)^2\right)\sigma_E}}J_p/(1-w)$$

$$(\sigma_E\approx 0.07\sim 0.22\quad C_T\approx 0.5\sim 3.0) \tag{5.8'}$$

V_{SE}的数值大致是V_{SY}值的 3 倍，对应的螺旋桨叶梢线速度 $U\approx 15\sim 50\text{m/s}$。要特别指出的是：螺旋桨盘面比 EAR、螺距比 P/D 等条件都会影响V_{SY}、V_{SE}值，但有关因数却未计入计算公式，因此V_{SY}、V_{SE}值的计算误差，肯定比确定舰船航速的快速性计算误差大。鉴于螺旋桨噪声数据的实测误差有±5dB，所述确定V_{SY}、V_{SE}的误差所带来的噪声 SL 的误差，可能只在V_{SY}、V_{SE}速度"点"附近较明显，因此在解读有关数据时，应予注意。

重新整理文献[2]、[3]、[6]等的有关噪声经验公式的数据后，提出式(5.7)、(5.9)等计算式，可用于估算水面舰船螺旋桨噪声。为便于理解所推荐的估算方法，下面通过算例对计算程序作一说明，仍然选用前述的 R 艇螺旋桨进行。

(1) 确定螺旋桨噪声按−6dB/oct 规律变化所对应的航速V_{SY}及空泡充分发展到即将出现桨推力下降的航速V_{SE}。按上述两组算式(5.5)、(5.5)′计算V_{SY}；及按式(5.8)、(5.8)′计算V_{SE}。除已列出的 R 艇螺旋桨有关数据 $D=1.65\text{m}$、$J_p\approx 0.99$、$H\approx 0.8\text{ m}$ 外，还知该桨载荷系数 $C_T\approx 0.485$；盘面比 $EAR=0.81$，推力系数 $K_T\approx 0.186$，$U=\pi nD=\pi[0.5144V_S(1-w)]/J_p\approx 1.55V_S$，按式(5.5)、(5.8)得

$$V_{SY}=2.82\times 0.99\sqrt{(10+0.8)/1.099}=8.8\text{kn}$$

$$V_{SE}=17.8\sqrt{\frac{0.81}{5\times 0.485}}(10+0.8)=33.8\text{kn}$$

另按式(5.5)′得

$$V_{SY}=2.7\sqrt{\frac{10+H}{\left(1+\left(\frac{J_p}{\pi}\right)^2\right)\sigma_Y}}\cdot J_p/(1-w)$$

$$=2.7\sqrt{\frac{10.8}{(1+0.099)\times 1.0}}\times 0.99/0.95\approx 8.8\text{kn}$$

按式(5.8)′得

$$V_{SE}=2.7\sqrt{\frac{10+H}{\left(1+\left(\frac{J_p}{\pi}\right)^2\right)\sigma_Y}}\cdot J_p/(1-w)$$

$$=2.7\sqrt{\frac{10.8}{(1+0.099)\times 0.07}}\times 1.04\approx 31.3\text{kn}$$

(2) 计算V_{SY}时的噪声谱 SL ($re.\ 1\mu\text{Pa}$, 1Hz, 1m) /(dB)

已知 $\Delta=600\text{m}^3$，轴数 $z_P=3$，桨叶数 $z=5$，$U\approx 1.55V_S$。将以上数据代入式

(5.7)、(5.9),得

[10Hz < f < 100Hz] 频段　$SL = 36 + 60\log U + 5\log\Delta + 8\log f + 10\log(z_P z)/4$

$SL = 55.6 + 60\log U + 8\log f$

[100Hz < f < 100kHz] 频段　$SL = 92 + 60\log U + 5\log\Delta - 20\log f + 10\log(z_P z)/4$

$SL = 111.6 + 60\log U - 20\log f$

当航速 V_{SY}=8.8kn,U=13.7m/s 时,R 艇螺旋桨的噪声谱 SL:

[10Hz < f < 100Hz] 频段　$SL = 123.8 + 8\log f$,按式(1.6)

$BSL_{10\sim100Hz} = SL_{10Hz} + 10 + 10\log 10 = 151.8dB$

[100Hz < f < 100kHz] 频段　$SL = 179.8 - 20\log f$

$BSL_{(100Hz\sim100kHz)} = 159.8dB$

$OSL_{>10Hz} = 10\log[10^{15.18} + 10^{15.98}] = 160.5dB$

鉴于由 10Hz 到 100Hz Decade 频段带宽声级 SL 的贡献仅 0.7dB,在测试误差范围内,故以下均以 $OSL_{>100Hz}$=159.8dB 取代 $OSL_{>10Hz}$。

(3) 计算“空泡噪声饱和”航速 V_{SE}时的噪声谱 SL

由　$SL = 55.6 + 60\log U + 8\log f$　[10Hz < f < 100Hz]

及　$SL = 111.6 + 60\log U - 20\log f$　[100Hz < f < 100kHz]

关系式,计算航速 V_{SE} 时 的噪声谱。

V_{SE}=33.8kn 时,U=52.4m/s,得

[10Hz< f <100Hz]频段　$SL = 158.8 + 8\log f$

[100Hz< f <100kHz]频段　$SL = 214.8 - 20\log f$

f=100Hz　$SL = 174.8dB$　$OSL_{>100Hz} = 194.8dB$

(4) 计算选定航速 V_S 时噪声谱级 SL

当 R 艇以 10kn、15kn、20kn 等航速航行时,螺旋桨的噪声随航速增加而改变的情况据关系 $U = 1.55V_S$,可分别有

V_S=10kn,U=1.55V_S=15.5 m/s 时,得

[10Hz < f < 100Hz] 频段　$SL = 127 + 8\log f$

[100Hz < f < 100kHz] 频段　$SL = 183 - 20\log f$

f = 100Hz　$SL = 143dB$　$OSL_{>100Hz} = 163dB$

V_S=15kn,U =1.55V_S=23.3 m/s 时,得

[10Hz < f < 100Hz] 频段　$SL = 137.6 + 8\log f$

[100Hz < f < 100kHz] 频段　$SL = 193.6 - 20\log f$

f = 100Hz　$SL = 153.6dB$　$OSL_{>100Hz} = 173.6dB$

V_S=20kn,U =1.55V_S=31m/s 时,得

[10Hz < f < 100Hz] 频段　$SL = 145.1 + 8\log f$

$[100\text{Hz} < f < 100\text{kHz}]$ 频段　　$SL = 201.1 - 20\log f$

$f = 100\text{Hz}$　　$SL = 161.1\text{dB}$　　$OSL_{>100\text{Hz}} = 181.1\text{dB}$

$V_S = 25\text{kn}, U = 1.55V_S = 38.8\text{m/s}$ 时，得

$[10\text{Hz} < f < 100\text{Hz}]$ 频段　　$SL = 150.9 + 8\log f$

$[100\text{Hz} < f < 100\text{kHz}]$ 频段　　$SL = 206.9 - 20\log f$

$f = 100\text{Hz}$　　$SL = 166.9\text{dB}$　　$OSL_{>100\text{Hz}} = 186.9\text{dB}$

将 R 艇的螺旋桨噪声估算结果绘制于图 5-12 中。虽然声功率密度 I 以速度 U(与航速 V_S 成正比)的 6 次方增长，但随着舰船航速的增高，螺旋桨噪声级 SL 值的增加减缓($\Delta\text{dB}/V_S$ 变小)。

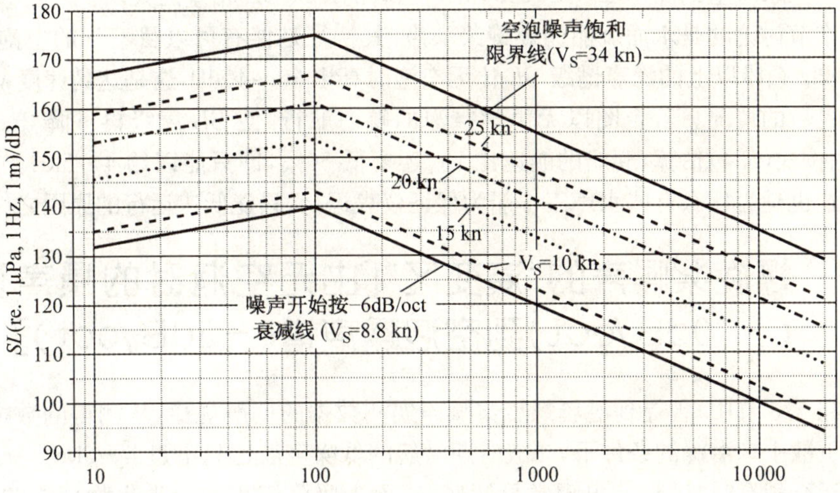

图 5-12　螺旋桨空泡噪声估报

因为对水面舰艇螺旋桨水噪声的关注程度相对较低，关于螺旋桨空泡噪声的估算，又主要基于实测经验数据。除英文技术文献[2]、[3]等外，甚至俄文资料[6]也主要源于上述英文文献的技术数据，对这些资料加以校核、推算、借鉴后，才推荐式(5.7)、(5.9)，以±5dB 的误差预报水面舰船螺旋桨的噪声。事实上实船螺旋桨噪声还受到螺旋桨状态的严重影响，任何螺旋桨的污底、损伤，只要会导致空泡发生的，都会导致螺旋桨噪声失常。基于所述情况，著者想引用俄文“船舶原理手册”[6]有关螺旋桨空泡噪声预报一节中几点说明作为补充，以利于对问题的理解。现将该说明译载如下：①若桨叶上出现非定常云雾状空泡，则在航速达到 V_{SE} 之前，噪声就可能达到饱和值，而且在超声频段出现高声级“白噪声”(指 SL 为常值，不随频率而变的情况)信号，有时直到 100kHz 频段 SL 还很高；②当桨叶梢端翼型剖面压力面呈凹形或平板形状时，从边沿由压力面发生的空泡可能形成吸附在端部

套管状涡。遇到这种情况，会出现反常的高频高声级噪声，其频段处在高频段的中端；③在自由梢涡和自由毂涡的初起阶段，通常会出现非常明显的噪声峰，其声级 SL 超过经验公式所得计算值。出现这种情况时，噪声级并不与航速单调相关，随着速度提高，声强将跳跃式地变化。所述现象仅出现在很窄的船速区间。当船速进一步提升和自由涡空泡进一步发展，这种单调声会突然消失。（见文献[6]俄文版 593～594 页）。以上三点中有两点与涡流有关，著者没有检索到有关的实船及实验报道，也未在水面舰船螺旋桨模型噪声试验中遇到过。关于③的问题，可能与 5.2 节中讨论的现象出于同类物理原因，但其声级 SL 是在按经验公式算得的空泡噪声水平上的噪声峰（$SL\approx170$dB），而潜艇低速航行时的螺旋桨"窄带噪声峰"是在低噪声水平上的噪声峰（$SL<150$dB），两者的声级 SL 相差巨大。

本节讨论的是水面舰船的螺旋桨噪声，其特征是伴有可以目察到的空泡。其数百 Hz 频段以上的噪声谱级 SL 比无空泡时高出 30～40dB，这是达到速度 V_{SY} 空泡可见后的情况。若企图以无声学空泡的航态航行，使 SL 声级再下降 25dB 以上，则按式(5.4)估算，舰船的航速比 V_{SY} 还要低 50%，即只能以约 4～5kn 航速航行。这也是为什么有些水声工作船为保证仪表运行，只能低速运行的原因之一。

5.6 螺旋桨噪声的"演变区"[由无空泡时的噪声谱(−10dB/oct)到空泡噪声谱(−6dB/oct)]

在 5.3 节中，曾提到潜艇螺旋桨噪声实测数据的一般规律，从测得的数据看，在水下数十米潜深的条件下，二战时期潜艇的低噪声航速只不过 4～6kn。一旦螺旋桨运行稍有时日，桨叶出现常见污底（表面上吸附海蛎子一类生物），或航速增高，噪声就可能越出无空泡区（以 −10dB/oct 为特征），逐步演变到与水面舰船螺旋桨的噪声一样，声级 SL 增高，并以空泡噪声的特征衰减率 −6dB/oct 衰减。工程上希望能够对这个区间的噪声变化情况作出评估；另外，对于在这个阶段出现过的"窄带噪声峰"也希望能进行估报。总之，对于潜艇螺旋桨来讲，因为不能保证一直在无声学空泡状态运行，实际运行中，螺旋桨可能会落到所述噪声演变区内，噪声情况将如何变化是值得关注的。下面将分别讨论这些问题。

1. 潜艇螺旋桨噪声衰减率的演变

从潜艇螺旋桨的噪声测试数据看，经常遇到螺旋桨噪声谱 SL 线以大约 −(2～3)dB/oct 衰减的现象。图 5-5 中所示的美国 US-212 型潜艇噪声测试结果，在1～20kHz 频段，声级谱线图 SL 均以约 −(2～3)dB/oct 衰减，要到航速提高后，声级 SL 进一步提升，才出现以(−6dB/oct)衰减的声谱 SL。由螺旋桨无空泡时噪声按－10dB/oct 衰减，经（实测的）噪声按－(2～3)dB/oct 衰减，再到螺旋桨噪声按空泡噪声－6dB/oct 衰减，这是一个演变区。在 5.5 节中曾用式(4.3)及图 4-5 确定声学初生空泡数 σ_i，随后按式(5.4)算得相应航速 V_{si}、转数 N_i 及桨叶梢周向线速度 U_i。与按式(5.5)算得的 V_{SY}、N_{SY} 比，得到 $V_{SY}\approx 2V_{si}$ 及 $N_{SY}\approx 2N_i$。再看图 5-5中的噪声级变化所对应的转数(r/min)，可见在 $N/N_i\approx 2$ 附近，才接近噪声"演变区"的转数高端。另外，由图 4-2 也可认定这个"演变区"大致在 $N/N_i[1.2,2]$。认定 $N/N_i\approx 1.2$ 为噪声谱"演变区"的转数低端，是因为 N_i 数值的确定，涉及螺旋桨的伴流场及不同海域的条件等所带来的不确定因素需要考虑。若设定潜艇螺旋桨噪声"演变区"为 $N/N_i[1.2,2.0]$，当 $N/N_i=1.2$ 时，可以确信，由更高频段开始爆发的空泡噪声已延伸到(1～20)kHz 频段。还有，前面讨论中曾提到的"窄带噪声峰"也发生在这个演变区，必须加以研究。按文献[2]的说法，在 N/N_i 由 1.28 到 1.55 出现"尖"的噪声峰，包括文献[5]试验的旋转棒也如此。上述两种噪声现象出现在相近的频率区。又因为船况、海况、桨况等都会影响所述现象的出现，因此实际难以严格确定初生声学空泡转数 N_i。由图 5-5(a)可见，在潜深16.8m 潜望镜状态，90r/min 时，(1～20)kHz 频段噪声级 SL 衰减率蜕变为－(7～8)dB/dec，即－(2～3)dB/oct，高频段已出现了声学空泡影响，尚未扩展到较低频段。又看以 170r/min 转数航行于 91m 潜深时，在(1～5)kHz 频段噪声级 SL 的衰减率约为－7dB/oct，即声学空泡的影响还在更高的频段，正在向较低频率延伸，刚开始影响到 5kHz 频段，只将(1～5)kHz 频段 SL 的衰减率由－10dB/oct 蜕变到衰减率约－7dB/oct；在 20kHz 以上频段，由于更高频段由极小气泡诱发的数百 kHz 的信号已经提升，噪声衰减率已蜕变为－(2～3)dB/oct。高于 4kHz 频段处的声级 SL，相比 1kHz 频段附近的声级 SL，正在更快地提升。

以美国 USS-212 型潜艇用螺旋桨为例，经查对得螺旋桨推进的有关参数大致为 $D=2.438$m，$1-w\approx 0.8$，$N/V_S\approx 20$，$J_P\approx 0.51$，可以算出潜艇在潜望镜深度16.8m(图 5-5(a))和以 170r/min 转数航行于不同潜深(图 5-5(b))所对应的空泡数 σ(参见表 5-1)。由式(4.12)中空泡数的表达形式 $\sigma=7\,150(10+H)/D^2N^2$，可算出的该螺旋桨的空泡数为 $\sigma\approx 1\,200(10+H)/N^2$ 及 V_S、N/N_i 等数值(设定$\sigma_i\approx 4.5$，$N_i^2=1\,200(10+H)/\sigma_i$，见 5.3 节)。

计算显示在两个噪声级 SL 相对低的状态，即潜望镜深度 $H=16.8$m，90r/min 及潜深 $H=91$m，170r/min 状态，空泡数相应为 3.96 及 4.20，估计初生空泡数$\sigma_i\approx 4.5$；假定上述 σ_i 值即为该型潜艇用螺旋桨的声学初生空泡数，可以折算相应 N/N_i 值。表中字纹底线数字所示为出现"窄带噪声峰"的工况。与表 4-1 中翼型棒、33 型潜艇螺旋桨改装方案的噪声特点(出现啸叫)比较，出现"窄带噪声峰"的相对转数 N/N_i 非常接近，均为 $N/N_i\approx 1.25～1.55$ 之间。USS-212 型潜艇螺旋桨，在

潜深 $H=61$m，170r/min 航行状态，仍出现“窄带噪声峰”，只是频率高一点，峰值低一点，频带宽一点，但仍能看出其存在。

表 5-1　USS-212 型潜艇螺旋桨试验时的空泡数 σ 分析($\sigma_i=4.5$)

潜望镜深度 $H=16.8$m/55ft($N_i=85$r/min)				螺旋桨转速 170r/min			
转数/(r/min)	V_S/kn	σ	N/N_i	潜深 H/(m/ft)	V_S/kn	σ	N/N_i
90	4.5	3.96	1.06	16.8/55	8.5	1.11	2
110	5.5	2.65	1.29	30.5/100	8.5	1.68	1.64
130	6.5	1.90	1.53	61/200	8.5	2.94	1.24
150	7.5	1.43	1.76	91.4/300	8.5	4.20	1.04
170	8.5	1.11	2				

2. 演变区内噪声谱 *SL* 的特征频率及其声级的变化

从第 3 章看到，虽然螺旋桨噪声的频带很宽，但主要的频段还是约为(1～20)kHz。在空泡筒中进行螺旋桨噪声测量时，对于频率约 1 000Hz(波长约 1.5m)的水声波来谈，空泡筒的尺度(直径< 1m)显得太小；再从螺旋桨模型和实桨频率换算式(2.12)看，$f_s=f_m/\Lambda$，假如模型缩尺比为 $\Lambda=15$，则为了测试实桨频率 $f_s=200$Hz 的信号，也只需测定 $f_m=3$kHz 处的声级。综观以上情况，建议取 5kHz 为“特征频率”，这个频率距 1kHz 和 20kHz 均约两个倍频程，又考虑了实船和模型螺旋桨测试频段的方便。以特征频率 5kHz 为参照点，寻找整根 *SL* 谱线的演变，设法评估潜艇螺旋桨的噪声。对于水面舰艇螺旋桨而言，也有以 5kHz 的声级作比较的先例，例如文献[3]中，就比较了多种型号水面舰艇螺旋桨 5kHz 处的噪声谱级 *SL*。

选定 5kHz 为特征频率后，无论从图 5-5 的 USS-212 潜艇螺旋桨，或与水面舰艇螺旋桨的噪声谱 *SL* 比较，一旦出现声学空泡，噪声级 *SL* 升高约 25dB。在 N/N_i 值到达 1.2 之后，*SL* 值的升高可以确信无疑，此前 *SL* 也增高，但 N_i 的数值及对高频噪声的影响，均难以严格确定。随着 N/N_i 的再进一步增高，5kHz 频率处的 *SL* 还将继续平稳提升。现将 5kHz 特征频率标记为 f_T。从以上想法出发，根据试验或实测，确定具体螺旋桨的 N_i 之后，就认定 $N/N_i=1.2$ 时，螺旋桨噪声在 f_T 处的声级 *SL* 值，等于在无空泡噪声谱级的基础上，增加 $\Delta SL=25$dB。这个“25dB”数值的选取，依据的完全是经验数据，其中包括国内的一些测试结果；当然也会有误差，基于实船噪声测量误差的现实，数值本身就有约±4dB 起落。因此，决定按这个思路，在已有经验测试数据的基础上，继续寻找预报螺旋桨在演变区噪声谱 SL 的方法。

随着螺旋桨转数 N/N_i 在[1.2,2.0]区间的演变，f_T 频率处的噪声谱级 SL 的进一步变化，在转速比 N/N_i 达到 1.2 时，f_T 频率处的噪声级 SL 升高 $\Delta SL=25$dB 之后，实际潜艇螺旋桨运行和测量过程中，确实还会遇到 $N/N_i>1.2$ 的情况（N/N_i[1.2,2.0]），噪声还会进一步提升"δSL"，要确定 δSL，还只能求助于实测数据，来估算与 N/N_i 变化相应的 δSL，例如，美国 USS-212 型潜艇螺旋桨噪声测试结果，就是可用的系统数据之一。由图 5-5 参照表 5-1，可以读出这个数据。将不同 N/N_i 值时的 δSL 绘成 $\delta SL\sim N/N_i$ 的关系图，可求得关系式

$$\delta SL = 13.75N/N_i - 16.5 \qquad [1.2 < N/N_i < 2.0] \tag{5.10}$$

当 $N/N_i=1.2$ 时，$\delta SL=0$；当 $N/N_i=2$ 时，$\delta SL_{max}=11$dB。由无空泡经 $N/N_i=1.2$ 到 $N/N_i=2$，$f_T=5$kHz 频率处的噪声谱级 SL 相对无空泡时提高了（$\Delta SL+\delta SL=$ 25dB+11dB）36dB。经验公式(5.10)是由实测数据整理所得，可用于在[$1.2<N/N_i<2.0$]区间线性内插 δSL 式。剩下的问题是如何估算无空泡时 f_T 频率处的噪声级 SL。

3. 特征频率 f_T 频率处的噪声谱级 SL

对于同一只潜艇螺旋桨来讲，在不同潜深 H 下，有不同的声学初生空泡转数 N_i，及不同的螺旋桨叶稍线速度 U_i。不同的无空泡线速度 U_i，又会有不同的噪声谱级 SL。噪声是一种压力脉动 Δp，不同海洋自然环境中有不同的压力脉动情况，其中有部分压力和速度符合形成声波的条件，形成噪声是为海洋背景噪声。桨叶运动速度也会扰动海洋场，产生压力脉动 Δp。假如这种扰动明显低于自然环境中的扰动，有可能螺旋桨的噪声就淹没在背景噪声下无法分辨。无空泡时螺旋桨的高频噪声也还是一种压力脉动 Δp，不过现在与空泡(数)无关，而且量比较小，但量纲分析仍然适用。既然也是压力脉动，就可与常规表达压力一样，将 Δp 无量纲化表达为

$$\Delta p \sim K_{p1}\rho n^2 D^2 \sim K_{pi}\rho \pi^2 n^2 D^2 = K_{pi}\rho U^2$$

式中 K_{pi} 是压力系数。Δp 与参照基准 p_0 比，所对应的声级 SL 为

$$SL = 10\log \Delta p^2/p_0{}^2 = 10\log (K_{pi}\rho U^2)^2/p_0^2 = 20 \log (\rho K_{pi}/p_0) + 40\log U$$

对于同一螺旋桨，不同叶稍线速度 U 时的 SL 相差为

$$\begin{aligned} SL_1 - SL_2 &= 20\log (\rho K_{pi}/p_0) + 40\log U_1 - 20\log (\rho K_{pi}/p_0) - 40\log U_2 \\ &= 40\log U_1/U_2 \end{aligned}$$

$$SL_1 - SL_2 = 40 \log (U_1/U_2) = 40 \log N_1/N_2$$

$$SL_1 = SL_2 + 40 \log (U_1/U_2) \tag{5.11}$$

用式(5.11)可以换算特定频率 f 处不同线速度 U 所对应的 SL。以 USS-212 为

例，从表 5-1 看，在潜深 $H=16.8\text{m}$，螺旋桨大致 $N_i\approx85$ 时为无空泡状态；而在潜深 $H=91.4\text{m}$，螺旋桨大致 $N\approx165$ 时为无空泡状态。在约为(1～20)kHz 频段中同一频率 f 处它们的 SL 差应为

$$SL_1-SL_2=40\log(\pi n_1D/\pi n_2D)=40\log(N_1/N_2)$$
$$=40\log(165/85)\approx11.5\text{dB}$$

再到图 5-5 上去查 170r/min，$H=91.4\text{m}$ 和 90r/min，$H=16.8\text{m}$ 的声级谱线 SL（两种情况均近无空泡状态），可以看到在 $f=5\text{kHz}$ 处，相应 SL 值约为 97dB 及 85dB，两者相差约 12dB。其他频率处的 SL 相差值也接近 12dB。证明式(5.11)有一定的可信度。还有，即便是各个螺旋桨都没有出现空泡，且以同一线速度 U 运行，但若螺旋桨的线性尺度不同，桨叶对流体的扰动时间将不同(例如，扰动时间应该与桨直径与速度比值 D/U 成比例)，因而在该特定频率 f_T 处，螺旋桨的噪声 SL 将不同。可以断定螺旋桨的线性尺度会影响噪声级 SL。根据现有的某些不同直径的螺旋桨无空泡时的噪声级 SL 及对应的线速度 U，利用式(5.11)将其换算到商定的同一速度 U_0，在 $U_0=$常数条件下，求出螺旋桨直径与 SL 的关系，并认定这个关系具有普遍性。在估算新方案时，利用由经验数据求得的“桨直径与 SL 的关系”，得出新方案在 $U_0=$常数时的 SL 值，随后按式(5.11)将 SL 换算到螺旋桨无空泡状态实际运行速度 U 时的 SL 值。根据上述思路，将收集到的一些潜艇螺旋桨在无空泡状态运行时，特定的直径 D 和叶梢线速度 U，及频率 f_T 处的噪声谱级数据 SL，按式(5.11)换算到同一速度 $U_0=10\text{m/s}$，绘图、整理后得出：当 $U_0=10\text{m/s}$ 时，特征频率 $f_T=5\text{kHz}$ 处，螺旋桨无空泡运行时的噪声谱级 SL_0 与桨直径 D 有关，为

$$SL_0=72.7+1.55D-0.1D^2\quad[0.5\text{m}\leqslant D\leqslant6\text{m}]\tag{5.12}$$

举例如下：若桨直径 $D=1\text{m}$，在 $U=10\text{m/s}$ 时，将 $D=1\text{m}$ 代入式(5.12)，得频率 5kHz 处的该螺旋桨的噪声谱级 $SL_0=74.2\text{dB}$。

综上所述，在选定的特征频率 $f_T=5\text{kHz}$ 处，按螺旋桨叶梢实际线速度值 U 计算特征频率 f_T 处的声级 $SL_{5\text{kHz}}$。

无空泡时

$$SL_{5\text{kHz}}=SL_0+40\log(U/10)\tag{5.13a}$$

有空泡时

$$SL_{5\text{kHz}}=SL_0+40\log(U/10)+\Delta SL+\delta SL$$
$$=SL_0+40\log(U/10)+25+\delta SL,$$
$$\Delta SL=25\text{dB}\tag{5.13b}$$

4. 1kHz 到 40kHz 频段的螺旋桨噪声谱级 *SL*

在演变区内，随特征频率 f_T 处的噪声级变化，整根螺旋桨噪声线 SL 也变化。

现有测试数据显示，在 N/N_i[1.2，2.0]区间，随着 N/N_i 的改变，整个频段各频率处的噪声级 SL 的升高值，与特征频率 $f_T=5\text{kHz}$ 处的噪声 SL 的升高（ΔSL 和 δSL）值相差很小，计及噪声谱级测定的误差，可以认为两者相等。用平坡线来代替实测噪声谱级线，就已承认各频率处的实测值的齿形，可以被平坡线所表征（参阅第 3 章）。因此，在（1～40）kHz 频段，频率对数坐标系中的 SL 坡形直线，可以认为相互平行。由图 5-5 可明显地看到这种情况，国内实测数据也同样具有这种特点。综上所述，在 5.5 节第 2，3 点中确定特征频率及其声级变化后，整个（1～40）kHz 频段的噪声谱级 SL 就已确定了。问题是这些噪声谱级 SL 线的衰减率是多少，据收集到的数据，衰减率大致在约 -7dB/dec，即约为每个倍频程衰减 2.1dB（-2.1dB/oct），相应的衰减指数 $q=0.7$，图 5-5 中相应 N/N_i[1.2，2.0]转速区，噪声谱级 SL 衰减率的平均值即接近此数。由上述情况可得，（1～40）kHz 频段的噪声谱级可据表达式(3.12)计算

$$\begin{aligned} SL &= 10\log I = 10\log I_T + 10q\log f_T - 10q\log f \\ &= 10\log I_{5\text{kHz}} + 10n\log 5\,000 - 10q\log f \end{aligned}$$

$$SL = 10\log I_{5\text{kHz}} + (10\times 0.7)\log(5\,000/f) = 10\log I_{5\text{kHz}} + 25.9 - 7\log f$$
$$[1\text{kHz}\leqslant f < 40\text{kHz}) \tag{5.14}$$

式(5.14)中 $10\log I_{5\text{kHz}}$ 即前面 2 和 3 两点中求得的特征频率 $f_T=5\text{kHz}$ 处的噪声级 $SL= SL_{5\text{kHz}}$，从而（1～40）kHz 频段的噪声谱级 SL 已确定。进而按第 3 章式(3.13)，求得（1～40）kHz 频段的带宽声压级 BSL 为

$$BSL_{(1\sim40)\text{kHz}} = 10\log I_T + 10q\log f_T - 10\log(1-q) + 10\log\left[f_b^{1-q} - f_a^{1-q}\right]$$

$$\begin{aligned} BSL_{(1\sim40)\text{kHz}} &= 10\log I_{5\text{kHz}} + 7\log 5\,000 - 10\log 0.3 + 10\log\left[40\,000^{0.3} - 1\,000^{0.3}\right] \\ &= 10\log I_{5\text{kHz}} + 43.2 = 10\log I_{1\text{kHz}} + 38.3 \end{aligned} \tag{5.15}$$

按式(5.15)可以计算带宽声级 BSL。若要计算（1～20）kHz 频段的带宽声压级 $BSL_{(1\sim20)\text{kHz}}$，则有

$$BSL_{(1\sim20)\text{kHz}} = 10\log I_{5\text{kHz}} + 41.7$$

而 1～100kHz 频段的带宽声压级 $BSL_{(1\sim100)\text{kHz}}$，为 $BSL_{(1\sim100)\text{kHz}} = 10\log I_{5\text{kHz}} + 44.8$。

由以上估算可见，对于 $q=0.7$ 的衰减很慢的情况，与表 3-2 衰减指数 $q=2$ 时，最高截止频率对带宽声级 BSL 影响很小的情况相比，因为最高截止频率的变化，由 40kHz 延至 100kHz，带宽声级 BSL 变化约 1.6dB，小于常见噪声测量误差，故通常也不区别取最高截止频率为 40kHz 或 100kHz 时的总声级值 OSL 差异。

5. 100Hz(或 300Hz)到 1kHz 频段的螺旋桨噪声谱级 *SL*

在演变区内，随着 N/N_i 的增高，空泡影响向 1kHz 以下频段延伸，不同频率处

的噪声级 SL 提升不一样，在 100～1 000Hz 这个 decade 频率段，将各 N/N_i[1.2，2.0]值时的噪声级提升值 ΔSL 作比较，可得出表 5-2 数据。按式(3.4)，$\Delta SL(\mathrm{dB})=-10q\mathrm{dB/dec}$，衰减指数 q 等于该 Decade 噪声级 SL 下降值的 1/10。

表 5-2 不同 N/N_i 时 100～1 000Hz 间的 SL 差值比较及衰减指数 q

N/N_i	1.2	1.3	1.4	1.5	1.6	1.7	1.8	1.9	2.0
ΔSL/dB	10.5	11.3	12.8	13.9	15.4	16.8	17.8	19.2	20
q	1.06	1.13	1.28	1.39	1.5	1.7	1.8	1.9	2

可以将衰减指数 q 用下列近似函数表达：

$$q=1.2N/N_i-0.4 \tag{5.16}$$

由式(5.14)，求得 $f=1\mathrm{kHz}$ 处的 SL 为 $SL_{1\mathrm{kHz}}=10\log I_{1\mathrm{kHz}}=10\log I_{5\mathrm{kHz}}+25.9-7\log f=10\log I_{5\mathrm{kHz}}+4.9$。在知道 100Hz(或 300Hz)到 1 000Hz 频段的衰减指数 q，得出噪声谱级 SL 的衰减率后。在整根噪声谱线 SL 为直线的假定下(即 q=常数，频率以对数计)，根据式(3.12)关系，有

$$10\log A=10\log I+10q\log f=10\log I_{1\mathrm{kHz}}+10q\log 1\,000$$

$$SL=10\log I=10\log I_{1\mathrm{kHz}}+10q\log(1\,000/f)$$

$$[100\mathrm{Hz}<f<1\,000\mathrm{Hz}] \tag{5.17}$$

因为频率 1 000Hz 处，100Hz(或 300Hz)～1kHz 频段和(1～40)kHz 频段的螺旋桨噪声谱级 SL 值应该相同。由式(5.17)得频段[$100\mathrm{Hz}<f<1\,000\mathrm{Hz}$]中任意频率 f 处的噪声谱级 SL 后，计及在(1～40)kHz 频段区中，由式(5.14)曾得到

$$SL_{1\mathrm{kHz}}=10\log I_{1\mathrm{kHz}}=10\log I_{5\mathrm{kHz}}+4.9$$

将 $SL_{1\mathrm{kHz}}=10\log I_{5\mathrm{kHz}}+4.9$ 代入式(5.17)，即得频率 f [$100\mathrm{Hz}<f<1\,000\mathrm{Hz}$]噪声谱级 SL 表达式为

$$SL=10\log I_{1\mathrm{kHz}}+10q\log[1\,000/f]=10\log A-10q\log f$$

$$[100\mathrm{Hz}<f<1\,000\mathrm{Hz}] \tag{5.18}$$

式中，q 应据 N/N_i 值按式(5.16)计算。

在确定了 f(由 f_A 到 $f_B=1\,000\mathrm{Hz}$)频段的谱线 SL 之后，可按第 3 章式(3.13a)、(3.13b)算 f_A 到 1 000Hz 频段的带宽声级 $BSL_{f_A\sim1000\mathrm{Hz}}$。通常，对于潜艇螺旋桨的低速工况，与水面舰船螺旋桨空泡噪声不同，取低频段 $f_A\approx300\mathrm{Hz}$，$q>1$，则以相应值代入式(3.13 b)即可得

$$BSL_{f_A\sim1000\mathrm{Hz}}=10\log A-10\log(q-1)+10\log[1/f_A^{q-1}-1/f_B^{q-1}]$$

$$BSL_{f_A\sim1000\mathrm{Hz}}=10\log I_{1\mathrm{kHz}}+10q\log 1\,000-10\log(q-1)+$$

$$10\log[1/f_A^{q-1}-0.001^{q-1}]$$

$$BSL_{f_A\sim 1000\text{Hz}}=10\log I_{1\text{kHz}}+30q-10\log(q-1)+10\log[1/f_A^{q-1}-0.001^{q-1}] \tag{5.19}$$

5.7 潜艇螺旋桨啸叫声——窄带噪声峰

本节中将讨论潜艇螺旋桨运行时遇到的“窄带噪声峰”(The sound is like a siren),为了与其他噪声现象区别,此处专门附加英文用词[2],俄文用的是(Свист сирены)[5]。以下提到窄带噪声峰时,说的就是上述各文种专用词所指的现象。综合文献[5]、[2]等的试验和研究,可阐述如下:当螺旋桨的梢部出现涡线流动,螺旋桨其他部位空化所产生的空泡对水流的扰动,又不足以破坏涡线流动的存在,当进入 $N/N_i\approx1.25\sim1.55$ 转速区后,就会出现窄带噪声峰。涡线流动是一种相对稳定的运动,需待空化发展到一定程度,常规螺旋桨的窄带噪声峰现象才会消失,利用加剧螺旋桨梢空泡的办法(例如加大螺距,添加非流线形附件,等等),有时也能避免窄带噪声峰,但代价是空泡提前发生并加剧,导致高频段噪声普遍升高,总噪声级也更高。实船螺旋桨污底及螺旋桨加工粗糙所导致的结果就是如此。上述办法虽能使窄带噪声峰消失,但螺旋桨的总噪声很高,潜艇的声学隐蔽性更差,说明“加剧螺旋桨梢部空泡”不是可行的办法。从前面 5.1、5.2、5.3 节的讨论可见,目前采用的是抑制涡线流动的办法,即减小桨叶压力面和吸力面的径向压力梯度,使桨叶梢部形成的涡线流动弱于当地其他流动;在保证航行推力的条件下,使梢涡处于被抑制状态。在空泡筒中进行试验时,从图 5-1 所述代号 Rsj、Rwl、LsL、Rss 等潜艇桨模型的空泡观察,发现它们的梢涡空泡均较晚出现,即桨叶上出现其他空泡“很久”以后,当空泡数值再减小约 50%(转速升高约 40%),才可能看到从螺旋桨梢(间断性地闪亮的)空泡线拖出。再者,图 5-2 中的“三维调控螺旋桨”和“大侧斜螺旋桨”相比,两者的差异也主要在稍涡线空泡的出现上。三维调控螺旋桨推迟梢涡空泡出现,相应螺旋桨在实船运行中未出现窄带噪声峰。至于图 5-2 中大侧斜螺旋桨,曾被认为“不能用于潜艇的”(图 4-3 所示)方案的确决不能采用,因为其初生梢涡空泡数 σ_{itip} 与初生背空泡数 σ_{iback} 比,与当年桨出现“啸叫”的 Jss 导管螺旋桨空泡试验结果类似,桨 Jss 的初生可见梢涡空泡数 $\sigma_{\text{itip}}\approx0.33$,而初生可见背空泡数 $\sigma_{\text{iback}}\approx0.32$。无啸叫声的 Rss 桨空泡试验结果为:初生背空泡数 $\sigma_{\text{iback}}\approx0.47$,梢涡空泡数 $\sigma_{\text{itip}}\approx0.24$。所述差异导致 Jss 桨在运行中遇到“异常噪声”,而 Rss 桨未见“异常噪声”。正是因为怕重蹈覆辙,才导致提出三维调控螺旋桨设计方案。

讨论至此的都是可见空泡,前面已承认影响螺旋桨噪声的是声学空泡,两者并不完全相同,而且它们各自的“尺度效应”也不明确。为了通过螺旋桨模型试验,来判断是否会出现窄带噪声峰,假定可见空泡与声学空泡间,由于形成的物理原因相似，相应空泡数的比例（可见空泡数与声学空泡数比）关系相近，试验中可见梢涡空泡和桨叶（背）可见空泡出现的顺序，显示了声学空泡出现的顺序。从而可以通过观察可见空泡评价声学空泡，确定梢涡流情况，预估窄带噪声峰是否出现。认定在螺旋桨运行 J_P 状态，在不出现面空泡的条件下，满足条件（5.20）将不会出现窄带噪声峰，否则，在 $N/N_i \approx 1.25 \sim 1.55$ 区间，有出现窄带噪声峰的危险。式（5.20）中，带下标"back"的指背空泡，带下标"tip"的指梢涡空泡。

$$\sigma_{\mathrm{iback}} \geqslant 2\sigma_{\mathrm{itip}} \text{ 时} \qquad 1.4N_{\mathrm{iback}} \leqslant N_{\mathrm{itip}} \tag{5.20}$$

关于如何确定窄带噪声峰的频段和噪声谱级 SL_{siren} 峰值的问题，鉴于窄带噪声峰也是由空泡引起的，因此其频率和声强应符合空泡噪声规则，螺旋桨各类空泡发射噪声的物理机理相似，无量纲频率 $\bar{f}$ 应该相同。按式（2.3）的 $\bar{f} = fR_0\sqrt{\dfrac{\rho}{p_0}}$ 式，取 $\rho=$ 常数，得确定无量纲频率的关系式 $\bar{f} \propto (fR_0)/p_0^{1/2}$，$R_0$ 为物体的线性尺度，用螺旋桨直径 D 表征，压力以水柱高代替，静压 p_0 与 $(10+H)$ 成正比，可得 A、B 两桨噪声频率关系为

$$\frac{f_A D_A}{p_A^{1/2}} = \frac{f_B D_B}{p_B^{1/2}}$$

$$f_B = [f_A D_A/(10 + H_A)^{1/2}] \cdot [(10 + H_B)^{1/2}/ D_B]$$

$$f_B = m[(10 + H_B)^{1/2}/D] \tag{5.21}$$

据实测所得频率数据，并参照[8]中的 USS-212 潜艇的螺旋桨数据，该桨直径 $D_A = 2.438\text{m}$，在水下潜深 $H_A = 16.8\text{m}$ 处试验时，实测得窄带噪声峰所在频段大致位置 $f_{\mathrm{siren}} \approx 300 \sim 500\text{Hz}$。按该型艇螺旋桨的声学空泡数 $\sigma_i \approx 4.4$，推算得 $H_A = 16.8\text{m}$ 时，$N_i \approx 85$。在 110r/min 及 130r/min 时出现窄带噪声峰：$N/N_i = 1.28$ 时，$f_{\mathrm{siren}} = 410\text{Hz}$；$N/N_i = 1.51$ 时，$f_{\mathrm{siren}} = 322\text{Hz}$。得到确定窄带噪声峰频率的计算式为

$$f_{\mathrm{siren}} = \left(420 - 177\frac{N}{N_i}\right)\frac{(10 + H)^{1/2}}{D} \tag{5.22}$$

从式（5.22）可见，随着螺旋桨直径 D 增大，窄带噪声峰频率下降；随着螺旋桨（潜艇）下潜得更深（H 加大），窄带噪声峰频率更高，这与实际测定定性一致。但是，确定窄带噪声峰频率 f_{siren} 的式（5.21）、式（5.22），只在确定 σ_i 值时粗略地考虑了螺旋桨的载荷、形状等的影响。目前关于流体涡核及涡环量的研究，包括螺旋桨梢涡的研究，还不能算出涡线振动频率。在表 4-1 中，就遇到两只同样直径，在同样条件下运行的螺旋桨，各自的窄带噪声峰频率 f_{siren} 并不完全相同（1.6kHz 和 1.25kHz）。可能螺旋桨桨叶和舰船附体的具体形状，例如导管与螺旋桨叶梢的间隙也会影响频率 f_{siren} 的数值，实际测定同一型号潜艇螺旋桨噪声时，f_{siren} 的数值也

有变化，差别在一个倍频程内。这也不奇怪，因为影响因素太多。

现有潜艇螺旋桨的噪声谱级 SL 情况是：当窄带噪声峰出现时，在式(5.22)所指频率区附近，大致在一个 1/3 倍频程范围内，出现最高峰值 SL_{siren}。根据实际观察，在原有噪声谱级 SL 线之上，窄带噪声峰增加峰值 $\Delta SL_{siren}\approx 15$dB，而相邻的两个 1/3 倍频程处“当地”声级 SL 值，由 5.5 节的式(5.14)或式(5.18)算得，并直线过渡到 SL_{siren} 峰值。

综上所述，当螺旋桨梢涡流动空泡与桨叶上的空泡，在力学条件相近情况下(空泡数相近)出现，即不满足式(5.20)条件时，不能确信螺旋桨叶上的空泡会抑制梢涡流动而阻止梢涡发声。则应该预期：在 $N/N_i\approx 1.20\sim 1.60$ 区附近，螺旋桨噪声谱 SL 中，可能出现窄带噪声峰，其出现的频率可按式(5.22)估算。从噪声的谱线 SL 开始提升到 SL_{siren} 再恢复到原值，整个噪声峰区约占一个倍频程，声级的升高约为 $\Delta SL_{siren}\geqslant 15$dB。整个窄带噪声峰频率和声级的估算，误差可能比螺旋桨噪声谱的估算误差还高，但基本趋势却肯定是正确的。对某些潜艇螺旋桨噪声的分析，包括窄带噪声峰的预报，主要依据是有限的早期数据资料，也被一些实践所证实，但其正确性仍有待实践进一步检验。

5.8　潜艇螺旋桨噪声谱 SL 计算示例

提出噪声“演变区”的概念和估算方法之后，需要提供算例检查计算方法的可行性以及与基本概念相容。下面对 USS-212 型潜艇潜望镜航行状态，以 110r/min 航行时螺旋桨的噪声进行计算。

要算潜艇螺旋桨在各种值勤状态的噪声，首先还是估计确定螺旋桨的空泡情况，由表 5-1 中对于 USS-212 型潜艇螺旋桨计算，该型潜艇的初生空泡数约为 $\sigma_i\approx 4.4$，螺旋桨的直径 $D=10$ft$=2.438$m，为双桨推进的尾型，估计伴流分数 $w\approx 0.2$，由文献[3]、[8]提供的航速、桨转数测算，进速系数 $J_P\approx 0.51$。潜深 $H=16.8$m，按式(5.4)有

$$V_{Si}=2.7\sqrt{\frac{(10+H)}{\left[1+\left(\frac{J_P}{\pi}\right)^2\right]\sigma_i}}\cdot\frac{J_P}{1-w}$$

$$\approx 2.7\sqrt{\frac{(10+16.8)}{\left[1+\left(\frac{0.51}{\pi}\right)^2\right]\times 4.4}}\times\frac{0.51}{1-0.2}=4.2\text{kn}$$

$$N_i=\frac{84}{D}\sqrt{\frac{(10+H)}{\left[1+\left(\frac{J_P}{\pi}\right)^2\right]\sigma_i}}=\frac{84}{2.438}\sqrt{\frac{(10+16.8)}{\left[1+\left(\frac{0.51}{\pi}\right)^2\right]4.4}}=84\text{r/min}$$

$$U_i = \pi \frac{N_i}{60} D = \pi \frac{84}{60} \times 2.438 = 10.7\text{m/s}$$

现以 110r/min 转数航行，$N/N_i = 110/84 = 1.31$，判定有声学空泡。按式(5.12)求 5kHz 处的 SL_0 为

$$SL_0 = 72.7 + 1.55 \times 2.438 - 0.1 \times 2.438^2 = 75.9\text{dB}$$

转速 110r/min 对应的叶梢线速度 $U = \pi nD = \pi(110/60) \times 2.438 = 14.0\text{m/s}$，高于$U_0 = 10\text{m/s}$，得

$$SL = SL_0 + 40\log(14/10) = 75.9 + 5.8 = 81.7\text{dB}$$

$N/N_i = 1.2$ 时，有空泡，5kHz 处的 SL 跃升 $\Delta SL = 25\text{dB}$；实际转数 $N/N_i = 1.31$，故 5kHz 处的 SL 又增加 $\delta SL = 1.5\text{dB}$ [按式(5.10)　$\delta SL = 13.75N/N_i - 16.5$ 算]，故螺旋桨以 110r/min 航行时 5kHz 处的噪声谱级 $SL_{5\text{kHz}}$ 为

$$SL_{5\text{kHz}} = SL + \Delta SL + \delta SL = 81.7 + 25 + 1.5 = 108.2\text{dB}$$

在(1～40)kHz(100kHz)频段，按式(5.14)、(5.15)，有噪声谱级 SL 及带宽声级 $BSL_{1\sim 40\text{kHz}}$ 为

$$\begin{aligned} SL &= 10\log I_{5\text{kHz}} + 25.9 - 7\log f = 108.2 + 25.9 - 7\log f \\ &= 134.1\text{dB} - 7\log f \quad [1\text{kHz} \leqslant f < 100\text{kHz}] \end{aligned}$$

$$BSL_{(1\sim 40)\text{kHz}} = 10\log I_{5\text{kHz}} + 43.2 = 108.2 + 43.2 = 151.4\text{dB}$$

由 f_A 到 1 000Hz 频段，按式(5.16)，当 $N/N_i = 1.31$，衰减指数 q 为

$$q = 1.2N/N_i - 0.4 = 1.2 \times 1.31 - 0.4 = 1.17$$

按式(5.18)得噪声级 SL 及按式(5.18)得带宽声级 $BSL_{f_A\sim 1\text{kHz}}$，为

$$\begin{aligned} SL &= 10\log I = 10\log I_{5\text{kHz}} + 4.9 + 10q\log[1\,000/f] \\ &= 108.2 + 4.9 + 11.7\log 1\,000 - 11.7\log f = 148.2 - 11.7\log f \end{aligned}$$

$$\begin{aligned} BSL_{f_A\sim 1\,000\text{Hz}} &= 10\log I_{5\text{kHz}} + 4.9 + 30q - 10\log(q-1) + \\ &\quad 10\log[1/f_A^{q-1} - 0.001^{q-1}] \end{aligned}$$

若取 300～1 000Hz 频段，则以 $f_A = 300$ 代入，得

$$\begin{aligned} BSL_{300\sim 1\,000\text{Hz}} &= 10\log I_{5\text{kHz}} + 4.9 + 30q - 10\log(q-1) + \\ &\quad 10\log[1/f_A^{q-1} - 0.001^{q-1}] \\ &= 148.2 + 7.7 + 10\log[(1/300)^{0.17} - (0.001)^{0.17}] \\ &= 155.9 + 10\log 0.070\,2 = 144.4\text{dB} \end{aligned}$$

因为 USS-212 型潜艇螺旋桨未采取有效推迟梢涡线空泡的措施，不满足式(5.20)条件，故在转数 $N/N_i = 1.25\sim 1.55$ 区间，将出现窄带噪声峰。计算航态为 $N/N_i = 1.31$，落入出现窄带噪声峰的范围，按式(5.21)、(5.22)，得

$$f_{siiren} = [420 - 177(N/N_i)] \times (10 + H)^{1/2}/D$$

$$f_{siren} = [420 - 177 \times 1.31] \times (10 + 16.8)^{0.5}/2.438 = 400\text{Hz}$$

在 400Hz 为中心频率的 1/3 倍频程内，将出现窄带噪声峰，从前面知道，在 300～1 000Hz 频段的声级为 $SL = 148.2 - 11.7\log f$，在 400Hz 处，$SL_{400\text{Hz}} = 148.2-30.4=117.8$dB。由于出现窄带噪声峰，$SL$ 值增加。将以 400Hz 为中心的邻近频率处的声级按 $SL=148.2-11.7\log f$ 计算，列于表 5-3。

表 5-3　窄带噪声峰导致的 SL 变化

f/Hz	250	316	400	500	630
SL/dB	120	119	117.8	116.6	115.4
SL_{siren}/dB	120	119	132.8	116.6	115.4

表 5-1 认定窄带噪声峰出现在以 400Hz 为中心频率的 1/3 倍频程(356～445Hz)内，SL 突增 15dB：窄带噪声峰影响整个倍频程，在由相邻的以 316Hz 为中心频率的 1/3 倍频程，到以 500Hz 为中心频率的 1/3 倍频程。按 3.1 节所述，q 为衰减指数，$-q$ 值为每一个 1/3 倍频程衰减的 dB 数，$-3q$ 为每一个倍频程衰减的 dB 数。以 316Hz 为中心频率的 1/3 倍频程(281～356Hz)内声级 SL 由 119dB 到 132.8dB，上升了 13.8dB，故 $q=-13.8$；以 500Hz 为中心频率的 1/3 倍频程(445～562Hz)内，SL 值下降了 16.2dB(由 132.8dB 到 116.6dB)，$q=16.2$。按式(3.13)各式可计算各相邻 1/3 倍频程的带宽声压级 BSL(1/3oct)：

在以 $f=316$Hz 为中心频率(281～356Hz)的 1/3 倍频程频段，衰减指数 $q=-13.8$，按式(3.13a)，有

$$BSL_{316\text{Hz}}(1/3\text{oct}) = SL_f + 10q\log f - 10\log(1-q) + 10\log(f_b^{1-q} - f_a^{1-q}) \quad q<1$$

$$\begin{aligned} BSL_{316\text{Hz}}(1/3\text{oct}) &= SL_{281\text{Hz}} + 10(-13.8)\log 281 - \\ &\quad 10\log[1-(-13.8)] + 10\log(356^{1+13.8} - 281^{1+13.8}) \\ &= 119.6 - 337.9 - 11.7 + 377.6 = 147.6\text{dB} \end{aligned}$$

窄带噪声峰在以 $f=400$Hz 为中心频率(356～445Hz)的 1/3 倍频程频段，衰减指数 $q=1.17$，按式(3.13b)，有

$$\begin{aligned} BSL_{siren}(1/3\text{oct}) &= SL_f + 10q\log f - 10\log(q-1) + \\ &\quad 10\log(1/f_a^{q-1} - f_b^{q-1}) \qquad q>1 \end{aligned}$$

其值为

$$\begin{aligned} BSL_{siren}(1/3\text{oct}) &= 133.3 + 10 \times 1.17\log 356 - 10\log 0.17 - \\ &\quad 10\log(1/356^{0.17} - 1/445^{0.17}) = 152.3\text{dB} \end{aligned}$$

在以 $f=500$Hz 为中心频率(445～562Hz)的 1/3 倍频程频段，衰减指数 $q=16.2$，按式(3.13b)，有

$$BSL_{500Hz}(1/3oct) = SL_{445Hz} + 10 \times 16.2 \log 445 - 10\log 15.2 + 10 \log (1/445^{15.2} - 1/562^{15.2}) = 132.2 + 429 - 11.8 - 402.7 = 146.7dB$$

以上三个 1/3 倍频程组成的，占一个倍频程宽的窄带噪声峰的带宽声级为

$$BSL_{siren\ at\ 400Hz}(oct) = 10 \log [10^{147.6/10} + 10^{152.3/10} + 10^{146.7/10}] = 154.4dB$$

若没有窄带噪声峰，原来倍频程(281～562Hz，q=1.17)的带宽声级 BSL 为

$$BSL_{281Hz\sim562Hz}(oct) = SL_f + 10q \log f - 10\log (q-1) - 10\log[1/f^{q-1} - 1/(2f)^{q-1}] = SL_{281Hz} + 10 \times 1.17\log 281 - 10\log 0.17 + 10\log(1/281^{0.17} - 1/562^{0.17}) = 119.6 + 28.6 + 7.7 - 13.7 = 142.2dB$$

两者声功率差对应之“纯”窄带噪声峰的声级“pure” BSL 为

$$\text{“pure”}\ BSL_{siren} = 10 \log [10^{BSL\ siren\ at\ 400Hz/10} - 10^{BSL28(1\sim562)Hz/10}] = 10 \log [10^{15.44} - 10^{14.22}] = 154.1dB$$

将 $BSL_{300\sim1\,000Hz}$、$BSL_{1\sim40kHz}$ 及“pure” $BSL_{siren\ at\ 400Hz}$ 所对应功率叠加，求得 USS-212 型潜艇螺旋桨在潜望镜状态以 110r/min 航行时频段 300Hz～40kHz 的总声级为

$$OSL_{>300Hz} = 10 \log [10^{BSL(300\sim1\,000)Hz/10} + 10^{BSL(1\sim40)kHz/10} + 10^{\text{pure}\ BSL_{siren}/10}] = 10 \log [10^{14.44} + 10^{15.14} + 10^{15.41}] = 156.3dB$$

若能消除窄带噪声峰，则螺旋桨在潜望镜状态频段 300Hz～40kHz 的总声级为

$$OSL_{>300Hz} = 10 \log [10^{BSL(300\sim1\,000)Hz/10} + 10^{BSL(1\sim40)kHz/10}] = 152.2dB$$

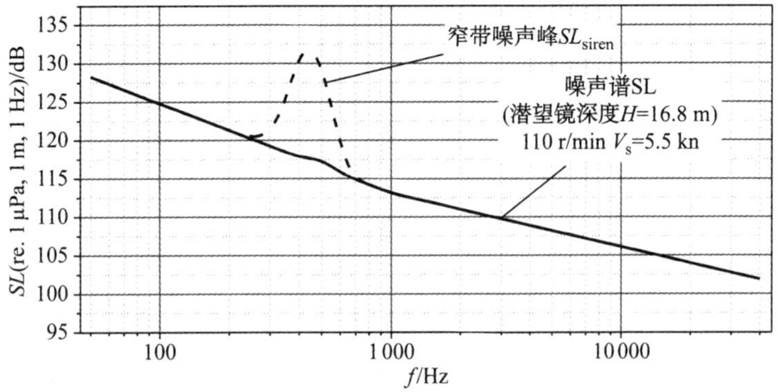

图 5-13　USS-212 型潜艇螺旋桨噪声谱(估算)

受实际测定螺旋桨噪声 SL 的精确度限制，以上计算纯窄带噪声峰的做法只有逻辑上意义。的确，若认为在 $f_{siren}=400$r/min 处，以 400Hz 为中心这个1/3倍频程处，原来的 $SL=117.8$dB，因出现窄带噪声峰，声级 $SL_{siren}=117.8+15=132.8$dB，这个宽度 1/3 倍频程的窄带噪声峰的带宽声级值 BSL_{siren} 为 $BSL_{siren}=SL_{siren}+10\log 400-5.9=153$dB[参见式(1.5)]。

则可求得 300Hz～40kHz 的总声级为

$$OSL_{>300Hz}=10\log(10^{BSL(300\sim1000)Hz/10}+10^{BSL(1\sim40)kHz/10}+10^{SL siren/10})$$
$$=10\log(10^{14.44}+10^{15.14}+10^{15.3})=155.6\text{dB}$$

两种计算方法的差别仅 0.7dB，已明显小于测量及设定 ΔSL_{siren} 值的误差，故在以后的计算中，将取窄带噪声峰的声级 SL_{siren} 值，等于在原 SL 上叠加 15dB，得窄带噪声峰的声级值，整个 1/3 倍频程带宽窄带噪声峰声级为

$$BSL_{siren}(1/3oct)=SL_{siren}+10\log f_{siren}-5.9$$

将计算结果绘制成噪声谱函数($SL\sim f$)图 5-13。计及测量误差，所述结果应该是可以接受的。对 USS-212 型潜艇螺旋桨图 5-5 中所示的其他一些工况，例如水下 200ft 和 170r/min 等工况也进行过类似计算，所得结果与图 5-13 所示的吻合程度相当，差别在一般测试范围之内。

第6章　舰船螺旋桨噪声评估

在第5章中提出了螺旋桨噪声“演变区”的概念，讨论了如何估算演变区螺旋桨噪声，从而可以估算无声学空泡到可见空泡各种状态的噪声。这个演变区通常跨越5～12kn左右速度，低于水面舰船常用航速；而潜艇以无(声学)空泡值勤的速度，二战时仅仅只有4kn左右，希望低噪声航速能高一点，却落入了所述的演变区。尤其是在航速7～12kn时遇到窄带噪声峰，曾造成很大困惑。加上污底等原因，潜艇螺旋桨在实际运行中，可能更早落入所述噪声演变区。因此，对潜艇螺旋桨噪声在演变区的情况希望有所了解。下面将按第5章中所提方法，尝试对某些潜艇螺旋桨的噪声，其中也涉及一些多年前国产潜艇螺旋桨噪声，作一评估。对于水面舰船螺旋桨噪声，近年来业界也有所关注，因为涉及舰载水声设备的运行，还涉及防雷、反潜等问题。此外，有时整个船队由多种舰船组成，在相同值勤航速时，这些舰船螺旋桨的噪声相互之间的关系如何，也希望有所了解。本书的命题限于讨论舰船螺旋桨的噪声，在整理已有的螺旋桨噪声估算经验公式，并提出估算演变区螺旋桨噪声方法之后，需要对舰船螺旋桨问题的方方面面作一评估，当然评估结果必须接受实践的检验。但鉴于初次进行类似尝试，为保持可复算及易读，将详细列出计算步骤。根据螺旋桨的运动、几何参数和流体动力性能去评估这些螺旋桨的噪声状况，是一种学术讨论，资料取自公开报道或从公开资料估计，仅仅供有兴趣的读者参考。

6.1　潜艇螺旋桨噪声的评价标准——建议

公开文献中能找到对苏联潜艇噪声性能的评价，国外研究人员[11]认为，大致情况如表6-1所示。

表6-1　潜艇噪声 *SL* 评价(*SL* dB re. 1μPa, 1m, 1Hz)

SL	5～200Hz	* 100Hz	1kHz	* 5kHz	航速 V_S/kn
噪声高(noisy)	140	140	120	106	4
安静 (quiet)	120	120	100	86	4
很安静 (very quiet)	100	100	80	66	4

表 6-1 中数字指各所在频段的声级值 SL(re. 1μPa, 1m, 1Hz)/dB。例如，在 1kHz 处，若测得 $SL \geqslant 120$dB，则潜艇噪声高；若 $SL \leqslant 100$dB，则潜艇安静；若 $SL \leqslant 80$dB，则潜艇很安静。都以航速 $V_S = 4$kn 状态为准。表中带 * 号的数据，是参照原来 5～200Hz 到 1kHz 的数据，估计在 100Hz 到 1kHz 的 decade 区，噪声下降约 20dB，因而推算得 5kHz 处的 SL。网上查得的资料说，苏联潜艇噪声中有 50Hz 的电机频率线谱，而美国潜艇噪声中应有 60Hz 的电机频率线谱。有一些并不是螺旋桨的噪声信号。另外，根据文献[3]的数据，美国发表的潜艇自噪声要求，可以估计相应的螺旋桨噪声标准。的确，螺旋桨向水中发射的噪声，对于敌舰来说，是辐射噪声；对于本舰所载设备来说，是自噪声。由图 6-1 得，潜艇航速 $V_S = 2$kn 时，美国潜艇舰载设备对各向同性自噪声的要求(图 6-1 为根据文献[3]数据重绘)。由图可见，为保证设备在安静条件下运行，要求螺旋桨(作为影响舰载水声设备的噪声源)的噪声，传到设备工作点的声级为：在 5kHz 处，自噪声状况一般(average)的水平是 $SL = 49$dB。那么，要求螺旋桨发射的噪声，传递到舰载设备处的声级 SL 不大于 49dB，以安装在舰首的声呐为例，它与艇尾的螺旋桨距离约 70～80m，则 $SL = 49\text{dB} + 20\log r = 49 + 20\log 75 = 86.5$dB。即要求在频率 5kHz 处，螺旋桨噪声的谱级 SL 不大于 86.5dB，才满足一般(average)的条件；若要求达到安静(quiet)的标准，则在频率 5kHz 处，螺旋桨噪声的谱级 SL 不大于 76.5dB。还要看到，图 6-1 的所有 SL 谱线的衰减率为约 −10dB/oct。这意味着传递到舰载设备的噪声都比空泡噪声(衰减率 −6dB/oct)衰减得快，或者说，由于距离只能改变声级 SL 的高低，不会明显改变噪声的衰减率，所以出现了空泡的螺旋桨应被排除在外。顺便指出，表 6-1 中的 SL 数据却是以大约 −6dB/oct 的斜率衰减。总的来讲，大都

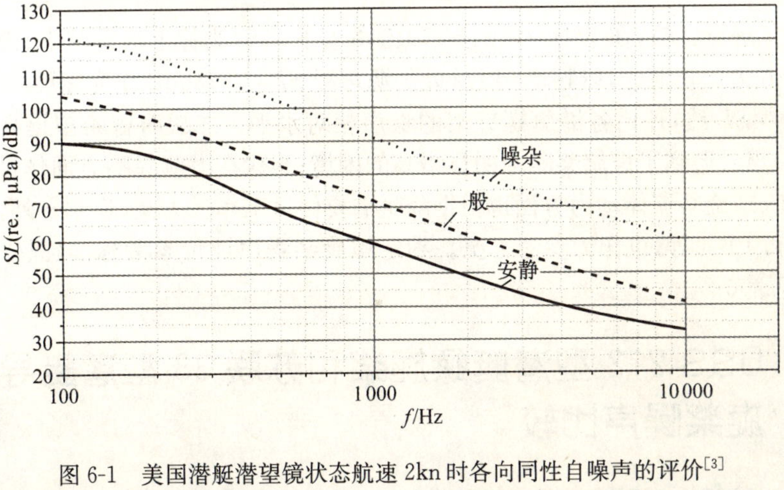

图 6-1　美国潜艇潜望镜状态航速 2kn 时各向同性自噪声的评价[3]

认为在 5kHz 处，螺旋桨的源声级 SL 应该控制在 $SL=76.5$dB 范围。由这个标准出发，可以看出在 5.5 及 5.8 节的算例中，USS-212 型潜艇螺旋桨的 110r/min 潜望镜航行状态，潜艇航速 $V_S=5.5$kn 时，$SL_{5kHz}\approx 108.2$dB，处于噪声高的情况。

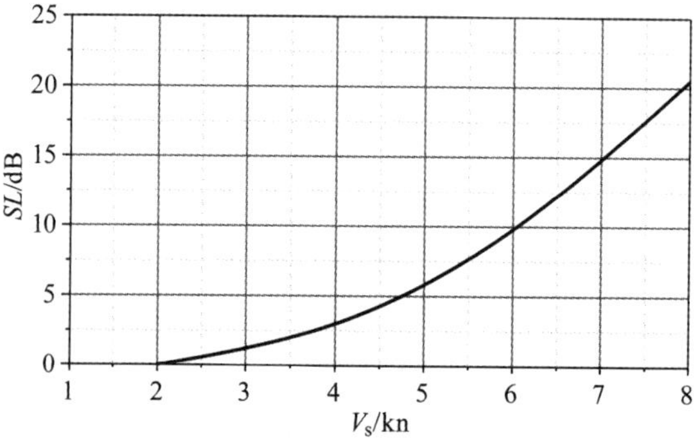

图 6-2 潜艇噪声随航速变化关系

还有，也引自文献[3] 的图 6-2 显示，随着潜艇航速提高，噪声线 SL 将升高。当航速 V_S 由 2kn 升至 6kn 时，噪声线 SL 将升高约 10dB，自噪声也相应增高。

表 6-2 螺旋桨噪声评价参考标准

5kHz 处的谱级 SL_{5kHz}	$SL_{5kHz}>100$	$100>SL_{5kHz}>80$	$80>SL_{5kHz}$
评价	嘈杂(noisy)	一般(average)	安静(quiet)
噪声情况	差	中	优

为了进行比较，在本书中将约定：以潜深水下 25m 为标准潜深状态，潜艇水下航速 4kn 为比较航速，以频率 5kHz 处的源声级 $SL_{5kHz}\approx 80$dB 作为标尺，参照螺旋桨的噪声 SL 线，评比各潜艇螺旋桨的噪声相对水平。二战时曾希望提高潜艇水下航速，当时遇到了螺旋桨噪声明显增高的困境；当代在潜艇降噪方面作过巨大努力，潜艇、螺旋桨流体动力方面也根据降噪需要做过工作。为此，除 4kn 外，将航速 7.5kn 和 10kn 等，也作为参考工况。约定螺旋桨噪声评价参考标准(只作本书讨论用)见表 6-2。

6.2 USS-212 型潜艇螺旋桨和苏联 33 型潜艇导管螺旋桨噪声比较

比较 USS-212 型潜艇螺旋桨和苏联 33 型潜艇导管螺旋桨(亦可称“泵喷”[12])

的噪声，是想了解经过二战后约 15 年的努力，潜艇螺旋桨的噪声有了何种改进。现将计算列于表 6-3 中，为方便阅读起见，在注解栏中列出了所用计算公式编号。并于表后对带标记 * 的项作了说明。

表 6-3　潜艇螺旋桨噪声性能比较(USS-212 型与苏联 33 型潜艇)潜深水下 $H=25$m

序	名　称	USS-212 潜艇螺旋桨	33 潜艇导管桨(泵喷)	注　解
0	空泡评价 σ	$\sigma_i=4.4$	$\sigma_i=3.6$	*
1	螺旋桨参数	$D=2.438$m $J_p=0.51$　$w=0.2$	$D=1.6$m $J_p=0.47$　$w=0.21$	
2	V_{Si}/kn	4.8	5.1	* 式(5.4)
3	N_i/(r/min)	96	162	式(5.4)
4	U_i/m/s	12.3	13.6	式(5.4)
5	SL_0/dB	75.9	74.9	* 式(5.12)
6	计算航速 V_S 及相应转数/线速 U_i	4kn 80r/min　10.2 m/s	4kn 131r/min　10.95 m/s	给定
7	声学空泡	无	无	比较 V_{Si}；V_S
8	SL_{5kHz}/dB	76.3	76.5	式(5.13a)
9	SL/dB	$SL=199.6-(100/3)\log f$	$SL=199.8-(100/3)\log f$	* 式(3.12)
10	$OSL_{>300Hz}$	138.1 dB	138.3dB	* (3.7)式
11	计算航速 V_S 及相应转数/线速 U_i	7.5kn 150r/min 19.2m/s	7.5kn 245r/min 20.6m/s	* 给定
12	N/N_i	~1.56	~1.51	
13	声学空泡	有	有	比较 N/N_i；V_{Si}/V_S
14	δSL/dB	4.9	4.3	* 式(5.10)
15	$SL_{5kHz\ with\ Cavitation}$/dB	117.1	116.8	*
16	$SL_{(1\sim40)kHz}$	$SL=143-7\log f$	$SL=142.7-7\log f$	* 式(5.14)
17	$BSL_{(1\sim40)kHz}$/dB	160.3	160	* 式(5.15)
18	q	1.47	1.41	* 式(5.16)

(续表)

序	名 称	USS-212 潜艇螺旋桨	33 潜艇导管桨(泵喷)	注 解
19	$SL_{fa\sim 1kHz}$	$SL=166.1-14.7\log f$	$SL=164-14.1\log f$	*式(5.18)
20	$BSL_{fa\sim 1kHz}$/dB	$BSL_{300Hz\sim 1kHz}=154.1$	$BSL_{300Hz\sim 1kHz}=153.7$	*(5.19)式
21	siren?	有	无	*"窄带噪声峰"
22	f siren/Hz	349	—	*式(5.21)、(5.22)
23	SL_{347Hz}/dB	128.7	—	
24	SL siren/dB	143.7	—	*
25	BSL siren/dB	163.2	—	*式(1.5)
26	$OSL_{>300Hz}$/dB	165.3	160.9	*

0 *——螺旋桨的初生空泡数 σ_i 与螺旋桨自身及潜艇船后伴流场有关。只能根据螺旋桨的空泡试验及舰船尾形，参照已有的实船经验数据来综合评定。在这里认为等螺距螺旋桨及二战前后类似巡洋舰尾的潜艇尾部由艇体隔开的方案，USS-212 螺旋桨的 $\sigma_i=4.4$，而在类似舰尾的 33 型潜艇的导管螺旋桨，虽经努力，但限于导管及其支撑，只能达到 $\sigma_i=3.6$，有

$$V_{Si}=2.7\sqrt{\frac{10+H}{\left[1+\left(\frac{J_P}{\pi}\right)^2\right]\sigma_i}}\frac{J_P}{1-w}$$

$$=2.7\times 2.78\times 0.51/0.8=4.8\text{kn}$$

$$V_{Si}=2.7\sqrt{\frac{10+H}{\left[1+\left(\frac{J_P}{\pi}\right)^2\right]\sigma_i}}\frac{J_P}{1-w}$$

$$=2.7\times 3.08\times 0.47/0.81=5.1\text{kn}$$

5 *——$SL_0=72.7+1.55D-0.1D^2$

$SL_0=72.7+1.55\times 2.438-0.1\times 2.438^2=75.9$

$SL_0=72.7+1.55\times 1.6-0.1\times 1.6^2=74.9$

9 *——$SL=SL_{5kHz}+10q\log 5\,000-10q\log f$

$SL=76.3+123.3-(100/3)\log f=199.6-(100/3)\log f$

$SL=76.5+123.3-(100/3)\log f=199.6-(100/3)\log f$

10 *——$SL_{300Hz}=199.6-100/3\times\log 300=117\text{dB}$

$OSL_{300\sim 4kHz}=SL_{300Hz}+10\log 300-10\log(q-1)$

$=117+24.7-3.6=138.1\text{dB}\cdots$

11 *——$N=30.86\,Vs(1-w)/J_pD$

$=30.86\times 7.5\times(1-0.2)/0.51\times 2.438$

$=148.9\approx 150\cdots$

14 *——$\delta SL=13.75N/N_i-16.5$

$\delta SL = 13.75 \times 1.55 - 16.5 = 4.9\text{dB}\cdots$

15 * —— $SL_{5\text{kHz with cavitation}} = SL_0 + 40\log(U/10) + \Delta SL + \delta SL$

$= 75.9 + 40\log(19.2/10) + 25 + 4.9$

$= 75.9 + 11.3 + 25 + 4.9 = 117.1\text{dB}$

$SL_{5\text{kHz with cavitation}} = SL_0 + 40\log(U/10) + \Delta SL + \delta SL$

$= 74.9 + 40\log(20.6/10) + 25 + 4.3$

$= 74.9 + 12.6 + 25 + 4.3 = 116.8\text{dB}$

16 * —— $SL = SL_{5\text{kHz with cavitations}} + 25.9 - 10q\log f$

$= SL_{5\text{kHz with cavitation}} + 25.9 - 7\log f = 143 - 7\log f$

$SL = SL_{5\text{kHz with cavitation}} + 25.9 - 7\log f = 142.7 - 7\log f$

17 * —— $BSL_{(1\sim 40)\text{kHz}} = SL_{5\text{kHz with cavitation}} + 43.2\text{dB} = 117.1 + 43.2 = 160.3\text{dB}$

$BSL_{(1\sim 40)\text{kHz}} = SL_{5\text{kHz with cavitation}} + 43.2\text{dB} = 116.8 + 43.2 = 160\text{dB}$

18 * —— $q = 1.2N/N_i - 0.4 \quad q = 1.2 \times 1.56 - 0.4 = 1.47$

$q = 1.2 \times 1.51 - 0.4 = 1.41$

19 * —— $SL_{300\sim 1\text{kHz}} = SL_{5\text{kHz with cavitation}} + 4.9 + 10q\log(1\,000/f)$

$= 117.1 + 4.9 + 30q - 10q\log f$

$= 117.1 + 4.9 + 30 \times 1.47 - 14.7\log f$

$= 166.1 - 14.7\log f$

$SL_{300\sim 1\text{kHz}} = SL_{5\text{kHz with cavitation}} + 4.9 + 10q\log(1\,000/f)$

$= 113.9 + 4.9 + 30q - 10q\log f$

$= 116.8 + 4.9 + 30 \times 1.41 - 11.7\log f$

$= 164 - 14.1\log f$

20 * —— $BSL_{f_A\sim 1\text{kHz}} = 10\log I_{1\text{kHz}} + 10q\log 1\,000 - 10\log(q-1) + 10\log[1/f_A^{q-1} - 0.001^{q-1}]$

$= SL_{1\text{kHz}} + 30q - 10\log(1.47 - 1) + 10\log[1/300^{0.47} - 0.001^{0.47}]$

$= 122 + 44.1 + 3.3 - 15.3 = 154.1\text{dB}$

其中，$SL_{1\text{kHz}} = SL_{5\text{kHz with cavitations}} + 4.9 = 117.1 + 4.9 = 122\text{dB}$

$BSL_{f_A\sim 1\text{kHz}} = 10\log I_{1\text{kHz}} + 10q\log 1\,000 - 10\log(q-1) + 10\log[1/f_A^{q-1} - 0.001^{q-1}]$

$= SL_{1\text{kHz}} + 30q - 10\log(1.41 - 1) + 10\log[1/300^{0.41} - 0.001^{0.41}]$

$= 121.7 + 42.3 + 3.9 - 14.2 = 153.7\text{dB}$

其中，$SL_{1\text{kHz}} = SL_{5\text{kHz with cavitations}} + 4.9 = 116.8 + 4.9 = 121.7\text{dB}$

21 * ——根据对螺距分布及空泡判定

22 * —— $f_{\text{siren}} = [420 - 177(N/N_i)] \times (10 + H)^{1/2}/D = 143.9 \times 5.92/2.438 = 349\text{Hz}$

24 * —— $SL_{\text{siren}} = SL_{349\text{Hz}} + 15 = 165.8 - 14.7\log 349 + 15$

$= 166.1 - 37.4 + 15 = 128.7 + 15 = 143.7\text{dB}$

25 * —— $1/3\ BSL = SL_{\text{siren}} + 10\log f_{\text{siren}} - 5.9$

$= 143.7 + 25.4 - 5.9 = 163.2\text{dB}$

$$26 * \text{——} OSL = 10\log\left[10^{BSL_{(1\sim40)\text{kHz}}/10} + 10^{BSL_{f_A\sim1\text{kHz}}/10} + 10^{BSL_{\text{siren}}/10}\right]$$
$$= 10\log\left[10^{16.03} + 10^{15.41} + 10^{16.32}\right] = 165.3\text{dB}$$
$$OSL = 10\log\left[10^{BSL_{(1\sim40)\text{kHz}}/10} + 10^{BSL_{f_A\sim1\text{kHz}}/10}\right]$$
$$= 10\log\left[10^{16} + 10^{15.35}\right] = 160.9\text{dB}$$

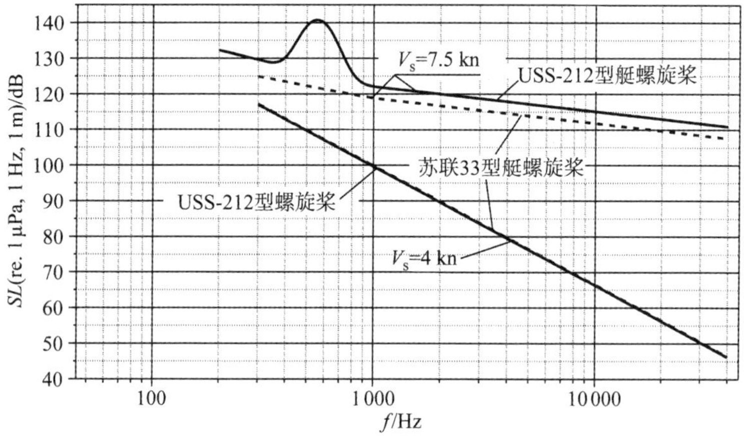

图 6-3 USS-212 型潜艇螺旋桨与苏联 33 潜艇螺旋桨噪声比较

计算结果显示，在 V_S=4kn 无空泡状态，两型螺旋桨的噪声级 SL 基本相当，在 300Hz 以上频段的 SL 以衰减率 －10dB/oct 变化，在 5kHz 处声级 $SL \approx$ 76.4dB，属于安静类。当航速达到 4.8kn 和 5.1kn 时，螺旋桨进入带空泡航行。若希望潜艇以 7.5kn 速度航行时，采取的流体动力措施，避免了窄带噪声峰，33 型潜艇导管螺旋桨的噪声，比二战时 USS-212 潜艇螺旋桨的噪声总声级下降了约 5dB。因此 33 型潜艇导管螺旋桨确实是低噪声螺旋桨。但是，这时螺旋桨已经处于有声学空泡的状态下，在 1kHz 以上频段，SL 以衰减率为 －2.1dB/oct，在频率 5kHz 处的声级 $SL_{5\text{kHz}} \approx 113 \sim 117$dB 左右，属于嘈杂范围。综上所述可见，经过技术人员十余年(二战结束 1945 年到 1960 年左右导管螺旋桨装艇时)的努力，也只将无空泡航速提高了约 1.5kn (与采用常规螺旋桨时 $\sigma_i \approx 4.5$ 比)，噪声有了改善。在原窄带噪声峰出现的速度范围区，虽然噪声 SL 仍较高，但没有了如“吹笛”的啸叫声。当出现啸叫声时，窄带噪声峰比相邻频段的声级 SL 高出 10dB 以上，这时潜艇乘员将感受单调的强声源，心理状态受到严重影响。所以，消除窄带噪声峰，除了改善潜艇隐蔽性需要外，对改善乘员技能有好处。在潜望镜航态 110r/min、潜深 H=16.8m 时出现窄带噪声峰，导致 USS-212 型潜艇的噪声总声级 OSL 相应提升约 5dB。也与此前引自文献[2]的图 4-2 所示噪声数据变化规律相吻合。

6.3 法国Agosta-80潜艇螺旋桨和俄罗斯636型潜艇螺旋桨噪声比较

据报道Agosta-80潜艇(后续Agosta-90型)及苏联(俄罗斯)636型潜艇,是当前国际上具有代表性的柴油动力常规潜艇,均销售给了一些国家。根据报道的技术资料,上述两型潜艇的快速性参数大致如表6-4所列。在Agosta-80技术说明书中,保证潜艇在潜望镜航态 $V_S=3.5$kn 航行时的噪声级低于 $SL=202.6-100/3\log f$。即在 $f\geqslant 300$Hz 频段,SL 以 -10dB/oct 衰减,在 $f=300$Hz,$SL\leqslant 120$dB。

表 6-4 Agosta-80及636型潜艇的快速性参数

型　号	桨直径 D/m	轴功率 /kW	预期航速 V_S/kn	螺旋桨转数/(r/min)	桨叶数 z	N/V_S	$1-w$
Agosta-80	3.8	4200	20	185	7	9.2	~0.70
636	3.1	4100	19.5	250	7	12.8	~0.68

上述两型潜艇的螺旋桨都满足了当代要求,但Agosta-80艇主机转数较低,螺旋桨直径 D 较大,桨载荷更轻,作为比较,声学空泡数 σ_i 也低些,取为 $\sigma_i=3.2$;而636艇主机转数相对更高,螺旋桨直径 D 较小,桨载荷较重,故声学空泡数 σ_i 也高些,取为 $\sigma_i=3.4$。现按表6-3同样步骤计算其螺旋桨噪声 SL。

由表6-5中航速 $V_S=4$kn 的计算结果看出,两型潜艇所用螺旋桨均不出现声学空泡,噪声基本相当,5kHz处的 $SL<80$dB 均满足“安静”标准。水下航速 $V_S=7.5$kn 时,潜艇Agosta-80艇螺旋桨尚未出现声学空泡;而636型潜艇螺旋桨已出现声学空泡,5kHz处的 $SL_{5Hz}\approx 108.1$dB。在频率 $f=5$kHz 处,Agosta-80型潜艇螺旋桨的噪声为 $SL_{5Hz}=82.7$dB,已经属于“一般”水平了;636型潜艇螺旋桨噪声声级则已达 $SL=108.1$dB,落入噪声“嘈杂”区。若要求潜艇在水下 $H=25$m 以航速 $V_S=12$kn 航行,则两型潜艇螺旋桨的噪声已接近水面舰船螺旋桨的噪声水平,即在 $f=100$Hz 处,声级 $SL\approx 145$dB。其中,潜艇Agosta-80未见有关噪声的说明,假定出现窄带噪声峰,在 $f=225$Hz 频段附近遇到“啸叫”声,则两型潜艇的螺旋桨噪声也是相差无几。计算结果绘于图6-4。

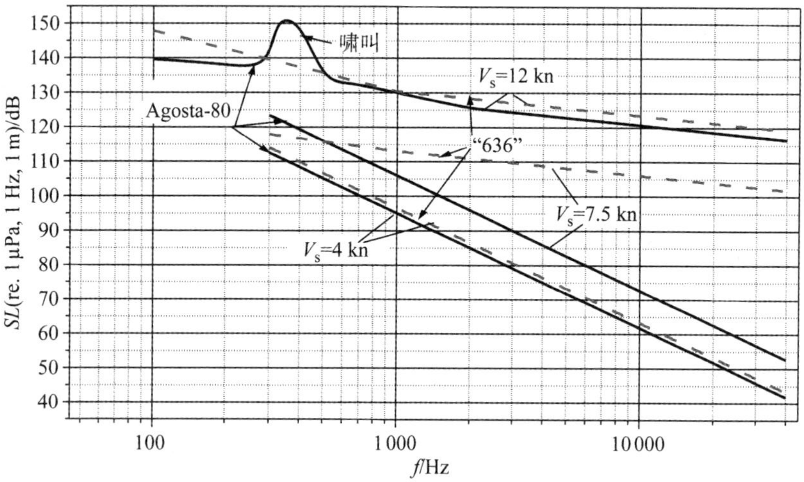

图 6-4　Agosta-80 及"636"潜艇螺旋桨噪声估算比较

表 6-5　Agosta-80 与 636 型潜艇螺旋桨噪声比较(潜深 H=25m)

序	名　称	Agosta-80 螺旋桨	636 潜艇导管桨	注　解
0	空泡评价 σ	$\sigma_i=3.2$	$\sigma_i=3.4$	
1	螺旋桨参数	$D=3.8$m $J_p=0.66$　$w=0.25$	$D=3.1$m $J_p=0.53$　$w=0.32$	
2	V_{Si}/kn	7.7	6.7	式(5.4)
3	N_i/(r/min)	71.6	85.7	式(5.4)
4	U_i/(m/s)	14.2	13.9	式(5.4)
5	SL_0/dB	77.1	76.5	式(5.12)
6	计算航速 V_S 及 相应转数/线速 U_i	4kn 37r/min　7.3m/s	4kn 51r/min　8.3m/s	给定
7	声学空泡	无	无	比较 V_{Si};V_S
8	SL_{5kHz}/dB	71.8	73.3	(5.13a)
9	SL/dB	$SL=195.1-(100/3)\log f$	$SL=196.6-(100/3)\log f$	式(3.12)
10	SL_{300}/dB	112.5	114.0	
11	$OSL_{>300Hz}$/dB	133.6	135.1	式(3.7)

（续表）

序	名　称	Agosta-80 螺旋桨	636 潜艇导管桨	注　解
12	计算航速 V_S 及 相应转数/线速 U_i	7.5kn 69r/min　13.8m/s	7.5kn 96r/min　15.6m/s	给定
13	声学空泡	无	有	比较 $N:N_i$
14	SL_{5kHz}/dB	82.7	108.1	式(5.13a)、(5.13b)
15	SL/dB	$SL=206-(100/3)\log f$	$SL_{(1\sim40)kHz}$ $=134-7\log f*$	式(5.14)
16	$BSL_{(1\sim40)kHz}$/dB	—	151.3	式(5.15)
17	q		$q=1.2\times1.12_i-0.4$ $=0.94$	(5.16)
18	$SL_{300\sim1000Hz}$/dB		$SL=141.2-9.4\log f$	式(3.12)
19	$BSL_{100\sim1000Hz}$/dB		$BSL_{100\sim1kHz}=146.3*$	$q<1$， 用式(3.13a)见注
20	$OSL*$/dB	$OSL_{>300Hz}=144.5$	$OSL_{>100Hz}=152.5$	起始频率 f_1 不同
21	计算航速 V_S 及 相应转数/线速 U_i	12kn 111r/min　22.1m/s	12kn 154r/min　25m/s	给定
22	N/N_i	1.55	1.79	
23	声学空泡	有	有	
24	δSL/dB	4.8	8.1	
25	$SL_{5kHz\ with\ cavitation}$/dB	120.7	125.5	
26	$SL_{1\sim40kHz}$/dB	$SL=146.6-7\log f$	$SL=151.4-7\log f$	式(5.14)
27	$BSL_{1\sim40kHz}$/dB	163.9	168.7	式(5.15)
28	q	1.46	1.75	式(5.16)
29	$SL_{100\sim1000Hz}$/dB	$SL=169.4-14.6\log f$	$SL=182.9-17.5\log f$	式(5.18)
30	$BSL_{100\sim1000Hz}$/dB	161.8	168.3	
31	Siren?	有	无	
32	f_{siren}/Hz	227		

（续表）

序	名　称	Agosta-80 螺旋桨	636 潜艇导管桨	注　解
33	SL_{227Hz}/dB	135		
34	SL_{siren}/dB	150		
28	$BSL_{siren?}$	167.7		
28	$OSL_{>100Hz}$/dB	169.9	171.5	

＊——表中 19 行 $BSL_{100\sim1000Hz} = 10\log A - 10\log(1-q) + 10\log[f_b^{1-q} - f_a^{1-q}]$

$= 141.2 - 10\log 0.06 + 10\log[1000^{0.06} - 100^{0.06}] = 146.3\text{dB}$

进行这个计算，是想了解国际市场上公开供货的潜艇，其螺旋桨噪声的大致情况如何。还有值得一提的是，在 Agosta-80 型潜艇的《技术说明书》中，有专门的潜艇低噪声保证指标。供货方保证：潜艇水下航速 $V_S = 3.5$kn 时，螺旋桨噪声 SL 低于给定声谱控制线。噪声谱 SL 线自 $f = 300$Hz 开始算，从最高 $SL_{300Hz} \leqslant 120$dB 起，以斜率 -10dB/oct 衰减，即可将噪声谱线 SL 表达为

$$SL \leqslant 202.6 - (100/3)\log f$$

假定潜望镜状态螺旋桨潜深为 $H = 16$m，水下航速 $V_S = 3.5$kn 时，计及这时桨转数约 $N = 32.3$r/min，叶梢线速度 $U = 6.4$m/s，可得 $f = 5$kHz 处，噪声级 $SL_{5kHz} = SL_0 + 40\log U = 69.3$dB，即得 Agosta-80 型潜艇螺旋桨噪声谱线为 $SL = 192.6 - (100/3)\log f$。

将其与“技术说明书”数据比较，计算结果比“技术说明书”保证值低约 10dB，将相应结果绘于图 6-5 上。可见“技术说明书”中所提及的噪声“指标”是留有余量

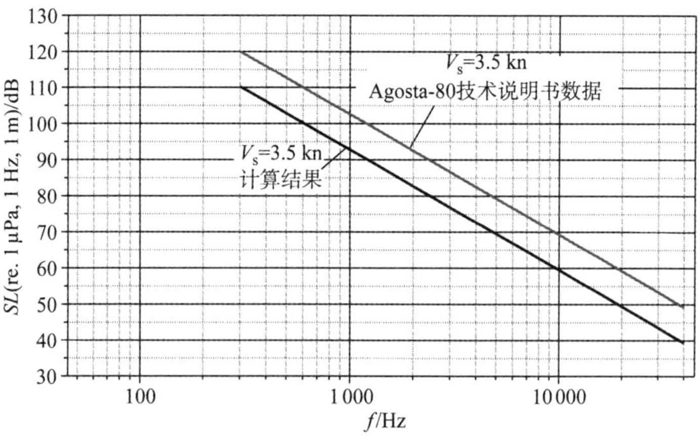

图 6-5　Agosta-80 保证噪声水平

的。除了因为测试误差有±5dB之外;还要考虑,实际交船测定潜艇噪声时,已是部分交船试验完成之后,螺旋桨、船体已漂浮于海水中一段时间,污底可能影响噪声。因此,应该承认上述噪声指标留有10dB余量的做法,为保证顺利交船是必要的。

6.4 两型(A、B)虚拟潜艇螺旋桨的噪声比较

经常提到的常规柴油电动机潜艇,主机额定功率大致为3 000kW(短期最大功率约4 000kW),拖动螺旋桨的主电机额定转数由100～250r/min不等。这样的转数差异,对潜艇的最高设计航速影响不大,但会对螺旋桨噪声造成影响。为评估这种影响,假定潜艇A和B方案,其主尺度和主机功率相近,仅主桨轴转数不同,经设计选定螺旋桨直径 D 等参数,如表6-6所示。

表6-6 A及B型潜艇的快速性参数

型号	桨直径 D/m	轴功率 kW	预期航速 V_S	螺旋桨转数/(r/min)	桨叶数 z	N/V_S	$1-w$
A	4.4	～4 000	20	120	7	6	～0.76
B	3.4	～4 000	19.5	200	7	10.3	～0.67

若A、B两方案的螺旋桨流体动力、降噪设计达到了同等水平,但A方案螺旋桨转数较低,接近电机可能转数的最低值,在潜艇装艇电机直径允许下,螺旋桨直径 D 取较大值。其进速系数 J_p 较高,桨载荷较轻,故声学空泡数 σ_i 也低些,取为 $\sigma_i=2.8$。而B方案螺旋桨转数相对高,螺旋桨直径 D 较小,桨载荷较重,故声学空泡数 σ_i 也高些,取为 $\sigma_i=3.2$。这里只是为相对比较,选定尽可能接近实际 σ_i 的低值。下面将按表6-3同样步骤计算螺旋桨噪声 SL。计算列于表6-7,计算结果绘于图6-6上。

通常,主轴转数低一点,便于采用更大直径 D 的螺旋桨,有利于舰船的快速性,提高推进效率和减小振动,也有利于改善空泡和降低声学初生空泡数 σ_i。但是转数低的潜艇主电机体积和重量较大,占用潜艇装载量,有时甚至船体难以容纳。而且相同转数下,直径大的螺旋桨的噪声却略高,加上按最高航速要求(主机全功率)设计的螺旋桨,低速航行时,经常显得偏轻和空泡条件相对恶化,故又有将螺旋桨(推进)最佳直径 D 缩小2%～5%的现象。因此,在讨论螺旋桨推进时,希望主机转数低些,可以选用直径大的螺旋桨,而在具体落实方案时,又有将直径取得略小的做法。

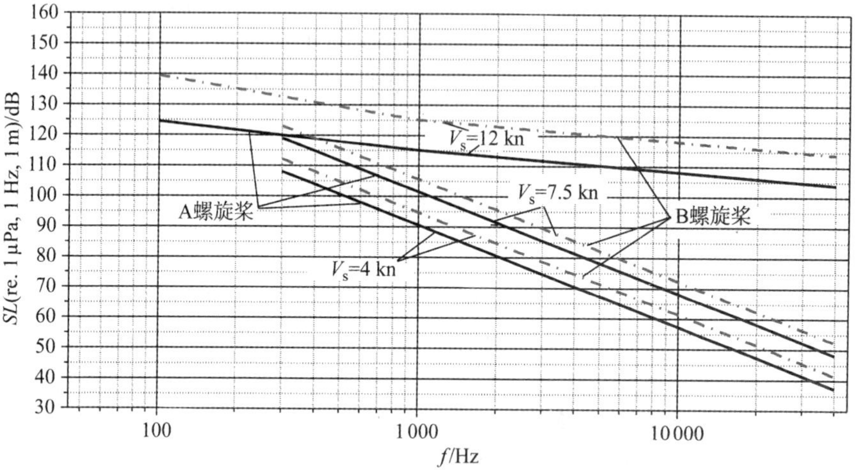

图 6-6 A、B螺旋桨噪声谱

表 6-7 潜艇 A 与 B 型的螺旋桨噪声比较(潜深 H=25m)

序	名　称	A 潜艇螺旋桨	B 潜艇螺旋桨	注　解
0	空泡评价 σ	σ_i=2.8	σ_i=3.2	
1	螺旋桨参数	D=4.4m J_p=0.89,w=024	D=3.4 m, J_p=059,w=0.33	
2	V_{Si}/kn	10.8	7.7	式(5.4)
3	N_i/(r/min)	65	80.5	式(5.4)
4	U_i/(m/s)	15	14.3	式(5.4)
5	SL_0/dB	77.6	76.8	式(5.12)
6	计算航速 V_S 及 相应转数/线速 U_i	4kn 24r/min　5.5m/s	4kn 42r/min　7.5m/s	给定
7	声学空泡	无	无	比较 V_{Si};V_S
8	SL_{5kHz}/dB	67.3	71.8	
9	SL/dB	$SL=190.6-(100/3)\log f$	$SL=194.7-(100/3)\log f$	式(3.12)
10	SL_{300Hz}/dB	108	112.1	
11	$OSL_{>300Hz}$/dB	129.1	133.2	式(3.7)

（续表）

序	名　称	A 潜艇螺旋桨	B 潜艇螺旋桨	注　解
12	计算航速 V_S 及 相应转数/线速 U_i	7.5kn 45r/min　10.36m/s	7.5kn 77.5r/min　13.8m/s	给定
13	声学空泡	无	无	比较 V_{Si}；V_S
14	SL_{5kHz}/dB	78.2	82.3	式(5.13a)
15	SL/dB	$SL=201.5-(100/3)\log f$	$SL=205.6-(100/3)\log f$	式(3.12)
16	SL_{300Hz}/dB	118.9	123	
17	$OSL_{>300Hz}$/dB	140	144.1	
18	计算航速 V_S 及 相应转数/线速 U_i	12 kn 72r/min　16.6m/s	12kn 123.6r/min　22m/s	给定
19	N/N_i	1.11	1.54	
20	声学空泡	有	有	比较 V_{Si}；V_S
21	δSL/dB	−1.2	4.7	式(5.10)
22	$SL_{5kHz\ with\ cavitation}$/dB	110.2	120.2	式(5.13b)
23	$SL_{(1\sim40)kHz}$/dB	$SL=136.1-7\log f$	$SL=146.1-7\log f$	
24	$BSL_{(1\sim40)kHz}$/dB	153.4	163.4	式(5.15)
25	q	0.932	1.448	式(5.16)
26	$SL_{100\sim1000Hz}$/dB	$SL=143.1-9.32\log f$	$SL=168.5-14.5\log f$	式(5.18)
27	SL_{100Hz}/dB	124.5	139.5	
28	$BSL_{100\sim1000Hz}$/dB	148.3	161	式(3.13a)、(5.19)
29	siren?	无	无	窄带噪声峰
30	$OSL_{>1200Hz}$/dB	154.6	165.4	

经虚拟设计、装备了不同螺旋桨的 A、B 潜艇，潜深水下 25m、航速 $V_S=4$kn 时，其噪声性能计算结果如下：A、B 潜艇螺旋桨在频率 5kHz 处的源声级 SL 分别为 67.3dB 和 71.8dB，属于“安静”状态。航速 $V_S=7.5$kn 时，潜艇 A 用螺旋桨在频率 5kHz 处的源声级 SL 为 78.2dB，仍属于“安静”状态，而潜艇 B 用螺旋桨在频率 5kHz 处的源声级 SL 为 82.3dB，已属于“一般”状态。

关于螺旋桨噪声在低频段的情况，当航速 $V_S=4$kn，A、B 潜艇螺旋桨在频率

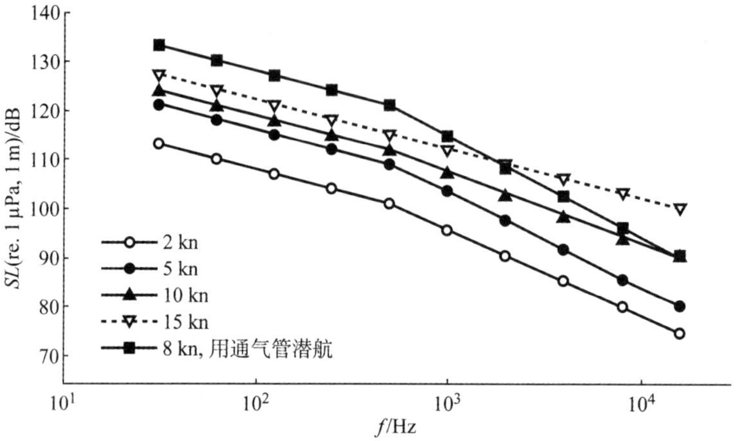

图 6-7 德国柴电潜艇噪声谱图[11]

300Hz 处的源声级 $SL_{300Hz}=108dB$(A 艇)，及 $SL_{300Hz}=112.1dB$(B 艇)，与文献[11]引述的德国 IKL 公司 1980 年代推出的柴电潜艇，航速 2～5kn 时的噪声(105～113dB)水平相当。将该柴电潜艇的噪声源声级谱图引置于图 6-7[11]。图中，$V_S\approx15kn$ 航速区，未指明潜艇航行潜深(估计在 $H\sim50m$ 区，才能避免水面出现航行波)，$f=100Hz$ 处的源声级 SL 约 122dB，在 100～1 000Hz 频段(decade)约由 122dB 降至 115dB，在 1～10kHz 频段(decade)约由 115dB 降至 108dB，即衰减系数 $n=0.7(-7dB/decade)$，照第 5 章 5.5 节的讨论，应该已落入噪声"演变区"。该柴电潜艇螺旋桨在 5kHz 处的噪声谱级 SL 约 110dB，属于"嘈杂"状态。

为与德国 IKL 公司柴电潜艇螺旋桨噪声进行比较，再计算在水下 $H=50m$ 潜深处以 $V_S=15kn$ 航行时，虚拟 A、B 型潜艇螺旋桨的噪声情况。

A 艇螺旋桨：按式(5.4)得

$$V_{Si}=2.7\sqrt{\frac{10+H}{\left[1+\left(\frac{J_P}{\pi}\right)^2\right]\sigma_i}}\frac{J_P}{1-w}$$

$$=2.7\times\sqrt{\frac{60}{1.08\times2.8}}\times\frac{0.89}{0.76}=14.1kn$$

$$N_i=\frac{84}{D}\times4.45=85r/min\quad U_i=\pi nD=4.4\times4.45=19.6m/s$$

当 $V_S=15kn$ 时，$N=90r/min$，$U=20.7m/s$，$N/N_i=90/85=1.06$，有声学空泡。

按式(5.13b)求 $f=5kHz$ 处 SL_{5kHz}：

$$SL_{5kHz}=SL_0+40\log(20.7/10)+25+\delta SL=113.2dB$$

在(1～40)kHz频段，$SL=139.1-7\log f$。$f=1\text{kHz}$，得

$$SL_{1\text{kHz}}=118.1\text{dB}\quad BSL_{(1\sim40)\text{kHz}}=156.4\text{dB}$$

在100～1 000Hz频段，按式(5.16)$q=0.87$，得

$$SL=SL_{1\text{kHz}}+8.7\log 1\,000/f=144.2-8.7\log f$$

按式(3.13a)求得

$$BSL_{100\sim1\,000\text{Hz}}=144.2-10\log(1-0.87)+10\log[1\,000^{0.13}-100^{0.13}]$$
$$=151.1\text{dB}$$

空泡化了的B艇螺旋桨$f=100\text{Hz}$以上频段的总声级为

$$OSL_{>100\text{Hz}}=10\log\left(10^{BSL(100\sim1\,000)\text{Hz}/10}+10^{BSL(1\sim40)\text{kHz}/10}\right)$$
$$=10\log(10^{15.64}+10^{15.11})=157.5\text{dB}$$

B艇螺旋桨：按式(5.4)得

$$V_{\text{Si}}=2.7\sqrt{\frac{10+H}{\left[1+\left(\frac{J_{\text{P}}}{\pi}\right)^2\right]\sigma_{\text{i}}}}\frac{J_{\text{P}}}{1-w}$$

$$=2.7\times\sqrt{\frac{60}{1.035\times3.2}}\times\frac{0.59}{0.67}=10.1\text{kn}$$

$$N_{\text{i}}=\frac{84}{D}\times4.26=105\text{r/min}\quad U_{\text{i}}=\pi nD=4.4\times4.26=18.7\text{m/s}$$

当$V_{\text{S}}=15\text{kn}$时，$N=154.5\text{r/min}$，$U=27.5\text{m/s}$，$N/N_{\text{i}}=154.5/105=1.47$，有声学空泡。

按式(5.13b)求$f=5\text{kHz}$处$SL_{5\text{kHz}}$：

$$SL_{5\text{kHz}}=SL_0+40\log(27.5/10)+25+\delta SL=123.1\text{dB}$$

在(1～40)kHz频段，$SL=149-7\log f$，$f=1\text{kHz}$，得

$$SL_{1\text{kHz}}=128\text{dB}\quad BSL_{(1\sim40)\text{kHz}}=166.3\text{dB}$$

在100～1 000Hz频段，按式(5.16)$q=1.36$，得

$$SL=SL_{1\text{kHz}}+13.6\log 1\,000/f=168.8-13.6\log f$$

按式(5.19)求得

$$BSL_{100\sim1\,000\text{Hz}}=168.8-10\log(1.36-1)+10\log(1/100^{0.36}-1/1\,000^{0.36})$$
$$=163.5\text{dB}$$

空泡化了的B艇螺旋桨$f=100\text{Hz}$以上频段的总声级为

$$OSL_{>100\text{Hz}}=10\log\left[10^{BSL(100\sim1\,000)\text{Hz}/10}+10^{BSL(1\sim40)\text{kHz}/10}\right]$$
$$=10\log(10^{16.63}+10^{16.35})=168.1\text{dB}$$

由以上计算可以看出，在水下$H=50\text{m}$潜深处$V_{\text{S}}=15\text{kn}$时，虚拟A、B型潜艇螺旋桨都处于噪声“演变区”，其噪声分别为：A艇螺旋桨$f=5\text{kHz}$处，$SL_{5\text{kHz}}=$

113.2dB,属“嘈杂”状态;总声级 $OSL_{>300Hz}=157.5$dB。而 B 艇螺旋桨 $f=5$kHz 处,$SL_{5kHz}=123.1$dB,情况更差,属“嘈杂”状态;其总声级 $OSL_{>100Hz}=168.1$dB。A 艇螺旋桨的噪声谱 SL 衰减率与图 6-7 所示德国柴电潜艇噪声谱 SL 衰减率(-2.1dB/oct)相近,频率 5kHz 处的噪声声级 SL_{5kHz} 相差约 4dB。

综上所述,在潜深 $H=25$m 以 $V_s\approx7.5$kn 航行时,若希望虚拟潜艇螺旋桨的噪声,还满足 $f=5$kHz 处,$SL<80$dB,“安静”的要求(类似 Agosta-80 型潜艇在低噪声航速 $V_S=3.5$kn 时的噪声,即频率 $f\geqslant300$Hz 处,低于 $SL\leqslant120$dB,并以 -10dB/oct衰减),A 潜艇螺旋桨尚有可能,而 B 潜艇螺旋桨就不大可能。若以航速$V_S\geqslant12$kn 航行,B 潜艇螺旋桨的噪声就与水面舰船螺旋桨噪声接近了。两个方案潜艇的螺旋桨均无法达到要求的低噪声“安静”状态。

进行本节分析,就是想看看目前国际上潜艇用螺旋桨,达到噪声“安静”水平的潜能有多大。参照 6.2、6.3 节所比较的几型潜艇,可见在潜深水下 $H\geqslant25$m 的航态,以 $V_S\leqslant4$kn 的航速值勤时,都能保证螺旋桨处于“安静”状态。差别主要在航速高于 $V_S=6\sim8$kn 以后,有的螺旋桨不满足“安静”要求,甚至出现“啸叫”声。当航速增高到约 $V_S\geqslant12$kn 后,在目前潜艇的综合推进条件(舰船阻力、主轴转数、叶轮机构推进器等)下,很难保证螺旋桨噪声谱级 SL 在频率 $f=5$kHz 处低于 80dB;或在频率 $f=300$Hz 处低于 120dB,并以 -10dB/oct 衰减,满足潜艇“安静”标准。甚至保证噪声状态“一般”的技术要求,都难以达到。

6.5　用七叶低噪声螺旋桨取代常规五叶螺旋桨的噪声变化

假定常规五叶螺旋桨的流体动力相关参数为 $D=4.8$m,$J_p=0.55$,$w=0.3$。用相同直径的七叶潜艇低噪声螺旋桨去取代,从舰船快速性的角度看,最高航速可能略有下降(约 1%全速),若认为 $D=4.8$m,$J_p=0.55$,$w=0.3$ 仍不变。认定常规五叶螺旋桨的 $\sigma_i\approx4.3$,七叶低噪声螺旋桨的 $\sigma_i\approx3.4$,进行噪声比较计算于表 6-8。并将结果绘于图 6-8。增加螺旋桨叶数,原则上导致每一叶承受的流体动力所占螺旋桨总流体动力的百分比减小。在同一伴流场中,若每片桨叶受力的脉动分量与其作用量相对比例不变,则整个螺旋桨承受的脉动量的辐值变小、频率变高。照理计算方法应该考虑螺旋桨桨叶数和叶宽的差异所带来的影响。由于螺旋桨的叶数多,发声体增多,导致噪声反而升高。若螺旋桨噪声功率与桨叶数成比例,七叶螺旋桨取代五叶螺旋桨后,造成声级相差 $\Delta SL=10\log z_1/z_2=10\log7/5=1.5$dB;而认为叶宽度值变小所带来的影响可以忽略不计,这将使七叶低噪声螺旋桨处于更苛刻的条件参与比较。由图 6-8 可见:在无空泡的状态($V_S=4$kn),七叶低噪声螺旋桨并不能降低潜艇低速航行时的螺旋桨噪声。当航速升至 7.5kn，由于五叶螺旋桨未经低噪声设计，系按常规推进要求选用，出现“窄带噪声峰”，故在噪声谱线上冒出比相邻频段声级高出约 20dB 的“啸叫”(窄带噪声峰)。这时五叶螺旋桨的总声级 $OSL_{>100\mathrm{Hz}}=159.3\mathrm{dB}$，七叶螺旋桨的总声级 $OSL_{>100\mathrm{Hz}}=155.4\mathrm{dB}$。噪声性能才有明显改进的。在 $V_S=6\mathrm{kn}$ 左右，五叶螺旋桨出现空泡，而七叶低噪声螺旋桨未出现空泡，噪声谱级 SL 相差值可达 10～25dB，七叶低噪声螺旋桨的降噪效果很明显。本节讨论的是潜艇潜深 $H=25\mathrm{m}$ 情况，在其他潜深状态，可得出类似的关于噪声声级 SL 的结论。还必须承认，所讨论的噪声性能改善，不是采用七叶螺旋桨的必然结果，改善主要是因为流体动力低噪声设计所致，使七叶桨的声学空泡初生数降为 $\sigma_i=3.4$，小于五叶常规螺旋桨的声学空泡初生数 $\sigma_i=4.3$。因此，计算并不表示任意设计的七叶螺旋桨的噪声性能必定优于五叶螺旋桨。

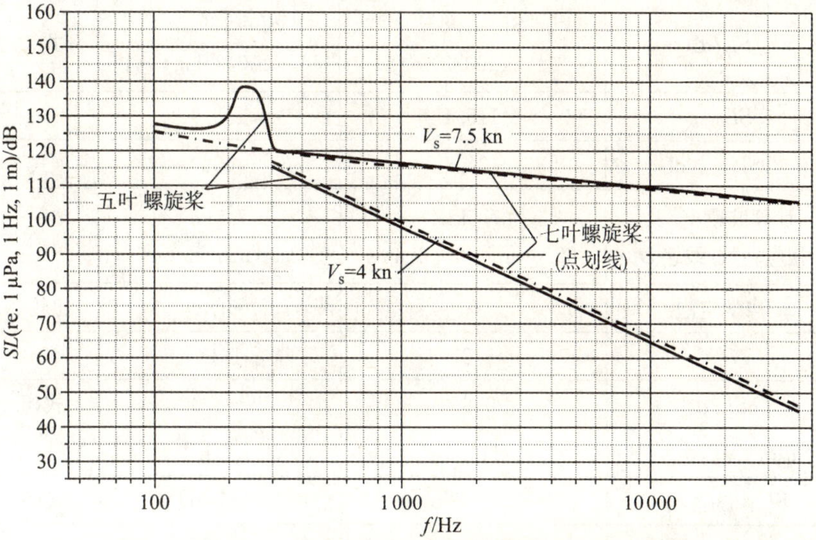

图 6-8　七叶低噪声螺旋桨与五叶常规螺旋桨噪声谱比较

表 6-8　常规五叶螺旋桨与七叶低噪声螺旋桨噪声比较(潜深 $H=25\mathrm{m}$)

序	名　称	五叶常规螺旋桨	七叶低噪声螺旋桨	注　解
0	空泡评价 σ	$\sigma_i=4.3$	$\sigma_i=3.4$	
1	螺旋桨参数	$D=4.8\mathrm{m}$ $J_p=055$　$w=0.3$	$D=4.8\mathrm{m}$ $J_p=0.55$　$w=0.3$	

（续表）

序	名　称	五叶常规螺旋桨	七叶低噪声螺旋桨	注　解
2	V_{Si}/kn	5.96	6.70	式(5.4)
3	N_i/(r/min)	49.2	55.3	式(5.4)
4	U_i/(m/s)	12.37	13.90	式(5.4)
5	SL_0/dB	77.8	77.8	式(5.12)
6	计算航速 V_S 及 相应转数/线速 U_i	4kn 33.2r/min 8.34m/s	4kn 332r/min 8.34m/s	给定
7	声学空泡	无	无	比较 V_{Si};V_S
8	SL_{5kHz}/dB	74.7	74.7	式(5.13)
9	SL/dB	$SL=198-$ $(100/3)\log f$	$SL=199.5-$ $(100/3)\log f$［注］	式(3.12)
10	SL_{300Hz}	115.4	116.9	
11	$OSL_{>300}$/dB	136.5	138	（式 3.7）
12	计算航速 V_S 及 相应转数/线速 U_i	7.5kn 62.3r/min 15.65m/s	7.5kn 62.3r/min 1565m/s	给定
13	声学空泡	有	有	比较 N/N_i
14	N/N_i	1.27	1.13	
15	δSL/dB	0.96	−1.0	式(5.10)
16	$SL_{5kHz\ with\ cavitation}$/dB	111.6	111.1［注］	
17	$SL_{(1\sim40)kHz}$/dB	$137.5-7\log f$	$137-7\log f$	式(5.14)
18	$BSL_{(1\sim40)kHz}$/dB	154.8	154.3	
19	q	1.124	0.95	
20	$SL_{100\sim1000Hz}$	$150.2-11.24\log f$	$144.5-9.5\log f$	
21	$BSL_{100\sim1000Hz}$	150.7	148.0	式(3.13)
22	siren?	有	无	窄带噪声峰
23	f_{siren}/Hz	240	—	式(5.21)
24	SL_{340Hz}/dB	123.4		

（续表）

序	名　称	五叶常规螺旋桨	七叶低噪声螺旋桨	注　解
25	SL siren/dB	138.4		
26	BSL siren/dB	156.3		式(1.5)
27	$OSL_{>100\text{Hz}}$/dB	159.3	155.4	式(5.19)

注：鉴于五叶桨改为七叶桨，若以每一叶计量桨噪声，七叶螺旋桨与五叶螺旋桨的噪声级 SL 比，相差 $\Delta SL = 10\log 7/5 = 1.5\text{dB}$，故加 1.5dB，变为 $198 + 1.5 - (100/3)\log f = 199.5 - (100/3)\log f$。

6.6　螺旋桨叶梢增载与消除窄带噪声峰

在讨论“窄带噪声峰(The sound is like a siren)”时，提到让空泡现象提早发生，大量发生的空泡“泡”，“使螺旋桨梢部的涡线流无法稳定存在”，从而消除窄带噪声峰。促使桨叶提早出现空泡的具体措施有：例如，采取叶梢增载、加大叶梢螺距及宽度等。假定将直径 $D=1.9\text{m}$ 的叶梢增载导管螺旋桨，与 33 型潜艇导管螺旋桨作比较。选用直径更大的螺旋桨，增大桨叶梢局部螺距及剖面宽度，特别是加大螺旋桨直径到 $D=1.9\text{m}$ 后，进速系数更小，载荷变得特重。因此，梢涡及背空泡均提前发生，估计其初生空泡数 $\sigma_i=5.2$。而 33 型潜艇导管螺旋桨按照 6.2 节中取 $\sigma_i=3.6$。计算航速 $V_S=2\text{kn}$、4kn、7.5kn 时的噪声情况。计算列于表 6-9。在 $V_S=2\text{kn}$ 时，两型螺旋桨都满足低噪声要求，5kHz 处的 SL 均小于 80dB；到 $V_S=4\text{kn}$ 后，叶梢增载的导管螺旋桨已出现空泡，而 33 型潜艇导管螺旋桨尚处于无空泡噪声状态，整个高频区的 SL 均较低，取噪声总声级 OSL 的截止计算低频值 f_1 为 300Hz，则两者的总声级 $OSL_{>300\text{Hz}}$ 相差约 10dB。若航速提高到 $V_S=7.5\text{kn}$，叶梢增载导管螺旋桨已越过噪声“演变区”，按空泡噪声规律变化，以 −6dB/oct 斜率衰减，而 33 型潜艇导管螺旋桨尚处于“演变区”。取噪声总声级 OSL 的计算截止低频值为 100Hz，则两者的 $OSL_{>100\text{Hz}}$ 也相差 10dB 以上。

表 6-9　叶梢增载的潜艇导管螺旋桨与 33 型潜艇导管螺旋桨噪声比较(H=25m)

序	名　称	叶梢增载导管潜艇螺旋桨	33 潜艇导管螺旋桨	注　解
0	空泡评价 σ	$\sigma_i=5.2$	$\sigma_i=3.6$	
1	螺旋桨参数	$D=1.9\text{m}$ $J_p=0.38$　$w=0.21$	$D=1.6\text{m}$ $J_p=0.47$　$w=0.21$	

(续表)

序	名　称	叶梢增载导管潜艇螺旋桨	33 潜艇导管螺旋桨	注　解
2	V_{Si}/kn	3.35	4.95	式(5.4)
3	N_i/(r/min)	114	162	式(5.4)
4	U_i/(m/s)	11.3	13.6	式(5.4)
5	SL_0/dB	75.3	74.9	式(5.12)
6	计算航速 V_S 及 相应转数/线速 U_i	2kn 68.1r/min 6.8m/s	2kn 64.8r/min 5.43m/s	给定
7	声学空泡	无	无	比较 $N./N_i$
8	SL_{5kHz}/dB	68.5	64.3	$SL_{5kHz}=SL_0+40\log(U/10)$
9	SL/dB	$SL=191.8-(100/3)\log f$	$SL=187.6-(100/3)\log f$	式(3.12)
10	$OSL_{>300Hz}$/dB	130.4	126.1	式(3.7)
11	计算航速 V_S 及 相应转数/线速 U_i	4kn 136r/min 13.6m/s	4kn 130r/min 10.85m/s	给定
12	N/N_i	1.19	<1	
13	声学空泡	有	无	比较 N/N_i;V_{Si}/V_S
14	δSL/dB	-0.1		式(5.10)
15	SL_{5kHz}/dB	$SL_{5kHz\ with\ cavitation}=105.6$	$SL_{5kHz}=76.3$	
16	$SL_{(1\sim40)kHz}$/dB	$SL=131.5-7\log f$	$SL=199.6-(100/3)\log f$	($SL_{300Hz}=117$)
17	$BSL_{(1\sim40)kHz}$/dB	148.8		式(5.15)
18	q	1.028		(5.16)式
19	$SL_{f_A\sim1kHz}$/dB	$141.3-10.28\log f$		式(5.18)
20	$BSL_{f_A\sim1kHz}$/dB	$BSL_{300\sim1000Hz}=141.4$		由 300Hz 起, 式(5.19)
21	Siren?	无(梢涡空泡超强)	无	"窄带噪声峰"
22	$OSL_{>300Hz}$/dB	149.5	138.1	
23	计算航速 V_S 及 相应转数/线速 U_i	7.5kn 255r/min 25.4m/s	7.5kn 244r/min 20.4m/s	

（续表）

序	名　称	叶梢增载导管潜艇螺旋桨	33 潜艇导管螺旋桨	注　解
24	N/N_i	2.23	1.51	
25	声学空泡	已成空泡噪声螺旋桨	有	
26	δSL/dB		4.3	
27	$SL_{5\mathrm{kHz\ with\ CAV}}$/dB		116.6	
28	$SL_{(1\sim40)\mathrm{kHz}}$/dB	$SL=195.3-20\log f^{*}$	$SL=142.5-7\log f$	* 按式(5.6c)
29	$BSL_{(1\sim40)\mathrm{kHz}}$/dB		159.8	
30	q		1.41	
31	$SL_{100\sim1000\mathrm{Hz}}$/dB		$SL=164.0-14.1\log f$	
32	$BSL_{f_A\sim1\mathrm{kHz}}$/dB		$BSL_{100\mathrm{Hz}\sim1\mathrm{kHz}}=157.6$	
33	siren?	无	无	
34	$OSL_{>100\mathrm{Hz}}$/dB	175.3	161.8	

计算显示：由于促使空泡提早产生，避免了窄带噪声峰，不会出现“啸叫”，但螺旋桨的噪声级 SL 有明显提高，甚至在无空泡的 $V_S=2$kn 航态，噪声级谱线 SL 也高出 4dB，总声级 OSL 也相应增高 4dB。因此，从降低螺旋桨噪声角度看，用加重螺旋桨载荷（加大直径和转数）、叶梢增载的方法不可取。

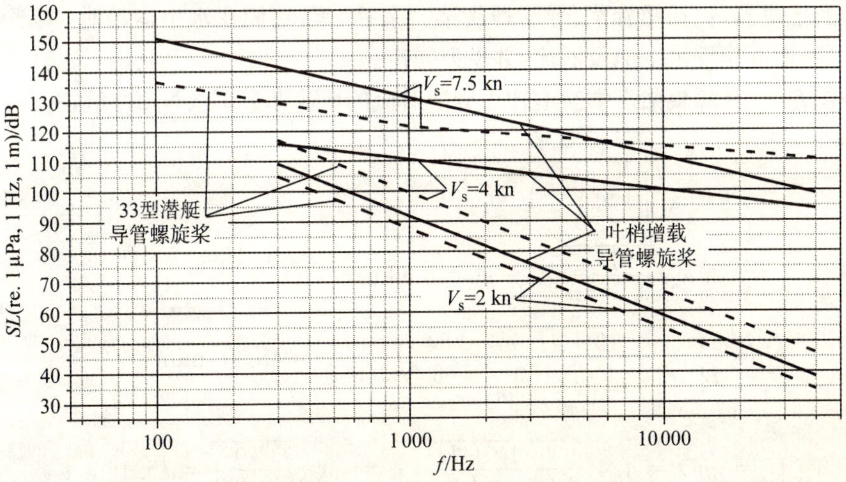

图 6-9　叶梢增载导管螺旋桨与 33 型潜艇导管螺旋桨噪声比较

6.7 各种可能航速下潜艇的螺旋桨噪声

在第 5 章讨论了舰船低速航行无声学空泡时的螺旋桨噪声(以－10dB/oct 衰减),以及舰船相对高速航行时螺旋桨空泡噪声(－6dB/oct 衰减)之后,又提出如何确定上述两种噪声状态间的"演变区"噪声 *SL* 的问题。本章前几节中还讨论、计算、比较过不同条件(参数)下,潜艇螺旋桨噪声的发展和变化,特别是"演变区"噪声的发展和变化。

潜艇的设计水下航速有时高达 $V_S \approx 30$kn,甚至有过可达 $V_S=60$kn 的报道,以如此高速航行的大多是战略核潜艇。当潜艇在水下,以 $V_S=2$kn 到 $V_S=30$kn(或更高)的航速运行时,螺旋桨噪声 *SL* 将如何变化。现按提出的估算方法,分别计算各种可能航速下的潜艇螺旋桨的噪声,特别是探讨噪声"演变区"和高航速区内螺旋桨的噪声与航速的关系。

拥有战略核潜艇的国家有限,关于这些潜艇的推进参数,特别是其噪声数据处于严格保密的控制下。现根据对船舶推进方面的要求,虚拟某战略核潜艇的有关参数如下:潜艇排水量 $\Delta=15\,000\text{m}^3$,螺旋桨最高额定转数 150r/min,螺旋桨直径 $D=6$m,伴流分数 $w=0.3$,运行进速系数 $J_p=0.72$,桨转数进速比值 $N/V_S=5$,桨载荷系数 $C_T=1.15$,设计最高航速 $V_S=30$kn。认为其声学初生空泡数 $\sigma_i=3.2$,在水下 $H=30$m 航行。要问当潜艇航速从 $V_S=2$kn 提高到 $V_S=30$kn 时,螺旋桨噪声将如何变化,这里讲的螺旋桨,意思是泛指靠转动各种机翼形剖面叶片取得有效推力的推进器,包括螺旋桨、导管螺旋桨、"泵喷"等,它们在水中运动时,梢部线速度最高,均可能发生空泡及涡流,并发射噪声。

首先,计算螺旋桨声学空泡初生数所对应的航速参数 V_{Si}、N_i、U_i 值,有

$$V_{Si}=2.7\sqrt{\frac{10+H}{\left[1+\left(\frac{J_P}{\pi}\right)^2\right]\sigma_i}}\,\frac{J_P}{1-w}$$

$$=2.7\sqrt{\frac{40}{3.368\sigma_i}}\times\frac{0.72}{0.7}=9.6\text{kn}$$

$$N_i=\frac{84}{D}\sqrt{\frac{10+H}{\left[1+\left(\frac{J_P}{\pi}\right)^2\right]\sigma_i}}=\frac{84}{6}\sqrt{\frac{40}{3.368}}=48.2\text{r/min}$$

$$U_i=\pi nD=4.4\sqrt{\frac{10+H}{\left[1+\left(\frac{J_P}{\pi}\right)^2\right]\sigma_i}}=4.4\sqrt{\frac{40}{3.368}}=15.16\text{m/s}$$

按式(5.5)得空泡噪声(－6dB/oct 衰减)起始航速 V_{SY},及按式(5.8)得空泡噪

声"饱和"的航速 V_{SE}，有

$$V_{SY}=2.7\sqrt{\frac{10+H}{\left(1+\left(\frac{J_P}{\pi}\right)^2\right)\sigma_Y}\frac{J_P}{1-w}}$$

$$=2.7\sqrt{\frac{40}{1.0525}\times 0.8\times\frac{0.72}{0.7}}=19.14\text{kn}$$

$$V_{SE}=2.7\sqrt{\frac{10+H}{\left[1+\left(\frac{J_P}{\pi}\right]^2\right)\sigma_E}\frac{J_P}{1-w}}=2.7\sqrt{\frac{40}{1.0525\times 0.14}}\approx 45.8\text{kn}$$

由计算得出：在 $V_{Si}=9.6$kn 时出现声学空泡，到 $V_{SY}\approx 19.2$kn 时噪声变为典型的空泡噪声（衰减率为－6dB/octave），到航速 $V_{SE}\approx 46$kn 时，噪声将饱和，即噪声谱级 SL 不再随速度增高而升高。

为于阅读和复核，在计算各航速时的噪声谱 SL 时，将分别列出依据的具体算式和解说如下。

(1) $V_S=2\text{kn}, N=(N/V_S)V_S=5\times 2=10, U=\pi qD=\pi\times 10/60\times 6=3.14$ m/s，$N<N_i$，无声学空泡；$U=10$m/s 时 $D=6$m 桨的噪声谱级按(5.12)式估算，得

$$SL_0=72.7+1.55D-0.1D^2=72.7+1.55\times 6-0.1\times 6^2=78.4\text{dB}$$

特征频率 5kHz 处声级按式(5.13a)：

$$SL_{5kHz}=SL_0+40\log(U/10)=78.4+40\times\log 0.314=58.3\text{dB}$$

f_A～40kHz 频段，按式(3.12)，可得

$$SL=SL_{5kHz}+(100/3)\log(5\,000/f)=181.6-(100/3)\log f$$

因为系无声学空泡的情况，螺旋桨噪声由 $f=300$Hz 起计算，$f=300$Hz 处，$SL_{300Hz}=99$dB

总声级按式(3.7)，得

$$OSL_{>300Hz}=SL_{300Hz}+10\log f-10\log(q-1)$$
$$=99+10\log 300-10\log(10/3-1)=99+24.8-3.7=120.1\text{dB}$$

(2) $V_S=4\text{kn}, N=20\text{r/min}, U=6.28\text{m/s}, N<N_i$，无声学空泡［同(1)］，有

$$SL_{5kHz}=SL_0+40\log(U/10)=78.4+40\times\log 0.628=70.3\text{dB}$$

$f_A\sim 40$kHz 频段，$SL=SL_{5kHz}+(100/3)\log[5\,000/f]=193.6-(100/3)\log f$，$SL_{300Hz}=111$dB

总声级为

$$OSL_{>300Hz}=111+10\log 300-10\log(10/3-1)$$
$$=111+24.8-3.7=132.1\text{dB}$$

(3) $V_S=6\text{kn}, N=30\text{r/min}, U=9.42\text{m/s}, N<N_i$，无声学空泡［同(1)］，有

$$SL_{5kHz} = SL_0 + 40\log(U/10) = 78.4 + 40 \times \log 0.942 = 77.4\text{dB}$$

$f_A \sim 40$kHz 频段，$SL = SL_{5kHz} + (100/3)\log[5\,000/f] = 200.7 - (100/3)\log f$，$SL_{300Hz} = 118.1$dB

总声级为

$$\begin{aligned} OSL_{>300Hz} &= 118.1 + 10\log 300 - 10\log(10/3 - 1) \\ &= 118.1 + 24.8 - 3.7 = 139.2\text{dB} \end{aligned}$$

(4) $V_S = 8$kn，$N = 40$r/min，$U = 12.57$m/s，$N < N_i$，无声学空泡[同(1)]，有

$$SL_{5kHz} = SL_0 + 40\log U/10 = 78.4 + 40 \times \log 1.257 = 82.4\text{dB}$$

$f_A \sim 40$kHz 频段，$SL = SL_{5kHz} + (100/3)\log(5\,000/f) = 205.7 - (100/3)\log f$，$SL_{300Hz} = 123.1$dB

总声级为

$$\begin{aligned} OSL_{>300Hz} &= 123.1 + 10\log 300 - 10\log(10/3 - 1) \\ &= 123.1 + 24.8 - 3.7 = 144.2\text{dB} \end{aligned}$$

(5) $V_S = 10$kn，$N = 50$r/min，$U = 15.71$m/s，$N/N_i = 1.04 > 1$，有声学空泡，螺旋桨噪声由最低频率 $f = 100$Hz 起计算。按 5.5 节的讨论，这时还不能肯定走出了噪声按 -10dB/oct 衰减区的范围。假定已进入按式(5.13b)所述范围，即噪声突增 $\Delta SL = 25$dB，和式(5.10) $\delta SL = 13.75N/N_i - 16.5$ 的区域，则

$$\delta SL = 13.75 \times 1.04 - 16.5 = -2.2$$

特征频率 5kHz 处声级由式(5.13b)得

$$\begin{aligned} SL_{5kHz} &= SL_0 + 40\log(U/10) + \Delta SL + \delta SL \\ &= 78.4 + 40\log[15.71/10] + 25 + (-2.2) = 109\text{dB} \end{aligned}$$

[1～40]kHz 频段，$SL = SL_{5kHz} + 7\log(5\,000/f) = 109 + 25.9 - 7\log f = 134.9 - 7\log f$；$f = 1\,000$Hz，$SL_{1kHz} = 113.9$dB

[1～40]kHz 带宽声级 $BSL_{(1\sim40)kHz}$，按式(5.15)为

$$BSL_{(1\sim40)kHz} = SL_{5kHz} + 43.2 = 152.2\text{dB}$$

[100～1 000]Hz 频段，确定衰减系数 q，由式(5.16)得

$$q = 1.2 \times N/N_i - 0.4 = 1.2 \times 1.04 - 0.4 = 0.844$$

按式(5.18)，得

$$\begin{aligned} SL &= SL_{1kHz} + 10q\log 1\,000/f = 113.9 + 8.44\log 1\,000 - 8.44\log f \\ &= 139.2 - 8.44\log f \end{aligned}$$

[100～1 000]Hz 带宽声级 $BSL_{100\sim1\,000Hz}$，按式(3.13a)为

$$\begin{aligned} BSL_{100\sim1\,000Hz} &= SL_{1kHz} + 30q - 10\log(1-q) + 10\log(f_b^{1-q} - f_a^{1-q}) \\ &= 113.9 + 30 \times 0.844 - 10\log(1 - 0.844) + \\ &\quad 10\log(1\,000^{0.156} - 100^{0.156}) \end{aligned}$$

$$=139.2+8-0.5=146.7\text{dB}$$

总声级为

$$OSL_{>100\text{Hz}}=10\log[10^{BSL_{(1\sim40)\text{kHz}}/10}+10^{BSL_{(100\sim1000)\text{Hz}}/10}]$$
$$=10\log[10^{15.22}+10^{14.67}]=153.3\text{dB}$$

(6) $V_S=12\text{kn}$，$N=60\text{r/min}$，$U=18.85\text{m/s}$，$N/N_i=1.245>1$，有声学空泡，可能"啸叫"。

$\delta SL=13.75\times1.245-16.5=0.6$，　$q=1.2\times1.245-0.4=1.094$

$SL_{5\text{kHz}}=78.4+40\log(18.85/10)+25+0.6=115\text{dB}$

$[1\sim40]$kHz 频段，$SL=SL_{5\text{kHz}}+7\log(5\,000/f)=115+25.9-7\log f=140.9-7\log f$；$f=1\text{kHz}$，$SL_{1\text{kHz}}=119.9\text{dB}$

$[1\sim40]$kHz 带宽声级 $BSL_{(1\sim40)\text{kHz}}$，按式(5.15)为

$$BSL_{(1\sim40)\text{kHz}}=115+43.2=158.2\text{dB}$$

$[100\sim1\,000]$ Hz 频段，按式(5.18)，$SL=SL_{1\text{kHz}}+10q\log1\,000/f=152.7-10.94\log f$

$[100\sim1\,000]$Hz 带宽声级 $BSL_{100\sim1\,000\text{Hz}}$，按式(5.19)为

$$BSL_{100\sim1\,000\text{Hz}}=SL_{1\text{kHz}}+30q-10\log(q-1)+10\log(1/f_a^{q-1}-1/f_b^{q-1})$$
$$=119.9+30\times1.094-10\log.094+$$
$$10\log(1/100^{0.094}-1/1\,000^{0.094})$$
$$=152.7-10(-1.03)+10(-0.9)=154\text{dB}$$

总声级为

$$OSL_{>100\text{Hz}}=10\log(10^{15.82}+10^{15.4})=159.6\text{dB}$$

假如由于设计原因，未能避免"啸叫"，则按式(5.22)，"啸叫"出现在频率 f_{siren}，有

$$f_{\text{siren}}=[420-177(N/N_i)]\times(10+H)^{1/2}/D$$
$$=[420-177\times1.245]\times(40)^{1/2}/6=210\text{Hz}$$

按 $SL=152.7-10.94\log f$，得 $SL_{210\text{Hz}}=127.3\text{dB}$，$SL_{\text{siren}}=127.3+15=142.3\text{dB}$，在以 $f_{\text{siren}}=210\text{Hz}$ 为中心的 1/3 倍频程频段内"啸叫"，该 1/3 倍频程的带宽声级 $BSL(1.5)$为

$$BSL_{\text{siren}}(1/3\ \text{oct})=SL_{\text{siren}}+10\log f_{\text{siren}}-5.9$$
$$=142.3+10\log210-5.9=159.6\text{dB}$$

那么，带"啸叫"的螺旋桨噪声总声级为

$$OSL_{>100\text{Hz}}=10\log[10^{BSL_{(1\sim40)\text{kHz}}/10}+10^{BSL_{100\sim1\,000\text{Hz}}/10}+10^{BSL_{\text{siren}(1/3\ \text{oct})}/10}]$$
$$=10\log(10^{15.82}+10^{15.4}+10^{15.96})=162.6\text{dB}$$

(7) $V_S=14\text{kn}, N=70\text{r/min}, U=21.99\text{m/s}, N/N_i=1.452>1$，有声学空泡，可能“啸叫”

$\delta SL=13.75\times 1.452-16.5=3.5$， $q=1.2\times 1.452-0.4=1.342$

$SL_{5\text{kHz}}=78.4+40\log(21.99/10)+25+3.5=120.6\text{dB}$

$[1\sim 40]$kHz 频段，$SL=SL_{5\text{kHz}}+7\log(5\,000/f)=120.6+25.9-7\log f=146.5-7\log f$；$f=1\text{kHz}$，$SL_{1\text{kHz}}=125.5\text{dB}$

$[1\sim 40]$kHz 带宽声级 $BSL_{(1\sim 40)\text{kHz}}$，按式(5.15)为

$$BSL_{(1\sim 40)\text{kHz}}=120.6+43.2=163.8\text{dB}$$

$[100\sim 1\,000]$ Hz 频段，按式(5.18)为

$$SL=SL_{1\text{kHz}}+10q\log 1\,000/f=165.8-13.42\log f$$

$[100\sim 1\,000]$Hz 带宽声级 $BSL_{100\sim 1\,000\text{Hz}}$，按式(5.19)为

$$\begin{aligned}BSL_{[100\sim 1\,000]\text{Hz}}&=SL_{1\text{kHz}}+30q-10\log(q-1)+10\log(1/f_a^{q-1}-1/f_b^{q-1})\\&=125.5+30\times 1.342-10\log 0.342+\\&\quad 10\log(1/100^{0.342}-1/1\,000^{0.342})\\&=165.8-(-4.7)+10(-0.95)=161\text{dB}\end{aligned}$$

总声级为

$$OSL_{>100\text{Hz}}=10\log 910^{16.38}+10^{16.1})=165.6\text{dB}$$

假如由于设计原因，未能避免啸叫，则按式(5.22)，啸叫出现在频率 f_{siren}：

$$\begin{aligned}f_{\text{siren}}&=[420-177(N/N_i)]\times(10+H)^{1/2}/D\\&=(420-177\times 1.452)\times 40^{1/2}/6=172\text{Hz}\end{aligned}$$

按 $SL=165.8-13.42\log f$，得 $SL_{172\text{Hz}}=135.8\text{dB}$，$SL_{\text{siren}}=135.8+15=150.8\text{dB}$，在以 $f_{\text{siren}}=172\text{Hz}$ 为中心的 1/3 倍频程频段内啸叫，该 1/3 倍频程的带宽声级 $BSL(1.5)$为

$$\begin{aligned}BSL_{\text{siren}}\left(\frac{1}{3}\text{ oct}\right)&=SL_{\text{siren}}+10\log f_{\text{siren}}-5.9\\&=150.8+10\log 172-5.9=167.3\text{dB}\end{aligned}$$

那么带啸叫的螺旋桨噪声总声级为

$$\begin{aligned}OSL_{>100\text{Hz}}&=10\log\left[10^{BSL_{(1\sim 40)\text{kHz}}/10}+10^{BSL_{100\sim 1\,000\text{Hz}}/10}+10^{BSL_{\text{siren}}(1/3\text{ oct})/10}\right]\\&=10\log[10^{16.38}+10^{16.1}+10^{16.73}]=169.6\text{dB}\end{aligned}$$

(8) $V_S=16\text{kn}, N=80\text{r/min}, U=25.13\text{m/s}, N/N_i=1.66>1$，有声学空泡，已超出啸叫区(参见 5.6 节)。

$\delta SL=13.75\times 1.66-16.5=6.3$， $q=1.2\times 1.66-0.4=1.592$

$SL_{5\text{kHz}}=78.4+40\log(25.13/10)+25+6.3=125.7\text{dB}$

$[1\sim 40]$kHz 频段，$SL=SL_{5\text{kHz}}+7\log(5\,000/f)=125.7+25.9-7\log f=$

$151.6-7\log f$；$f=1\text{kHz}$，$SL_{1\text{kHz}}=130.6\text{dB}$

[1～40]kHz 带宽声级 $BSL_{(1\sim40)\text{kHz}}$，按式(5.15)为

$$BSL_{(1\sim40)\text{kHz}}=125.7+43.2=168.9\text{dB}$$

[100～1 000] Hz 频段，按式(5.18)为

$$SL=SL_{1\text{kHz}}+10q\log 1\,000/f=178.4-15.92\log f$$

[100～1 000]Hz 带宽声级 $BSL_{100\sim1\,000\text{Hz}}$，按式(5.19)为

$$\begin{aligned}BSL_{100\sim1\,000\text{Hz}}&=SL_{1\text{kHz}}+30q-10\log(q-1)+10\log(1/f_a^{q-1}-1/f_b^{q-1})\\&=130.6+30\times1.592-10\log0.592+\\&\quad 10\log(1/100^{0.592}-1/1\,000^{0.592})\\&=178.4-10(-0.23)+10(-1.31)=167.6\text{dB}\end{aligned}$$

总声级为

$$OSL_{>100\text{Hz}}=10\log(10^{16.89}+10^{16.76})=171.3\text{dB}$$

(9) $V_S=18\text{kn}$，$N=90\text{r/min}$，$U=28.27\text{m/s}$，$N/N_i=1.867>1$，有声学空泡，超出啸叫区(参见 5.6)。

$\delta SL=13.75\times1.867-16.5=9.2$，　$q=1.2\times1.867-0.4=1.84$

$SL_{5\text{kHz}}=78.4+40\log(28.27/10)+25+9.2=130.7\text{dB}$

[1～40]kHz 频段，$SL=SL_{5\text{kHz}}+7\log(5\,000/f)=130.7+25.9-7\log f=156.6-7\log f$；$f=1\text{kHz}$，$SL_{1\text{kHz}}=135.6\text{dB}$

[1～40]kHz 带宽声级 $BSL_{(1\sim40)\text{kHz}}$，按式(5.15)为

$$BSL_{(1\sim40)\text{kHz}}=130.7+43.2=173.9\text{dB}$$

[100～1 000] Hz 频段，按式(5.18)，为

$$SL=SL_{1\text{kHz}}+10q\log 1\,000/f=190.8-18.4\log f$$

[100～1 000]Hz 带宽声级 $BSL_{100\sim1\,000\text{Hz}}$，按式(5.19)为

$$\begin{aligned}BSL_{100\sim1\,000\text{Hz}}&=SL_{1\text{kHz}}+30q-10\log(q-1)+10\log(1/f_a^{q-1}-1/f_b^{q-1})\\&=135.6+30\times1.84-10\log0.84+10\log(1/100^{0.84}-1/1\,000^{0.84})\\&=190.8-10\times(-0.08)+10(-1.75)=174.1\text{dB}\end{aligned}$$

总声级为

$$OSL_{>100\text{Hz}}=10\log(10^{17.39}+10^{17.41})=177.0\text{dB}$$

(10) $V_S=20\text{kn}$，$N=100\text{r/min}$，$U=31.42\text{m/s}$，$N/N_i=2.07>2$，已进入空泡噪声区，但鉴于 N_i 的估算有误差(5.6 节第 1 点中认定噪声“演变区”在 $N/N_i=[1.2\sim2.0]$，所以在本小节中，将按“演变区”和“空泡噪声区”两种理念计算噪声。

① 按“演变区”计算：

$\delta SL=13.75\times2-16.5=11$，　$q=1.2\times2.07-0.4=2.08$

$$SL_{5kHz} = 78.4 + 40\log(31.42/10) + 25 + 11 = 134.3\text{dB}$$

[1～40]kHz 频段，$SL = SL_{5kHz} + 7\log[5\,000/f] = 134.3 + 25.9 - 7\log f = 160.2 - 7\log f$；$f = 1\text{kHz}$，$SL_{1kHz} = 139.2\text{dB}$

[1～40]kHz 带宽声级 $BSL_{(1\sim40)kHz}$，按式(5.15)为

$$BSL_{(1\sim40)kHz} = 134.3 + 43.2 = 177.5\text{dB}$$

[100～1 000] Hz 频段，按式(5.18)为

$$SL = SL_{1kHz} + 10q\log 1\,000/f = 201.6 - 20.08\log f$$

[100～1 000]Hz 带宽声级 $BSL_{100\sim1\,000Hz}$，按式(5.19)为

$$\begin{aligned} BSL_{100\sim1\,000Hz} &= SL_{1kHz} + 30q - 10\log(q-1) + 10\log(1/f_a^{q-1} - 1/f_b^{q-1}) \\ &= 139.2 + 30 \times 2.08 - 10\log 1.08 + 10\log(1/100^{1.08} - 1/1\,000^{1.08}) \\ &= 201.6 - 10(0.03) + 10(-2.2) = 179.3\text{dB} \end{aligned}$$

总声级为

$$OSL_{>100Hz} = 10\log(10^{17.75} + 10^{17.93}) = 181.5\text{dB}$$

② 按“空泡噪声区”计算：

按经验公式(5.7) $SL = 92 + 60\log U + 5\log\Delta - 20\log f$，$\Delta = 15\,000\text{m}^3$，计算得

$$\begin{aligned} SL &= 92 + 60\log U + 5\log 15\,000 - 20\log f \\ &= 112.9 + 60\log 31.42 - 20\log f = 202.7 - 20\log f \end{aligned}$$

总声级为

$$OSL_{>100Hz} = 182.7\text{dB}$$

(11) $V_S = 22\text{kn}$，$N = 110\text{r/min}$，$U = 34.56\text{m/s}$，空泡噪声区。

按经验公式(5.7) $SL = 92 + 60\log U + 5\log\Delta - 20\log f$，$\Delta = 15\,000\text{m}^3$，得

$$\begin{aligned} SL &= 92 + 60\log U + 5\log 15\,000 - 20\log f \\ &= 112.9 + 60\log U - 20\log f = 205.2 - 20\log f \end{aligned}$$

总声级为

$$OSL_{>100Hz} = 185.2\text{dB}$$

(12) $V_S = 24\text{kn}$，$N = 120\text{r/min}$，$U = 37.70\text{m/s}$，空泡噪声区。

按经验公式(5.7)计及 $\Delta = 15\,000\text{m}^3$ 后，$SL = 112.9 + 60\log U - 20\log f$，得

$$SL = 112.9 + 60\log 37.7 - 20\log f = 207.5 - 20\log f$$

总声级为

$$OSL_{>100Hz} = 187.5\text{dB}$$

(13) $V_S = 26\text{kn}$，$N = 130\text{r/min}$，$U = 40.84\text{m/s}$，空泡噪声区。

按(12)曾有 $SL = 112.9 + 60\log U - 20\log f$ 得

$$SL = 112.9 + 60\log 40.84 - 20\log f = 209.6 - 20\log f$$

总声级为

$$OSL_{>100\text{Hz}} = 189.6\text{dB}$$

(14) V_S＝28kn，N＝140r/min，U＝43.98m/s，空泡噪声区。

按(12)曾有 $SL = 112.9 + 60\log U - 20\log f$ 得

$$SL = 112.9 + 60\log 43.98 - 20\log f = 211.5 - 20\log f$$

总声级为

$$OSL_{>100\text{Hz}} = 191.5\text{dB}$$

(15) V_S＝30kn，N＝130r/min，U＝47.1m/s，空泡噪声区。

按(12)曾有 $SL = 112.9 + 60\log U - 20\log f$ 得

$$SL = 92 + 60\log 47.12 + 5\log 15\,000 - 20\log f = 213.3 - 20\log f$$

总声级为

$$OSL_{>100\text{Hz}} = 193.3\text{dB}$$

将以上计算工况的总声级 OSL 值绘于图 6-10。图中，无空泡时总声级 OSL 由 300Hz 起算，有空泡时总声级 OSL 由 100Hz 起算；在 $V_S \approx 12 \sim 14$kn 区间，由于啸叫，总声级升高约 4dB。

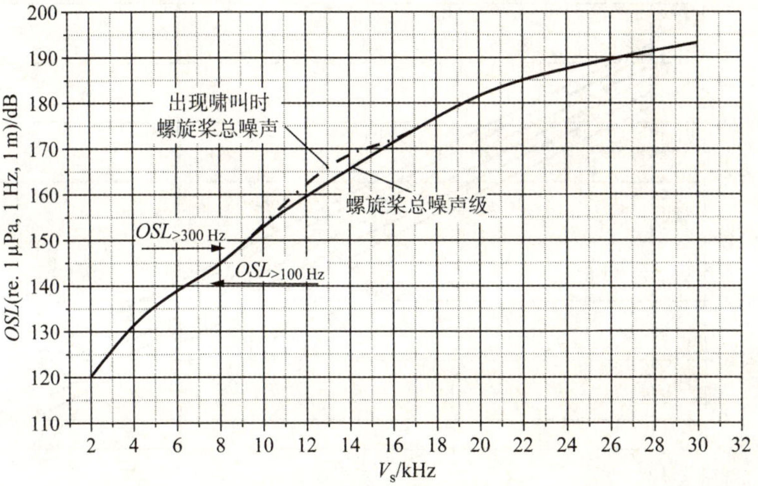

图 6-10　螺旋桨总噪声与航速关系(潜深 H=30m)

潜艇航速 V_S 由 2kn 到 18kn 区，是由无空泡状态的噪声谱区(以－10dB/oct 衰减)到噪声“演变区”将结束的阶段。计算结果绘于图 6-11 上，若出现啸叫，则啸叫频段的谱级 SL 升高约 15dB。从图中看到噪声谱变化情况，与图 5-5 所示 USS-212 型潜艇的噪声变化规律类似。

图 6-12 上绘出的声级谱线 SL 是高航速 V_S 时的螺旋桨噪声谱，包括由相对低

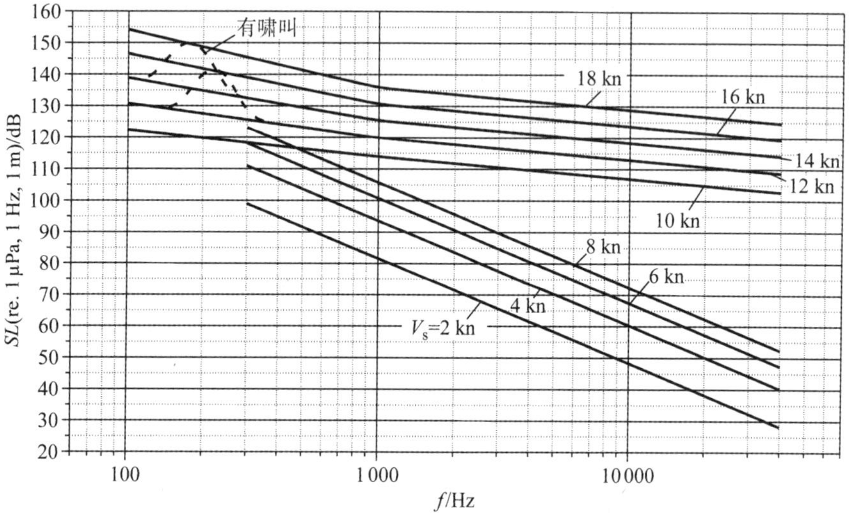

图 6-11　螺旋桨噪声潜深 $H=30\text{m}$，航速 $V_S=2\sim18\text{kn}$

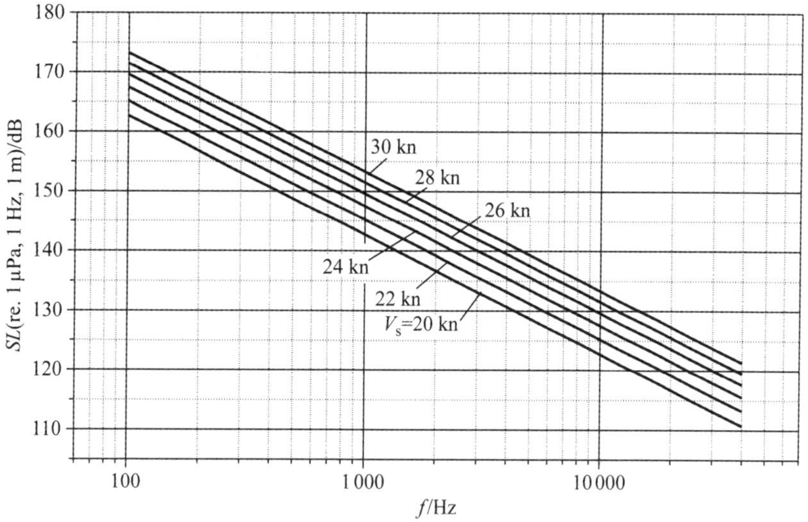

图 6-12　螺旋桨噪声潜深 $H=30\text{m}$，航速 $V_S=20\sim30\text{kn}$

频（约 100Hz）到实测到的高频段（约 100kHz）的噪声，测试频段噪声已被空泡现象所控制后的情况。这是潜艇航速 $V_S>20\text{kn}$ 时的螺旋桨噪声谱。

在“演变区”到空泡噪声区的过渡阶段（$V_S\approx20\text{kn}$），可以按不同的噪声状态评价和估算，计算所得的总声级 $OSL_{>100\text{Hz}}$ 分别为：按“演变区”计算为 181.5dB，按

"空泡噪声区"计算为 182.7dB。将其谱级 SL 线绘于图 6-13。从图上看，虽然总声级相差不大，但在 6.3kHz 以上高频段，不同算法所得噪声谱级相差较大（>5dB）。

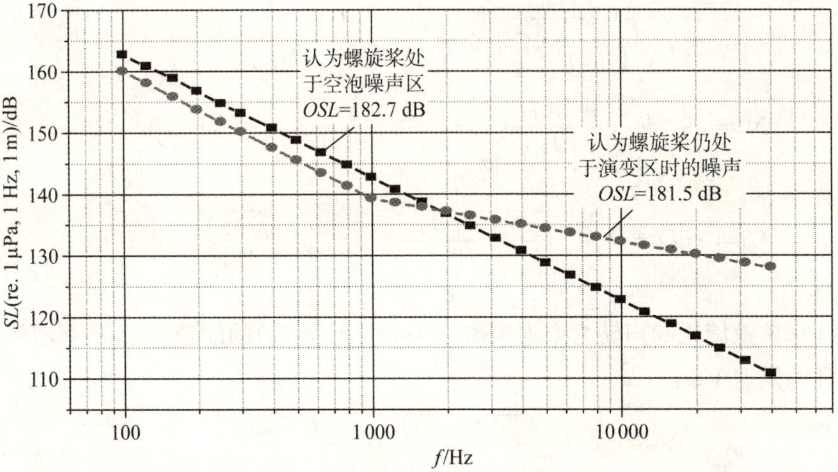

图 6-13　按不同算法计算螺旋桨 $V_S=20$kn，潜深 $H=30$m 时的噪声

6.8　组成编队时各种舰船的螺旋桨噪声比较

有时，船队由多种舰船编组而成，按编队要求各船以同一航速航行，了解整个船队中各舰船的螺旋桨噪声情况，理解现场的噪声形势可能不是无益的。现以某些具有典型意义的远洋船舶为例，分别计算其不同航速时的噪声。由于动力机器的条件所限，远洋船舶鲜有以低于 10kn 航速航行的状态，除了没有实际需要之外，还因为按设计航速选用的主机往往无法满足舰船低速航行需要的低转数，例如柴油机无法稳定旋转等，所以本节中将主要考虑相对高航速（$V_S \geqslant 10$kn）时的螺旋桨噪声。为此，先分别计算组成编队的舰船：5 000t 级的高速舰船、24 000t 运输舰船、100 000t 大型舰船的螺旋桨噪声。

1. 5 000t 级的高速舰船

若 $\Delta=5\,000\text{m}^3$，双桨，螺旋桨直径 $D=4.3$m，最高转数 230r/min，运行进速系数 $J_p=0.98$，伴流分数 $w=0.05$，设计航速 $V_S=32$kn。螺旋桨未经低噪声设计，但充分考虑了减振需要，认定声学初生空泡数 $\sigma_i=3.8$，螺旋桨轴线潜深 $H=4.5$m。

计算螺旋桨声学空泡初生数所对应的航速参数 V_{Si}、N_i、U_i 值：

$$V_{\mathrm{Si}}=2.7\sqrt{\frac{10+H}{\left[1+\left(\frac{J_{\mathrm{P}}}{\pi}\right)^{2}\right]\sigma_{\mathrm{i}}}}\frac{J_{\mathrm{P}}}{1-w}$$

$$=2.7\sqrt{\frac{14.5}{1.097\times 3.8}}\times\frac{0.98}{0.95}=5.2\mathrm{kn}$$

$$N_{\mathrm{i}}=\frac{84}{D}\sqrt{\frac{10+H}{\left[1+\left(\frac{J_{\mathrm{P}}}{\pi}\right)^{2}\right]\sigma_{\mathrm{i}}}}=\frac{84}{4.3}\sqrt{\frac{14.5}{4.17}}=36.4\mathrm{r/min}$$

$$U_{\mathrm{i}}=\pi nD=4.4\sqrt{\frac{10+H}{\left[1+\left(\frac{J_{\mathrm{P}}}{\pi}\right)^{2}\right]\sigma_{\mathrm{i}}}}=4.4\sqrt{\frac{14.5}{4.17}}=8.20\mathrm{m/s}$$

计算该螺旋桨噪声转为空泡噪声（−6dB/oct 衰减）的航速 V_{SY}，及空泡噪声趋于饱和的航速 V_{SE}：

$$V_{\mathrm{SY}}=2.7\sqrt{\frac{10+H}{\left(1+\left(\frac{J_{\mathrm{P}}}{\pi}\right)^{2}\right)\sigma_{\mathrm{Y}}}}\frac{J_{\mathrm{P}}}{1-w}$$

$$=2.7\sqrt{\frac{14.5}{1.097\times 0.95}}\times\frac{0.98}{0.95}=10.4\mathrm{kn}$$

$$V_{\mathrm{SE}}=2.7\sqrt{\frac{10+H}{\left(1+\left(\frac{J_{\mathrm{P}}}{\pi}\right)^{2}\right)\sigma_{\mathrm{E}}}}\frac{J_{\mathrm{P}}}{1-w}$$

$$=2.7\sqrt{\frac{14.5}{1.097\times 0.09}}\times\frac{0.98}{0.95}=33.7\mathrm{kn}$$

由以上估算可见，在 $V_{\mathrm{S}}<5\mathrm{kn}$ 时，螺旋桨可能以无声学空泡的低噪声航行，这时的螺旋桨转数约 36r/min，仅为额定转数的 16%，通常主机稳定旋转有困难，甚至以约 70r/min 旋转，实现 $V_{\mathrm{S}}\approx 10\mathrm{kn}$ 航行都有问题。但在评估所述问题时，仍按设定程式计算螺旋桨噪声。与潜艇不同，由于水面舰船的进速系数 J_{p} 随航速（主要是兴波影响）而变，N/V_{S} 比数不再是常值，随航速增高，比值略有增大（进速系数 J_{p} 变小），在快速性能计算中，需根据舰船航速及有效功率计算 $N\sim V_{\mathrm{S}}$ 关系曲线。在估算噪声时，将据舰船设计航速 V_{S} 及螺旋桨额定转数 N（NCR，额定持续转数）粗略估计该舰以各种航速航行时的螺旋桨转数。

当 $U=10\mathrm{m/s}$ 时，$D=4.3\mathrm{m}$ 直径螺旋桨的噪声按式（5.12）估算，$SL_0=72.7+1.55D-0.1D^2=77.5\mathrm{dB}$。特征频率 5kHz 处声级按式（5.13）为 $SL_{5\mathrm{kHz}}=SL_0+40\log(U/10)$ 或 $SL_{5\mathrm{kHz}}=SL_0+40\log(U/10)+\Delta SL+\delta SL$ 定。其中，$\Delta SL=25\mathrm{dB}$，并按式（5.10）求 δSL。按有无空泡分别计算，计算的是单只螺旋桨的噪声。

(1) $V_S=4kn, N=27.5r/min, U=6.2m/s, N/N_i<1$，无声学空泡，得

$$SL_{5kHz}=77.5+40\log(6.2/10)=69.1dB$$

$[f_a\sim40kHz]$ 频段，$SL=SL_{5kHz}+(100/3)\log[5\,000/f]=192.4-(100/3)\log f$，$f=300Hz$，$SL_{300Hz}=109.8dB$

总声级为

$$\begin{aligned}OSL_{>300Hz}&=109.8+10\log300-10\log(10/3-1)\\&=109.8+24.8-3.7=130.9dB\end{aligned}$$

(2) $V_S=6kn, N=41r/min, U=9.2m/s, N/N_i=1.13>1$，有声学空泡，得 $\Delta SL=25dB$ 和 $\delta SL=13.75N/N_i-16.5=13.75\times1.13-16.5=-0.7$，$SL_{5kHz}=77.5-1.4+25-0.7=100.4dB$

$[1\sim40]kHz$ 频段，$SL=SL_{5kHz}+7\log(5\,000/f)=126.3-7\log f$，$f=1\,000Hz$，$SL_{1kHz}=105.3dB$

$[1\sim40]kHz$ 带宽声级 $BSL_{(1\sim40)kHz}$，按式(5.15)为

$$BSL_{(1\sim40)kHz}=100.4+43.2=143.6dB$$

$[100\sim1\,000]$ Hz 频段，按式(5.18)确定衰减系数 q，由式(5.16)得

$$q=1.2\times N/N_i-0.4=1.2\times1.13-0.4=0.956$$

$$\begin{aligned}SL&=SL_{1kHz}+10q\log1\,000/f\\&=105.3+9.56\log1\,000-9.56\log f=134-9.56\log f\end{aligned}$$

$[100\sim1\,000]$Hz 带宽声级 $BSL_{100\sim1\,000Hz}$，按式(5.19)为

$$\begin{aligned}BSL_{100\sim1\,000Hz}&=SL_{1kHz}+30q-10\log(1-q)+10\log(f^{1-q}M_b-f_a^{1-q})\\&=105.3+30\times0.956-10\log0.044+10\log(1\,000^{0.044}-100^{0.044})\\&=105.3+28.7-(-13.6)+10(-0.88)=138.8dB\end{aligned}$$

总声级为

$$OSL_{>100Hz}=10\log(10^{14.36}+10^{13.88})=144.8dB$$

(3) $V_S=12kn, N=83r/min, U=18.6m/s$，已高于 $V_{SY}=10.4kn$，SL 将按空泡噪声(−6dB/oct)规律衰减，按经验公式(5.7)得

$$SL=92+60\log U+5\log\Delta-20\log f+10\log(z_p\cdot z/4)$$

式中，$\Delta=5\,000m^3$，对于特定船 Δ 为常值，项 $5\log5\,000=18.5$；又有桨叶数 $z=5$，一只螺旋桨($z_p=1$)，$10\log(z_p\cdot z/4)=10\log5/4\approx1dB$

由式(5.7)可推得的算式 $SL=111.5+60\log U-20\log f$，求得

$$SL=111.5+60\log18.6-20\log f=187.7-20\log f;$$

$$f=100Hz,\quad SL_{100Hz}=147.7$$

总声级为

$$OSL_{>100\text{Hz}} = 167.7\text{dB}$$

(4) $V_S=14\text{kn}$, $N=97.5\text{r/min}$, $U=22.0\text{m/s}$，按经验公式(5.7)推得的算式 $SL=111.5+60\log U-20\log f$，求得

$SL = 111.5 + 60\log 22 - 20\log f = 192 - 20\log f$；$f = 100\text{Hz}$，$SL_{100\text{Hz}} = 152\text{dB}$

总声级为

$$OSL_{>100\text{Hz}} = 172\text{dB}$$

(5) $V_S=16\text{kn}$, $N=112\text{r/min}$, $U=25.2\text{m/s}$，按经验公式(5.7)推得的算式 $SL = 111.5+60\log U-20\log f$，求得

$$SL = 111.5 + 60\log 25.2 - 20\log f = 195.6 - 20\log f;$$

$$f = 100\text{Hz}, \quad SL_{100\text{Hz}} = 155.6\text{dB}$$

总声级为

$$OSL_{>100\text{Hz}} = 175.6\text{dB}$$

(6) $V_S=18\text{kn}$, $N=127\text{r/min}$, $U=28.6\text{m/s}$，按经验公式(5.7)推得的算式 $SL = 111.5+60\log U-20\log f$，求得

$$SL = 111.5 + 60\log 28.6 - 20\log f = 198.9 - 20\log f;$$

$$f = 100\text{Hz}, \quad SL_{100\text{Hz}} = 158.9\text{dB}$$

总声级为

$$OSL_{>100\text{Hz}} = 178.9\text{dB}$$

(7) $V_S=20\text{kn}$, $N=142\text{r/min}$, $\text{U}=31.8\text{m/s}$，按经验公式(5.7)推得的算式 $SL = 111.5+60\log U-20\log f$，求得

$$SL = 111.5 + 60\log 31.8 - 20\log f = 201.6 - 20\log f;$$

$$f = 100\text{Hz}, \quad SL_{100\text{Hz}} = 161.6\text{dB}$$

总声级为

$$OSL_{>100\text{Hz}} = 181.6\text{dB}$$

(8) $V_S=22\text{kn}$, $N=157\text{r/min}$, $U=35.3\text{m/s}$，按经验公式(5.7)推得的算式 $SL = 111.5+60\log U-20\log f$，求得

$$SL = 111.5 + 60\log 35.3 - 20\log f = 204.4 - 20\log f;$$

$$f = 100\text{Hz}, \quad SL_{100\text{Hz}} = 164.4\text{dB}$$

总声级为

$$OSL_{>100\text{Hz}} = 184.4\text{dB}$$

(9) $V_S=26\text{kn}$, $N=187\text{r/min}$, $U=42.1\text{m/s}$，按经验公式(5.7)推得的算式 $SL = 111.5+60\log U-20\log f$，求得

$$SL = 111.5 + 60\log 42.1 - 20\log f = 209 - 20\log f;$$

$$f = 100\text{Hz}, \quad SL_{100\text{Hz}} = 169\text{dB}$$

总声级为

$$OSL_{>100\text{Hz}} = 189\text{dB}$$

(10) $V_S=30\text{kn}$，$N=217\text{r/min}$，$U=48.9\text{m/s}$，按经验公式(5.7)推得的算式 $SL = 111.5 + 60\log U - 20\log f$，求得

$$SL = 111.5 + 60\log 48.9 - 20\log f = 212.9 - 20\log f\ ;$$

$$f = 100\text{Hz},\quad SL_{100\text{Hz}} = 172.9\text{dB}$$

总声级为

$$OSL_{>100\text{Hz}} = 192.9\text{dB}$$

计算所得空泡噪声饱和航速为 $V_{SE}=33.7\text{kn}$。主机无足够功率令螺旋桨推船以所述航速航行。若主机能保证该舰达到 $V_{SE}=33.7\text{kn}$ 航速，则螺旋桨届时将以周向线速 $U=52.5\text{m/s}$ 运行。空泡噪声最高谱线为

$$SL = 214.6 - 20\log f;\quad f = 100\text{Hz},\quad SL_{100\text{Hz}} = 174.6\text{dB}$$

总声级为

$$OSL_{>100\text{Hz}} = 194.6\text{dB}$$

该船装备双桨，则全船螺旋桨总声级为

$$OSL_{>100\text{Hz}} = 197.6\text{dB}$$

2. 24 000t 运输舰船

若 $\Delta=24\,000\text{m}^3$，双桨，螺旋桨直径 $D=5.0\text{m}$，最高转速 122r/min，运行进速系数 $J_p=0.86$，伴流分数 $w=0.13$，设计航速 $V_S=20\text{kn}$。螺旋桨设计满足推进要求，认定声学初生空泡数 $\sigma_i=4.1$，螺旋桨轴线潜深 $H=6.0\text{m}$。

计算螺旋桨声学空泡初生数所对应的航速参数 V_{Si}、N_i、U_i 值：

$$V_{Si} = 2.7\sqrt{\frac{10+H}{\left[1+\left(\frac{J_P}{\pi}\right)^2\right]\sigma_i}}\ \frac{J_P}{1-w}$$

$$= 2.7\sqrt{\frac{16}{1.075\times 4.1}}\times\frac{0.86}{0.87} = 5.1\text{kn}$$

$$N_i = \frac{84}{D}\sqrt{\frac{10+H}{\left[1+\left(\frac{J_P}{\pi}\right)^2\right]\sigma_i}} = \frac{84}{5}\sqrt{\frac{16}{4.407}} = 32\text{r/min}$$

$$U_i = \pi nD = 4.4\sqrt{\frac{10+H}{\left[1+\left(\frac{J_P}{\pi}\right)^2\right]\sigma_i}} = 4.4\sqrt{\frac{16}{4.407}} = 8.4\text{m/s}$$

计算该螺旋桨噪声转为空泡噪声(−6dB/oct 衰减)的航速 V_{SY}，及空泡噪声趋于饱和的航速 V_{SE}：

$$V_{SY}=2.7\sqrt{\frac{10+H}{\left[1+\left(\frac{J_P}{\pi}\right)^2\right]\sigma_Y}}\frac{J_P}{1-w}$$

$$=2.7\sqrt{\frac{16}{1.075\times 1}}\times\frac{0.86}{0.87}=10.3\text{kn}$$

$$V_{SE}=2.7\sqrt{\frac{10+H}{\left[1+\left(\frac{J_P}{\pi}\right)^2\right]\sigma_E}}\frac{J_P}{1-w}$$

$$=2.7\sqrt{\frac{16}{1.075\times 0.14}}\times\frac{0.86}{0.87}=27.5\text{kn}$$

由以上估算可见，在 $V_S<5$kn 时，螺旋桨能以无声学空泡的低噪声航行，这时的螺旋桨转数约 32r/min，约为额定转数的 26%。当航速 $V_S\approx10$kn 时，螺旋桨转轴约以 62r/min 旋转，现按设定程式计算螺旋桨噪声。与本节第 **1** 点中估算噪声一样，将根据舰船设计航速 $V_S=20$kn 及螺旋桨额定转数 N(NCR)，粗略估计各航速时的螺旋桨转数。

当 $U=10$m/s 时 $D=5.0$m 桨的噪声谱级，按式(5.12)估算，$SL_0=72.7+1.55D-0.1D^2=78$dB。特征频率 5kHz 处声级按式(5.13)为

$$SL_{5kHz}=SL_0+40\log(U/10)\text{ 或 }SL_{5kHz}=SL_0+40\log(U/10)+\Delta SL+\delta SL$$

其中，$\Delta SL=25$dB，并按式(5.10)求 δSL。按有无空泡分别计算，计算的是单只螺旋桨的噪声谱。

(1) $V_S=4$kn，$N=24.5$r/min，$U=6.4$m/s，$N/N_i<1$，无声学空泡，得

$$SL_{5kHz}=78+40\log(6.4/10)=70.2\text{dB}$$

$[f_A\sim40\text{kHz}]$ 频段，$SL=SL_{5kHz}+(100/3)\log(5\,000/f)=193.5-(100/3)\log f$；$f=300$Hz，$SL_{300Hz}=110.9$dB

总声级为

$$OSL_{>300Hz}=110.9+10\log300-10\log(10/3-1)$$

$$=110.9+24.8-3.7=132\text{dB}$$

(2) $V_S=6$kn，$N=37$r/min，$U=9.7$m/s，$N/N_i=1.16>1$，有声学空泡，得 $\Delta SL=25$dB 和 $\delta SL=13.75N/N_i-16.5=13.75\times1.16-16.5=-0.6$，

$$SL_{5kHz}=78-0.5+25-0.6=101.9\text{dB}$$

$[1\sim40]$ kHz 频段，$SL=SL_{5kHz}+7\log(5\,000/f)=127.8-7\log f$；$f=1\,000$Hz，$SL_{1kHz}=106.8$dB

$[1\sim40]$kHz 带宽声级 $BSL_{(1\sim40)kHz}$，按式(5.15)为

$$BSL_{(1\sim40)kHz}=101.9+43.2=145.1\text{dB}$$

［100～1 000］ Hz 频段，按式(5.16)确定衰减系数 q，$q=1.2\times N/N_i-0.4=1.2\times1.16-0.4=0.99$

$$\begin{aligned}SL &= SL_{1kHz}+10q\log(1\,000/f)=106.8+9.9\log1\,000-9.9\log f\\ &=136.5-9.9\log f\end{aligned}$$

［100～1 000］Hz 带宽声级 $BSL_{100\sim1\,000Hz}$，由于 $q<1$，按式(3.13a)为

$$\begin{aligned}BSL_{100\sim1\,000Hz} &= SL_{1kHz}+30q-10\log(1-q)+10\log(f_b^{1-q}-f_a^{1-q})\\ &=106.8+30\times0.99-10\log0.01+10\log(1\,000^{0.01}-100^{0.01})\\ &=106.8+29.7-(-20)+10(-1.61)=140.4\text{dB}\end{aligned}$$

总声级为

$$OSL_{>100Hz}=10\log(10^{14.51}+10^{14.04})=146.4\text{dB}$$

(3) $V_S=12$kn，$N=73$r/min，$U=19.2$m/s，已高于 $V_{SY}=10.3$kn，噪声将按空泡噪声(−6dB/oct)衰减，按经验公式(5.7) $SL=92+60\log U+5\log\Delta-20\log f+10\log(z_p\cdot z/4)$。计及 $\Delta=24\,000\text{m}^3$，$z=4$，单只螺旋桨噪声级的算式为

$SL=92+60\log U+5\log\Delta-20\log f=114+60\log U-20\log f$，求得

$$SL=114+60\log19.2-20\log f=191-20\log f;$$

$$f=100\text{Hz},\quad SL_{100Hz}=150.9\text{dB}$$

总声级为

$$OSL_{>100Hz}=171\text{dB}$$

(4) $V_S=14$kn，$N=85.5$r/min，$U=22.4$m/s，按 $SL=114+60\log U-20\log f$，求得

$$SL=114+60\log22.4-20\log f=195.0-20\log f;$$

$$f=100\text{Hz},\quad SL_{100Hz}=155.0\text{dB}$$

总声级为

$$OSL_{>100Hz}=175\text{dB}$$

(5) $V_S=16$kn，$N=97.5$r/min，$U=25.5$m/s，按 $SL=114.0+60\log U-20\log f$，求得

$$SL=114+60\log25.5-20\log f=198.4-20\log f;$$

$$f=100\text{Hz},\quad SL_{100Hz}=158.4\text{dB}$$

总声级为

$$OSL_{>100Hz}=178.4\text{dB}$$

(6) $V_S=18$kn，$N=109.5$r/min，$U=28.7$m/s，按 $SL=114.0+60\log U-20\log f$，求得

$$SL=114+60\log28.7-20\log f=201.5-20\log f;$$

$$f = 100\text{Hz},\quad SL_{100\text{Hz}} = 161.5\text{dB}$$

总声级为

$$OSL_{>100\text{Hz}} = 181.5\text{dB}$$

(7) $V_S = 20\text{kn}$, $N = 122\text{r/min}$, $U = 31.9\text{m/s}$，按 $SL = 114.0 + 60\log U - 20\log f$，求得

$$SL = 114 + 60\log 31.9 - 20\log f = 204.2 - 20\log f;$$

$$f = 100\text{Hz},\quad SL_{100\text{Hz}} = 164.2\text{dB}$$

总声级为

$$OSL_{>100\text{Hz}} = 184.2\text{dB}$$

3. 100 000t 大型舰船

若 $\Delta = 100\,000\text{m}^3$，四桨，螺旋桨直径 $D = 6.5\text{m}$，最高转数 150 r/min，运行进速系数 $J_p = 0.94$，伴流分数 $w = 0.04$，设计航速 $V_S = 31\text{kn}$。螺旋桨设计满足推进要求，认定声学初生空泡数 $\sigma_i = 3.9$，螺旋桨轴线潜深 $H = 8.0\text{m}$。

计算螺旋桨声学空泡初生数所对应的航速参数 V_{Si}、N_i、U_i 值：

$$V_{Si} = 2.7\sqrt{\frac{10+H}{\left[1+\left(\frac{J_P}{\pi}\right)^2\right]\sigma_i}}\,\frac{J_P}{1-w}$$

$$= 2.7\sqrt{\frac{18}{1\,895\times 3.9}}\times\frac{0.94}{0.96} = 5.4\text{kn}$$

$$N_i = \frac{84}{D}\sqrt{\frac{10+H}{\left[1+\left(\frac{J_P}{\pi}\right)^2\right]\sigma_i}}$$

$$= \frac{84}{6.5}\sqrt{\frac{18}{4.249}} = 27\text{r/min}$$

$$U_i = \pi nD = 4.4\sqrt{\frac{10+H}{\left[1+\left(\frac{J_P}{\pi}\right)^2\right]\sigma_i}} = 4.4\sqrt{\frac{18}{4.249}} = 9.1\text{m/s}$$

计算该螺旋桨噪声转为空泡噪声(−6dB/oct 衰减))的航速 V_{SY}，及空泡噪声趋于饱和的航速 V_{SE}：

$$V_{SY} = 2.7\sqrt{\frac{10+H}{\left[1+\left(\frac{J_P}{\pi}\right)^2\right]\sigma_Y}}\,\frac{J_P}{1-w}$$

$$= 2.7\sqrt{\frac{18}{1.089\,5\times 1}}\times\frac{0.94}{0.96} = 10.8\text{kn}$$

$$V_{SE} = 2.7\sqrt{\frac{10+H}{\left[1+\left(\frac{J_P}{\pi}\right)^2\right]\sigma_E}}\frac{J_P}{1-w}$$

$$= 2.7\sqrt{\frac{18}{1.0895\times 0.11}}\times\frac{0.94}{0.96} = 32.4\text{kn}$$

由以上估算可见，在 $V_S<5.5$kn 时，螺旋桨能以无声学空泡的低噪声航行，这时的螺旋桨转速约 27r/min，约为额定转数的 18%。当航速 $V_S\approx 10$kn 时，螺旋桨转轴约以 48r/min 旋转。现按设定程式计算螺旋桨噪声。与本节第 **1** 点中估算噪声一样，将根据舰船设计航速值 $V_S\approx 31$kn 及螺旋桨额定转数 N(NCR)，粗略估计各航速时的螺旋桨转数。

当 $U=10$m/s 时 $D=6.5$m 桨的噪声谱级，按式(5.12)估算，$SL_0=72.7+1.55D-0.1D^2=78.6$dB。特征频率 5kHz 处声级按式(5.13)为 $SL_{5kHz}=SL_0+40\log(U/10)$ 或 $SL_{5kHz}=SL_0+40\log(U/10)+\Delta SL+\delta SL$，其中，$\Delta SL=25$dB，并按式(5.10)求 δSL。按有无空泡分别计算，计算的是单只螺旋桨的噪声谱。

(1) $V_S=4$kn，$N=19.5$r/min，$U=6.6$m/s，$N/N_i<1$，无声学空泡，得

$$SL_{5kHz} = 78.6 + 40\log 6.6/10 = 71.4\text{dB}$$

$[f_A\sim 40\text{kHz}]$ 频段，$SL=SL_{5kHz}+(100/3)\log[5\,000/f]=194.7-(100/3)\log f$；$f=300$Hz，$SL_{300Hz}=112.1$dB

总声级为

$$OSL_{>300Hz} = 112.1 + 10\log 300 - 10\log(10/3-1)$$
$$= 112.1 + 24.8 - 3.7 = 133.2\text{dB}$$

(2) $V_S=6$kn，$N=29.4$r/min，$U=10$m/s，$N/N_i=1.09>1$，有声学空泡，得 $\Delta SL=25$dB 和

$$\delta SL = 13.75N/N_i - 16.5 = 13.75\times 1.09 - 16.5 = -1.5,$$
$$SL_{5kHz} = 78.6 + 0 + 25 - 1.5 = 102\text{dB}$$

[1～40] kHz 频段，$SL=SL_{5kHz}+7\log(5\,000/f)=127.9-7\log f$；$f=1\,000$Hz，$SL_{1kHz}=106.9$dB

[1～40]kHz 带宽声级 $BSL_{1\sim 40kHz}$，按式(5.15)为

$$BSL_{(1\sim 40)kHz} = 102 + 43.2 = 145.2\text{dB}$$

[100～1 000] Hz 频段：按式(5.16)确定衰减系数 q，$q=1.2\times N/N_i-0.4=1.2\times 1.09-0.4=0.91$

$$SL = SL_{1kHz} + 10q\log(1\,000/f)$$
$$= 106.9 + 9.1\log 1\,000 - 9.1\log f = 134.2 - 9.1\log f$$

[100～1 000]Hz 带宽声级 $BSL_{100\sim 1\,000Hz}$，由于 $q<1$，按式(3.13a)为

$$BSL_{100\sim1\,000\text{Hz}} = SL_{1\text{kHz}} + 30q - 10\log(1-q) + 10\log(f_b^{1-q} - f_a^{1-q})$$
$$= 106.9 + 30 \times 0.91 - 10\log0.09 + 10\log(1\,000^{0.09} - 100^{0.09})$$
$$= 106.9 + 27.3 - (-10.5) + 10(-0.46) = 140.1\text{dB}$$

总声级为

$$OSL_{>100\text{Hz}} = 10\log(10^{14.52} + 10^{14.01}) = 146.4\text{dB}$$

(3) $V_S=12$kn,$N=59$r/min,$U=20.1$m/s,已高于 $V_{SY}=10.8$kn,噪声将按空泡噪声(−6dB/oct)衰减,按经验公式(5.7) $SL=92+60\log U+5\log\Delta-20\log f+10\log(z_P \cdot z/4)$。计及 $\Delta=100\,000\text{m}^3$,$z=5$,对于本船 Δ 为常值,式中项$5\log100\,000=25$;又有桨叶数 $z=5$,$z_P=1$,项 $10\log(z_P \cdot z/4)=10\log(5/4)\approx1$dB,单只螺旋桨的声级的算式为 $SL=92+60\log U+5\log\Delta-20\log f=118+60\log U-20\log f$,求得

$$SL = 118 + 60\log20.1 - 20\log f = 196.2 - 20\log f,$$
$$f = 100\text{Hz}, \quad SL_{100\text{Hz}} = 156.2\text{dB}$$

总声级为

$$OSL_{>100\text{Hz}} = 176.2\text{dB}$$

(4) $V_S=14$kn,$N=68$r/min,$U=23.1$m/s,按 $SL=118.0+60\log U-20\log f$,求得

$$SL = 118 + 60\log23.1 - 20\log f = 199.9 - 20\log f;$$
$$f = 100\text{Hz}, \quad SL_{100\text{Hz}} = 159.9\text{dB}$$

总声级为

$$OSL_{>100\text{Hz}} = 179.9\text{dB}$$

(5) $V_S=16$kn,$N=78$r/min,$U=26.5$m/s,按 $SL=118.0+60\log U-20\log f$,求得

$$SL = 118 + 60\log26.5 - 20\log f = 203.4 - 20\log f;$$
$$f = 100\text{Hz}, \quad SL_{100\text{Hz}} = 163.4\text{dB}$$

总声级为

$$OSL_{>100\text{Hz}} = 183.4\text{dB}$$

(6) $V_S=18$kn,$N=87.5$r/min,$U=29.8$m/s,按 $SL=118.0+60\log U-20\log f$,求得

$$SL = 118 + 60\log29.8 - 20\log f = 206.5 - 20\log f;$$
$$f = 100\text{Hz}, \quad SL_{100\text{Hz}} = 166.5\text{dB}$$

总声级为

$$OSL_{>100\text{Hz}} = 186.5\text{dB}$$

(7) $V_S=20$kn,$N=97$r/min,$U=33$m/s,按 $SL=118.0+60\log U-20\log f$,

求得

$$SL = 118 + 60\log 33 - 20\log f = 209.1 - 20\log f;$$

$$f = 100\text{Hz},\quad SL_{100\text{Hz}} = 169.1\text{dB}$$

总声级为

$$OSL_{>100\text{Hz}} = 189.1\text{dB}$$

(8) $V_S = 22\text{kn}, N = 106.5\text{r/min}, U = 36.2\text{m/s}$，按 $SL = 118.0 + 60\log U - 20\log f$，求得

$$SL = 118 + 60\log 36.2 - 20\log f = 211.5 - 20\log f;$$

$$f = 100\text{Hz},\quad SL_{100\text{Hz}} = 171.5\text{dB}$$

总声级为

$$OSL_{>100\text{Hz}} = 191.5\text{dB}$$

(9) $V_S = 24\text{kn}, N = 116\text{r/min}, U = 39.5\text{m/s}$，按 $SL = 118.0 + 60\log U - 20\log f$，求得

$$SL = 118 + 60\log 39.5 - 20\log f = 213.8 - 20\log f;$$

$$f = 100\text{Hz},\quad SL_{100\text{Hz}} = 173.8\text{dB}$$

总声级为

$$OSL_{>100\text{Hz}} = 193.8\text{dB}$$

(10) $V_S = 26\text{kn}, N = 125.5\text{r/min}, U = 42.7\text{m/s}$，按 $SL = 118.0 + 60\log U - 20\log f$，求得

$$SL = 118 + 60\log 42.7 - 20\log f = 215.8 - 20\log f;$$

$$f = 100\text{Hz},\quad SL_{100\text{Hz}} = 175.8\text{dB}$$

总声级为

$$OSL_{>100\text{Hz}} = 195.8\text{dB}$$

(11) $V_S = 28\text{kn}, N = 135\text{r/min}, U = 46\text{m/s}$，按 $SL = 118.0 + 60\log U - 20\log f$，求得

$$SL = 118 + 60\log 46 - 20\log f = 217.7 - 20\log f;$$

$$f = 100\text{Hz},\quad SL_{100\text{Hz}} = 177.7\text{dB}$$

总声级为

$$OSL_{>100\text{Hz}} = 197.7\text{dB}$$

(12) $V_S = 30\text{kn}, N = 145\text{r/min}, U = 49.4\text{m/s}$，按 $SL = 118.0 + 60\log U - 20\log f$，求得

$$SL = 118 + 60\log 49.4 - 20\log f = 219.6 - 20\log f;$$

$$f = 100\text{Hz},\quad SL_{100\text{Hz}} = 179.6\text{dB}$$

总声级为

$$OSL_{>100\mathrm{Hz}} = 199.6\mathrm{dB}$$

鉴于本舰船装备有四只螺旋桨，则全船的螺旋桨总声级应在以上计算所得每桨 $OSL_{>100\mathrm{Hz}}$ 基础上增加 $SL = 6\mathrm{dB}$。例如，在 $V_S = 30\mathrm{kn}$ 时，全船总声级 $OSL_{>100\mathrm{Hz\ for\ the\ ship}} = 199.6 + 6 = 205.6\ \mathrm{dB}$；$V_S = 18\mathrm{kn}$ 时，全船总声级 $OSL_{>100\mathrm{Hz\ for\ the\ ship}} = 186.5 + 6 = 192.5\mathrm{dB}$。

综合以上算例，可以根据组成编队的舰船型号和数目，进而评价整个编队航行时的螺旋桨水下噪声情况。例如，若编队由一艘100 000t 大型船、两艘5 000t 级的高速舰、一艘24 000t 运输舰组成，并以航速 $V_S = 18\mathrm{kn}$ 航行，则可以绘出由各舰船的螺旋桨所发射的噪声的谱级图，如图 6-14 所示。

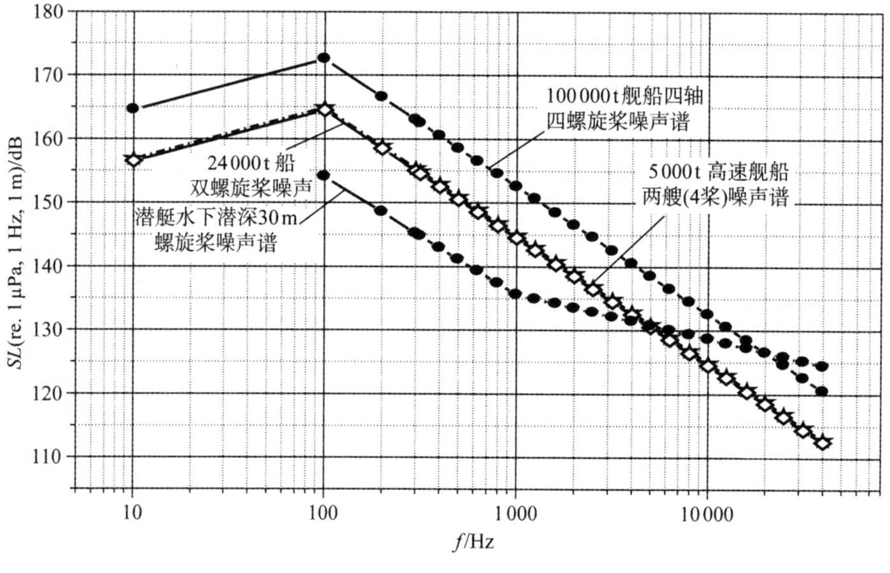

图 6-14　航速 $V_S = 18\mathrm{kn}$ 编队中各舰船螺旋桨(合)噪声谱

图 6-14 中按设定两艘 5 000t 级的高速舰船各由(双轴)两只五叶螺旋桨推进，按本节 **1** 中(6)点计算所得，每桨 $SL = 198.9 - 20\log f$，两艘船四只螺旋桨噪声的源声级，增大 $SL = 10\log z_P = 6\mathrm{dB}$，故编队中两艘船的合计噪声谱级为 $SL = 204.9 - 20\log f$。同理，一艘24 000t 运输舰船由(双轴)两只四叶螺旋桨推进，按本节 **2** 中(6)点计算所得，每桨 $SL = 201.5 - 20\log f$，编队中24 000t 船的螺旋桨合计噪声谱级为 $SL = 204.5 - 20\log f$。100 000t 大型船由(四轴)四只五叶螺旋桨推进，按本节 **3** 中(6)点计算所得，每桨 $SL = 206.5 - 20\log f$，全船四只螺旋桨的合计噪声谱级为 $SL = 212.5 - 20\log f$。

为比较起见，将 6.7 节所计算讨论的潜艇，在航速 $V_S = 18\mathrm{kn}$ 时算得的螺旋桨噪声谱，也绘制在图 6-14 上。可以看到，若该潜艇也加入编队，以 $V_S=18\mathrm{kn}$ 航行时潜艇螺旋桨的噪声情况。

由于螺旋桨发射的方向性(参见 1.2 节)，在远到若干海里的距离处，若能将整个编队各舰船螺旋桨看作“点”声源，则100 000t 大船的螺旋桨噪声将起决定性影响。在近到数百米的距离内，则相应舰船螺旋桨的声级，将主要由相互的方向、距离确定，随着距离 r 的减小，监听到的噪声信号声级 SL 将按式(1.22)以 $20\log r$ 增高，从而可以判断各具体发声对象的类型和方位。

第7章　低噪声螺旋桨设计和螺旋桨非匀速航态的一些问题

第6章中对一些舰船螺旋桨的噪声作了估算，主要目的是想探明一些因素对螺旋桨噪声的影响，例如螺旋桨转数、载荷、叶梢卸载、桨叶数目等因素的影响。实际螺旋桨的选择、设计是在全船“船、机、电”设备综合条件限制下进行的。螺旋桨的噪声水平受到上述各种条件的综合制约。只有螺旋桨本身的几何和流体动力参数，是可以在螺旋桨设计时权衡选择的。降噪设计的主要对象是潜艇螺旋桨，因为根据二战的经验，其他舰船有更易检测到的信号可作为目标信号。而监测水下目标的信号源主要是水声源，特别是螺旋桨水声——水下噪声，所以要提高潜艇隐蔽性，防止被发现，必须降低螺旋桨噪声。二战当时的潜艇，只能以 $V_S \approx 4\text{kn}$ 的航速在水下航行，才能有效地隐蔽。战后，当然希望将低噪声航速提高。因而美、苏等国家，都大力投入潜艇螺旋桨降噪研究。同时，国际造船业也注意到船体振动的问题，对螺旋桨诱发的振动力普遍进行研究，到20世纪末，在减小螺旋桨激振力方面取得了明显成果。实践证明，用现代低激振五叶螺旋桨取代二战前后广泛采用的三叶大盘面比螺旋桨，可以将船体振动(力和振幅)降到原有幅值的30%以下。船体振动和噪声都是机械波动，两者均与螺旋桨空泡有关，它们所携能量却相差几个量级。降低螺旋桨噪声的研究，并没有取得如同减振所取得的效果，“低噪声航速”并没有如预期显著提高。由第5、6章的算例看到，无论是数百吨的快艇，还是数万吨的巨轮，只能以舰船速度 $V_S = 3 \sim 4\text{kn}$ 作等速航行，其噪声才是“低”的。而潜艇的低噪声航速，始终在 $V_S < 10\text{kn}$ 范围内，甚至拥有巨大功率的核潜艇，也难以在保持隐蔽性的条件下高速航行。正因为保持隐蔽性的限制只能低速航行，才避免了多次发生的核潜艇相撞事件，例如，2009年在大西洋发生的英、法核潜艇相撞未造成特大灾难。通常，与核潜艇具有相当质量(惯性)的水面舰船，以常速($V_S \approx 10\text{kn}$)运动相撞时所导致的海难，“船毁人亡、爆炸起火”的事故，在核潜艇相撞事件中并未重演，就是因为相撞的潜艇都是以很低的速度在游弋，要保证隐蔽性，潜艇只得在水下低速航行。至于柴电潜艇还受到功率的制约，更难以在水下高速持久航行。综观所述原因，估计今后一段时间内，仍将以降低螺旋桨在潜艇值勤速度($V_S < 10\text{kn}$)区的噪声，作为螺旋桨降噪研究之主要目的。

7.1　关于潜艇低噪声螺旋桨设计的讨论

螺旋桨最主要的功能是推进舰船航行，在主机额定功率、转数已给定的条件下，实现与船和主机的匹配，并保证舰船尽可能有效地航行。因此，潜艇螺旋桨的设计，和一般舰船螺旋桨的设计一样，首先需满足推进的需要，即要综合考虑推进效率、经久耐用、安全舒适、有利于船员保持工作(战斗)能力等要求，来选定螺旋桨的几何形状、尺度及材料、加工精度。但是，对于潜艇来讲，隐蔽性又是其必备的极重要性能，要求它的主要水下噪声源——螺旋桨是低噪声的。因此，关于螺旋桨低噪声设计，是在推进等基本要求已被满足条件下的进一步考虑。本书中不准备讨论螺旋桨的一般设计，只限于潜艇低噪声螺旋桨设计的特殊问题。

基于水噪声是一种机械振动，而在螺旋桨叶扰动水得到推力同时，希望水中不发生任何附加振动，特别是导致空泡——水的连续性被破坏所产生的振动——噪声。桨叶加工几何形状的不光顺部位、污底(海生物附生)等都是诱发空泡的因素，都会引起螺旋桨发声，破坏隐蔽性。因而除设计时的权衡外，螺旋桨噪声特性还受到上述非设计因素的影响，这是设计时没法考虑的。潜艇螺旋桨的噪声实际测试结果显示，较长期演练或出航前后噪声会出现变化，除了噪声级 SL 改变之外，甚至导致“窄带噪声峰”的出现或消失，这都是螺旋桨空泡现象发生改变的表现。虽然在螺旋桨设计时不可能预计到全部情况，但在设计和使用过程中，考虑这些因素将会是有益的。

基于现有实践经验知道，空泡是螺旋桨的主要声源。同样潜深下，空泡与运动体在水中的线速度密切相关。螺旋桨是舰船在水中运动线速度最高的设备，而螺旋桨梢部是其线速度最最高的部位，因此也是最易出现空泡的部位。尤其是受到船体的扰动，船尾螺旋桨处的水流方向和大小都已改变，特别是当螺旋桨叶掠过，将水流分成两股绕过桨叶机翼型剖面(在前沿“驻点”分开)两边时，流动情况更加复杂。一般来说，流体运动是“场”的问题，通过压力作用，物体运动与整个水域各点速度都是相关的。绕过螺旋桨梢部剖面的水流，受到桨叶其他半径间压力差的影响出现偏离，叶背和叶面处流体受到的上述影响，大小不同，方向趋势通常也不同、甚至是相反的，因此，同一处(部位)分出的两股绕流，随后在空间是两条方向和轨迹都不重合的流动；在叶梢外部，未与螺旋桨直接接触的流体受到相应的压力影响，这个压力与螺旋桨的扰动作用又相关，它也会导致包括沿螺旋桨径向的流动，并与上述两股绕流相互作用，形成特别复杂的流动。在工程实践中，二战前后采用的常规等螺距螺旋桨，绕流场中形成“强”梢涡流，涡线中心处最早出现梢涡空泡。其实质是水流由叶面绕过叶梢流向叶背，翻过螺旋桨叶梢端的径向速度分量诱发的空泡现象。研究证实，这种空泡导致噪声升高，并诱发“窄带噪声峰”，在一定航速区间，涡流成为各类空泡中最主要的噪声源。叶梢的线速度最高，一旦出现由叶面绕过叶梢尖的涡流扰动，高频噪声立即出现，在第 4 章中曾讨论过，这种噪声并不随叶梢卸载——减小叶梢螺距比而渐变，而是“有”和“无”的问题。所以，叶梢不到位的卸载，不能改善螺旋桨在相对低航速下的噪声性能，甚至在不同条件下（例如不同导管中），螺旋桨都同样发出“啸叫”。

基于自行研究低噪声螺旋桨的实践，及参考俄罗斯潜艇用螺旋桨，采用螺旋桨叶梢卸载，结合桨叶的侧斜和非线性纵倾，对于降低螺旋桨噪声确有肯定的效果。比较苏联前期采用的 33 型潜艇螺旋桨，和随后推出的 636 型潜艇的七叶大侧斜螺旋桨，其叶梢卸载值（螺距比变化）的选取明显不同（参见图 5-1）。原因在于两种螺旋桨的载荷不同，前者的载荷系数 $C_T = 2T/[\rho V_A{}^2(\pi D^2/4)]$ 约为 4，其中推力 T 包括“泵喷”导管等的推力，而后者的 $C_T \approx 2.5$；此外，前者的导管和后者的“敞开”，当然也会影响整个桨叶的螺距选取。众所周知，载荷系数 C_T 不同，需要相应的螺距比来保证取得舰船需要的推力，只能在所述螺距比（相当值）的基础上，实现叶梢卸载所要求的螺距比分布。随着载荷系数 C_T 的改变，前述特别复杂的螺旋桨梢部流动中各种影响因素将重新组合，要达到推迟空泡、消除梢涡流，避免发生窄带噪声峰现象等，必须对螺旋桨剖面翼型、拱度、螺距、侧斜、纵倾等几何参数重新考虑，实践中这是工作量很大的任务。看来，在已有实践经验的螺旋桨载荷系数 C_T 区，可以从原有数据外拓，用实践积累和试验探索的办法逐步改善，使每一艘后续舰船螺旋桨都比前一型号舰船螺旋桨性能有提高。的确，从国外取得的直径 $D = 3.1\text{m}$ 和 $D = 5.6\text{m}$ 的螺旋桨实物和工程图纸看，不同的螺旋桨，竟然有极其相近的螺距、侧斜分布，以及叶梢螺距比相对比值，这可证明改进是逐步渐进的。实际上，无论欧洲还是苏联的舰船螺旋桨都能看到类似痕迹。例如，可以断定，由于载荷系数 C_T 不同，法国 Agosta-80 潜艇螺旋桨与俄罗斯 636 潜艇螺旋桨的几何参数会有差别；但 Agosta-90 与 Agosta-80 所用螺旋桨几何参数比应是基本一致的。类似情况也出现在欧洲一些公司为水面舰艇提供的五叶大侧斜螺旋桨技术设计中，只要看图 5-3 所引述的两型螺旋桨的几何和流体动力数据虽有点小差别，但思路基本相近；再比较某些公司先后提供的多型舰船螺旋桨方案，却可看出基本思路相同，甚至相互可以拓出。

目前关注的主要还是由螺旋桨叶面向叶背转的梢涡流，这也是为改善螺旋桨噪声性能，将低噪声航速由二战时潜艇的 $V_S = 3 \sim 5\text{kn}$ 提高到约 8kn 的关键。为控制曾是降低螺旋桨噪声主要“拦路虎”的梢涡流动，图 5-1 中的潜艇螺旋桨叶梢螺距比已经降到半径 $2r/D = 0.6$ 处剖面螺距比的 28％ 。但是叶梢螺距比也不是可以任意降低的，必须防止梢部剖面上出现面空泡。这时有可能出现由螺旋桨叶背向叶面翻转的梢涡流，和导致叶梢部进入水轮机工况，除螺旋桨效率受损外，甚至会造成螺旋桨的剥蚀，也可能引起新的噪声问题，这些也应该在考虑之列。

20世纪60～70年代，在舰船上开始采用大侧斜螺旋桨，其目的在于适应船后伴流场，避免桨叶各剖面同时进入伴流峰值区，从而减小螺旋桨激发的脉动力，控制舰船振动。通常为实现"大侧斜"，是将桨叶剖面沿各个半径处的螺旋面下洗，达到预定的侧斜(周向移到预期角度)。在沿螺旋面下洗的时候，螺旋桨剖面除了周向移动(侧斜)之外，还沿螺旋桨轴线方向进退——纵倾，按国际水池会议商定(18th ITTC)的叫法，这个"纵倾"(rake)被定义为"侧斜引起的纵倾；rake, skew induced"。为了让螺旋桨剖面分期进入伴流峰区所推出的侧斜，却"顺便"使这些翼型剖面进入轴向来流的先后次序改变，先期进入的剖面"先鼓动"水流，如螺旋桨前某圆柱面内的流体，按某些理论设定的模型，应"流"到现正处于该圆柱面内的桨叶剖面，并绕经该剖面；现在由于侧斜，相邻半径处的剖面以不同的载荷需求(螺距、环量等)和从不同的距离诱导流体偏离其理论"拟定"的流向和轨迹，整个螺旋桨叶的绕流场都因螺旋桨的侧斜而改变。假如在设计中再引入人为的纵倾，使各半径处剖面进入来流的次序改变，随之整个绕流场也都改变。在特定载荷系数 C_T 范围内，前面提到将螺旋桨叶梢螺距值下降到 $2r/D=0.6$ 处螺距值的28%，达到了消除梢涡流动的目的，推出了潜艇低噪声螺旋桨。国内自行推出的，取叶梢螺距比略低于进速系数 J_P 的"三维调控螺旋桨"，增设专门的纵倾，希望达到同样目的。通过国内的实验室模型试验，包括国外实验室试验比测和实际装艇经验，证明这也是一种低噪声螺旋桨的可行方案。与单一降低叶梢螺距比的办法相比增加了一种手段，即调节桨叶的轴向位置——"纵倾"，有了更大的调节自由度。应该承认，利用纵倾减小可调螺距螺旋桨的转叶力矩是工程中常用的办法；现用来抑制梢涡流动，如5.2节中就图5-7所做的说明，目的是获得低噪声螺旋桨，并未见诸技术文献。因此，可以认为是一种新想法，希望后续研究能获得进一步发展，用于舰船螺旋桨的减振、降噪技术开发。

螺旋桨的载荷与船舶的阻力、主机的转数有关，载荷越重，桨叶面和叶背的压差值越大，流体由叶面向叶背运动，翻越螺旋桨叶梢的趋势越强。实验中观察到，重载螺旋桨的梢涡的确更强，更难以抑制。随着螺旋桨载荷减轻，梢涡流变得较易抑制。因此，随着载荷减轻，叶梢螺距的相对降低量可减小，即可以采取较高的叶梢螺距与平均螺距比值。在图5-1中，与 R_{LSL}，R_{WL} 型螺旋桨的螺距比 $[(P/D)/(P/D)_{0.6}]$ 分布比较，R_{SJ} 型的螺旋桨梢部对应比值 $[(P/D)/(P/D)_{0.6}]$ 更高，就是考虑 R_{SJ} 型的螺旋桨载荷更轻后所采取的。同理，将螺旋桨叶剖面沿桨轴方向移动——纵倾进行三维调控，使桨叶侧投影呈弯月状，意思也是阻止流体沿螺旋桨径向流动，不要由桨叶面翻越螺旋桨叶梢流向叶背形成梢涡流动，这点，在5.2节中曾作过详细讨论。随着螺旋桨载荷增大,需要将“弯月”状的曲率加大,以保证达到预期效果;载荷轻一些的螺旋桨,其桨叶弯月状的侧投影可以平直一些。

对螺旋桨的螺距、侧斜、纵倾等进行调控,既要防止水流由叶面向叶背翻,又要防止水流由叶背向叶面翻,形成绕螺旋桨叶梢的流动,由 4.2 节中旋转翼型棒的试验结果知道,梢端直角边缘的绕流,受到黏性“二次流”的影响,会导致梢涡流及诱发窄带噪声峰——啸叫,若将方直角边缘修饰成如“∩”状光顺边缘,则有利于避免窄带噪声峰出现。比较图 4-4(a)、(b)两图,在 $\sigma=0.7\sim1.2$ 的区间,总声级曾下降 10dB 以上。再有,在螺旋桨叶梢部通常桨叶宽度为零,无法进行所述修饰,假如将桨叶梢设计成有一定宽度,再按要求修饰桨叶梢部,可能取得更佳的工程实效,目前已有类似工程实例值得关注。

本节讨论到的问题,基本源于舰船实践和螺旋桨模型试验,它还必须继续接受实践检验,不断倾听实践的呼声;不是可随意套用的模式,还需要设计人员的潜心钻研。

7.2　关于螺旋桨模型噪声试验的问题

基于螺旋桨噪声主要源于空泡的理念,二战后潜艇低噪声螺旋桨的试验研究工作主要在空泡试验筒中进行,由于水声波的波长原因,加上试验时必须运转的其他实验辅助设备的声发射,在将螺旋桨试验测得的现场水噪声换算到实际螺旋桨的水下噪声时,遇到了一些困难。虽然有文献[7]公认可以接受的噪声相似理论(第 2 章),但并未获得如实验测定模型螺旋桨脉动力那样,用于直接预报实船脉动力的工程效果。通过试验测得的螺旋桨模型噪声来预报实船螺旋桨噪声的方法,并未得到应有的推广应用,原因还在于实船螺旋桨噪声测试误差较大,又处于严格保密的状态,很难与模型测试数据互相校对。公开文献或学术会议(例如,国际水池会议——ITTC)上,均难见螺旋桨模型测试与实船测量数据相互印证的报道,甚至回避讨论有关问题。在进行螺旋桨模型噪声试验时,通常采录空泡图像和用水听器采集现场水噪声数据,参试人员进行自认为恰当的处理,做出评估。

1. 螺旋桨空泡观察

在空泡水筒中进行试验,可以取得到螺旋桨模型流体动力数据,以及在什么条件下(压力、速度)、在什么地方(桨叶半径、剖面部位)出现空泡,再据以推断螺旋桨噪声。通常在给定进速系数 J_P 下,通过调节筒内压力,相应改变空泡数 σ,直至空泡发生(得初生空泡数 σ_i)或消失(得消失空泡数 σ_d),我国常采用初生空泡数 σ_i,虽然有实验测得的消失空泡数值更为稳定的说法[6]。确定空泡现象出现的瞬间,即初生空泡数后可推测噪声升高的瞬间。根据这种理解，在相同流体动力条件下，最晚出现空泡（初生空泡数最低）的螺旋桨方案，就是要找的低噪声方案。利用观察模型上出现空泡的办法来确定螺旋桨低噪声工况。用目察办法甚至开发了低噪声螺旋桨图谱系列，可惜未被实践证实和接受。由于试验观察到的可见空泡，与诱发高频噪声的声学空泡虽然相关，但还不完全是一回事。比较不同螺旋桨的可见空泡，可以推断这些螺旋桨的空泡、振动、剥蚀性能。但无论是在空泡试验筒，还是在减压水池、模型试验与实际螺旋桨运行间的差异都将导致尺度效应。首先，各种类型的空泡，包括涡线空泡和泡状空泡，受到水中空气含量等的影响，"可见空泡"和"声学空泡"的相应空泡数 σ 之间，未找到严格的数学关系（例如等比关系），人们不能根据出现梢涡"可见空泡"或泡状"可见空泡"的空泡数 σ 大小，来推断出现梢涡"声学空泡"或背泡状"声学空泡"的数学定量关系。试图将梢涡"可见空泡"和其他"可见空泡"相继出现（对应空泡数 σ 数值相近）的螺旋桨用于装备潜艇，有时并没有达到降低螺旋桨噪声的工程目的，甚至未能避免啸叫的窄带噪声峰（参见 4.2 节）。再有，各种类型的空泡，在声发射上其声强（声发射效率）也不是等同的。现有研究发现，为了降低螺旋桨噪声和抑制窄带噪声峰的出现，希望消除梢涡流动。与水面舰船用螺旋桨不同，根据实验观察，现有潜艇低噪声螺旋桨在空泡试验时，一般不出现梢涡"可见空泡"。关于梢涡流动有发声"强"而且"早"的特点，讲的却是"声学空泡"，是非常小的空气泡由水中逸出和溃灭所发出的水声信号，而不是可见空泡。

在研制潜艇低噪声螺旋桨时，以怎样的螺距比分布和多大的螺距比值来实现叶梢卸载，达到既保证潜艇推进需要又消除梢涡流动的目的，要有切实可行的办法。目前，要完成舰船螺旋桨的设计，主要还是通过模型试验来选取工程方案。因为低噪声螺旋桨要叶梢卸载，还要防止过度卸载导致叶梢部出现面空泡，及其可能导致的后果。因此，进行潜艇螺旋桨空泡试验是不可或缺的，除了试验测定螺旋桨的推进特性，是否满足船—机—桨匹配等之外，还要对潜艇低噪声螺旋桨进行一些专门的空泡观察试验，现将其说明如下：

进行螺旋桨初生空泡试验，是想取得螺旋桨空泡现象发生的临界值 σ_i，得到如图 4-7 或图 5-4 所示空泡界限线，即将特定 J_P 下测得的空泡数 σ_i 值连线所得。实际上在不同 J_P 值时，观察到的并不是同一螺旋桨部位的空泡，通常图中只将初生背空泡、初生面空泡、初生梢涡空泡分别连成线，以便判断螺旋桨实际航行中何时遇到何种形态的空泡。为深入试验研究螺旋桨的空泡性能，有时必须了解何时在何部位（半径等）遇到何种形态空泡，例如，1970 年代开发大侧斜螺旋桨时，在美国政府 PB 报告[13]中报道，为"American Export Line" 的货船研制六叶大侧斜螺旋桨，以降低船体振动和改善螺旋桨剥蚀为目的，就分别观测了螺旋桨不同部位出现空泡的瞬间（空泡数 σ），现将该图引于图 7-1。图中横坐标所示为 V/nD（即 J_P），纵

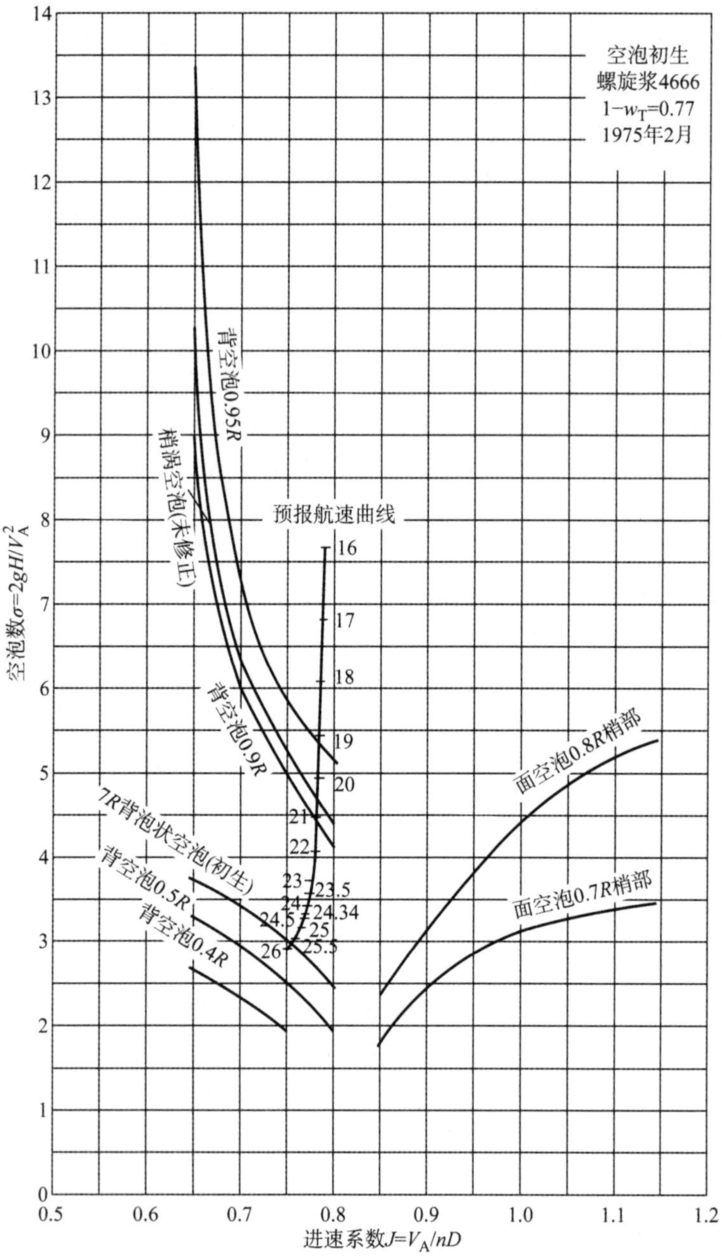

图 7-1　美国民船用六叶大侧斜螺旋桨 HS-3 模型空泡试验数据[13]

坐标为 $2gH/V^2$（即 σ），在 $J_P=0.65\sim0.8$ 区间，沿纵坐标由上往下（空泡数下降，航速渐增高），最先在 0.95R 处出现背空泡，再后为出现梢涡空泡，第三根为 0.9R 处出现背空泡，第四根为 0.7R 处出现背泡状空泡，第五根为 0.5R 处出现泡状空泡，第六根为 0.4R 处出现泡状空泡。流体中的涡动通常比较稳定，0.95R 处出现背空泡线与出现梢涡空泡线，非常接近，再考虑到 0.9R 处出现背空泡线比出现梢涡空泡线还“晚”（在更低的空泡数——高的航速）。因此，可以认为，虽然为降低船体振动和改善螺旋桨剥蚀，这个螺旋桨用在实船上取得了减小振动、降低剥蚀的效果；但是这个螺旋桨不适宜用作潜艇低噪声螺旋桨。用于潜艇，将不能改善声学空泡、降低噪声，也不能避免窄带噪声峰的出现。因为该螺旋桨的叶梢螺距比 $\left(\frac{P}{D}\right)_{\mathrm{TIP}}$ 与0.6R 处螺距比 $\left(\frac{P}{D}\right)_{0.6}$ 的比值 $\frac{(P/D)_{\mathrm{TIP}}}{(P/D)_{0.6}}=0.748$，设计叶梢螺距比 $\left(\frac{P}{D}\right)_{\mathrm{TIP}}=0.835$，而运行进速系数 $J_P\sim0.78$，正处于二战后刚开始研制潜艇低噪声螺旋桨，遇到螺旋桨“啸叫”的困惑时，所选用的螺旋桨叶梢卸载比值 $\frac{(P/D)_{\mathrm{TIP}}}{(P/D)_{0.6}}$ 的范围。

综上所述，在研制潜艇低噪声螺旋桨时，除了按现行惯例进行螺旋桨空泡和噪声测量之外，应将更多注意力放到控制梢涡流动上。在为潜艇选配螺旋桨，得出相应进速系数 J_P 后，通过空泡观察，要能确信螺旋桨梢部的涡流已被抑制。最好在满足推进需要、避免面空泡的条件下，当螺旋桨叶上已出现充分发展的背空泡后，仍不出现梢涡空泡（梢涡流动目察看不到，只能通过可见空泡推测）。假如能够看见梢涡空泡，则初生梢涡空泡数值 $\sigma_{\mathrm{i\,tip}}$ 应低于螺旋桨叶剖面产生其他形态空泡的空泡数 $\sigma_{\mathrm{i\,back}}$ 等的 50%。即满足 5.6 节中的要求式(5.20) $\sigma_{\mathrm{i\,back}}\geqslant2\sigma_{\mathrm{i\,tip}}$，即相应空泡初生的转数关系 $1.4N_{\mathrm{i\,back}}\leqslant N_{\mathrm{i\,tip}}$。

2. 螺旋桨模型噪声测量

在进行螺旋桨降噪研究时，按流体动力模型试验的惯例，和螺旋桨推进性能试验一样，想通过直接测量螺旋桨模型噪声，并预报实船螺旋桨噪声。研究得出，模型和实物螺旋桨噪声频率和声强的换算律，与螺旋桨推进性能试验数据换算相比，还要增加些限制（见第 2 章）。测得的模型噪声频率 f_m 为实物频率 f_S 的 Λ 倍（$\Lambda=D_S/D_m$，实物模型直径比），随着缩尺比 Λ 的不同，要测试实桨 $f_S\approx5$kHz 处的噪声 SL，需要测定模型螺旋桨近百 kHz 处的噪声级；若要测试实桨 $f_S\approx100$Hz 处的噪声 SL，需要测定数 kHz 处的噪声级。在直径约 0.6～1.0 m 的空泡筒内，螺旋桨（发声“点”）到筒壁的距离约 0.3m，只能容纳单个频率 $f>4\,000$Hz（波长<0.4m）的波，由于空间的限制，更低频率的声信号被反射、折射所严重歪曲（混响），

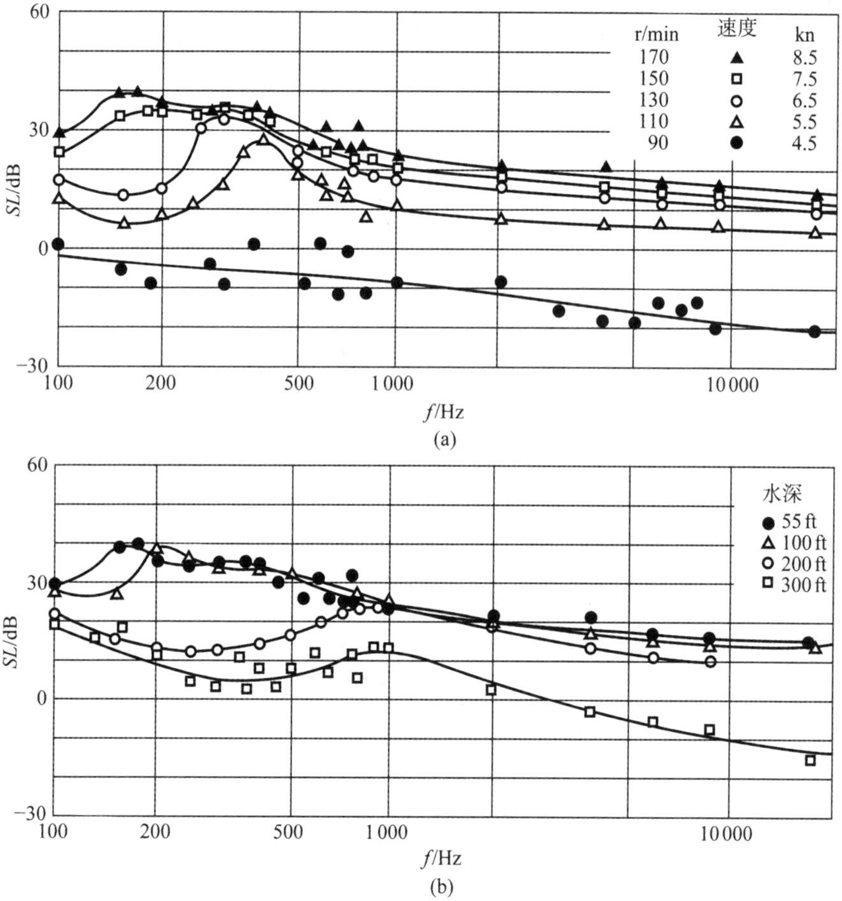

图 7-2 带有原始测量数据“点”的潜艇螺旋桨噪声谱[8](与图 5-5 为同一实验)

(a) 不同航速和螺旋桨转速 (b) 不同水深

因此,在空泡筒内测得的噪声信号经过频率换算,到实船螺旋桨只剩下了非常有限的频段。的确,假定模型缩尺比 $\Lambda=20$,测得直径 $D=240$mm 模型频率 f_m 由 4kHz 到 40kHz 的噪声 SL,经换算成频率 f_S 由 200Hz 到 2kHz 的实桨噪声 SL,整个频带宽为 1 个 decade。将噪声频段如此“斩头去尾”,甚至未取得实桨水下噪声最主要频段约 5kHz 的信号,要评价实船螺旋桨的噪声确有困难。另外,为了模拟空泡噪声,要求模型试验压力与实船螺旋桨所处压力相等,水下 30m 的压力为四个大气压。原来建造空泡筒的目的是进行力学模拟试验,通过降低筒内压力满足空泡数 σ 相等,在实验室条件下,研究空泡现象。现在要研究水下噪声,把空泡筒体变成了高压力“容器”,要筒承受(内)高压是有困难的。经常不得不放弃“压力相等”的条件。幸好经过分析，可以认为[7]：若不遵守绝对压力相等的条件，引起的声级 SL 误差在±2.5dB。所述情况在进行螺旋桨模型噪声测试时也应注意（见第2 章）。

还有，说螺旋桨的噪声谱是一根平坡线是指限界线，实际测得的噪声谱是峰谷参差不齐的，如图 1-1、图 1-2。图 7-2 所示的，是带有原始实测数据的 USS-212 潜艇噪声谱[8]，与书中引自文献[3] 的图 5-5 是同一测试结果。若用直线线段连接各测点数据，将得出如同图 1-2 所示声的频域信号分析结果。从图 7-2 中还可看出，测试者整理、发表的噪声谱连线与实测数据值的差异，确有±5dB 偏离，本书将其分别两次引用，就是想避免遇到实测数据时，出现不必要的困惑。

考虑到在螺旋桨模型噪声试验时，噪声源的查找、频段的换算等，都不像螺旋桨推力、扭矩的测定，空泡形态、部位的确定那样具有肯定性。加上其他参试部件（附件、假体）也在水中运动，可能发声；某些零部件（例如，导管、导流叶轮、整流叶轮等）之间，又可能出现实物不会有的碰撞发声，这些都会妨碍对螺旋桨水下噪声的提取和评估。因此，在综合评价螺旋桨模型噪声试验结果时，需要更加注重实验观察，从物理概念方面去分析，要将实船螺旋桨和模型结合起来，精心研究才能更有收获。

7.3　舰船机动状态下的螺旋桨噪声备忘

迄今为止，讨论的都是舰船作等速直线运动时的螺旋桨噪声。根据设计要求选定的、满足船—机—桨匹配的螺旋桨，其桨叶剖面周向速度 U、船舶前进速度 V_S 的合速度 W（包括诱导速度），与桨叶机翼形剖面的流体动力攻角，大致在 2°左右。水流整体是平顺的，即遇到的是绕经流线型物体的流场（参见图 5-2）。一旦船舶作机动，无论是回转还是变航速，都将导致螺旋桨剖面攻角的改变，瞬间可能流线分离、出现空泡等，导致螺旋桨噪声性能变化。的确，在实船离靠码头、改变航向时，人们常会感到螺旋桨诱发的振动剧烈，声响巨大，就是因为水流与桨叶剖面的瞬间相对位置变了，绕流不再平顺的原因。当舰船机动涉及改变螺旋桨工况时，舰船推进系统整体进入速度“非定常”的运动，出现加速度和与之相应的惯性力。与船体巨大的惯性相比，螺旋桨的惯性（包括其在各种运动方向的“附连水质量”和“附连水转动惯量”）微不足道，两者稳态的作用力（舰船阻力和螺旋桨推力）的数值相当；而螺旋桨惯性相对小，意味着舰船运动加速度对螺旋桨的影响不大。实际计算变速（舰船机动、桨转数改变、调节螺距等）状态时，在舰船运动微分方程中，与加速度有关的螺旋桨项“力”数值，仅为与速度有关项的“力”数值的 5%左右。故通常螺旋桨瞬间的受力可按准定常处理，即在变速运动时，按螺旋桨的瞬间速度确定该瞬

间 t 的流体动力，然后求解计及船体惯量的舰船运动微分方程，得到时间 Δt 后的运动参数，再算下一段时间的运动参数。因此在研究舰船运动（包括船—机—桨匹配，调距桨、舵桨、吊舱推进器机动等），当涉及螺旋桨的作用力的问题时可以不考虑加速度。也正因为如此，所以国际船舶流体力学学界及科学试验仪器市场上，也少见计及螺旋桨变速时，关于螺旋桨受力数据的论述和相应测试仪表的供应。

但当问题涉及声学时，螺旋桨绕流的瞬间变化会导致瞬间空泡化和流线分离，这些瞬时现象虽没有对力学数据产生太大影响，却可能发射强噪声。举例说，当潜艇在水下航行时，若急剧降低螺旋桨转数，或改变航向希望规避某种危险，就有可能反而被自身短期发出的强噪声信号所暴露。因为力学性能的改变涉及的功率以若干千瓦计，而噪声功率以瓦计，所以力学性能未变，而水下噪声可能出现严重问题。

基于以上讨论，为降低螺旋桨噪声，提高潜艇隐蔽性，应该尽可能缓和地作舰船机动，包括改变转数、调整航向，等等。

7.4 关于闲置螺旋桨的问题

舰船螺旋桨是按技术任务书要求设计配置的。在主机指定转数和功率及舰船航态（排水量和海况等）下，螺旋桨应该与船-机匹配，推进舰船达到设计航速。而现实中，舰船螺旋桨有时处于闲置状态，这是因为当舰船以低于设计航速航行时，船体的阻力比设计航速时的阻力低，从而要求螺旋桨提供的推力下降，螺旋桨及主机的转速随之也应下降。基于船舶阻力和螺旋桨提供推力的特点：随着航速下降，螺旋桨及主机转数下降，航速与螺旋桨转数的比值却基本不变，即螺旋桨转数与航速成正比。的确，例如在图 7-1 中，船舶以速度 $V_S=16\text{kn}$ 到 $V_S=26\text{kn}$ 航行，其 $V_A/(nD)$（D 为定值）比值始终在 0.77 左右，这是因为该水面舰船在所述航速区的兴波阻力系数变化不大；对于潜艇，在水下没有兴波影响，其总阻力基本不变，$V_A/(nD)$ 为常值，即航速与螺旋桨转速的比值为常数。当为适应航速变化需要，改变主机转速后，螺旋桨的吸收功率将大致随航速（亦即转速）的三次方下降；主机功率与转速关系的变化却较平稳，随着转速的下降，可提供功率值下降有限。因此，舰船减速航行时，螺旋桨吸收不完主机可能供给的功率。原来按技术任务书要求，已经达到船—机—桨匹配的推进系统，由于运行速度降低，成了“大马拉小车”情况。有时装备多只螺旋桨（包括 带“辅推”、“助推”的单桨情况）的舰船，只需要部分螺旋桨运转，就可实现航速指令，其他螺旋桨必须闲置，成为“闲置螺旋桨”；另外，必须靠拖船或救助船拖曳时，舰船原配备的螺旋桨也是闲置螺旋桨。

当螺旋桨不再旋转，或旋转得不恰当时，处于舰船舷外的闲置螺旋桨会产生很大的阻力，由推进器变成了“阻力源”。在 7.3 节中曾提到，正常执行推进指令的螺旋桨，“水流整体是平顺的，即遇到的是绕经流线型物体的流场”，“桨叶机翼形剖面的流体动力攻角，大致在 2°附近”。现在，舰船以速度 V_S 前进，而周向速度 U“不恰当”，如周向速度 $U\approx 0$，则桨叶相当于斜横在水流中的闸板，将阻挡水流动；一般情况是，合速度 W 不能与桨叶机翼形剖面形成“恰当”的、有利于水流避免空化和分离的攻角，这将是螺旋桨闲置时遇到的一般情况。本来平行船航行方向运动的水流，遇到“横”在流场中、攻角很大的螺旋桨叶片，需要改变方向、绕过叶片尖锐前沿来个急转弯，沿叶片间的螺旋通道泄出，流出泄流通道后，又被强制回到平行船航行方向。这样造成的流体阻力，比原来精心设计的舰船各类附体的附加阻力通常要大，甚至成为最大的船体附加阻力。除了闲置螺旋桨可能成为舰船的“阻力源”之外，其绕流出现空化和分离，照例会发出噪声，新的舰船“附体”成了“噪声源”。当然，某些舰船被拖动和救助时，通常拖曳速度很低，阻力也不大，关于噪声没有要求，也无所顾忌。

本节提出闲置螺旋桨的问题，是因为希望别忘了螺旋桨这时的“新角色”。当螺旋桨需要被闲置（包括损坏后），舰船又有减振降噪的相应需要（例如在水雷海域舰船救助、或水下隐蔽救助螺旋桨损坏的潜艇）时，要适当考虑这时处在本舰船舷外的螺旋桨所带来的影响。

如何将螺旋桨闲置，使螺旋桨这个新“阻力源”和“噪声源”在工程上不引起过分的负面影响，需要进行适当研究。观察图 7-3 所示螺旋桨推进性能曲线，可见随着进速系数 J_P 的增大到 $J_{P,Z.T}$（下标 Z.T 指零推力）后，螺旋桨推力 T(K_T)减小到 0，对于“闲置螺旋桨”阻力为 0，为“零推力”状态；这时的扭矩系数 $K_Q>0$，即还

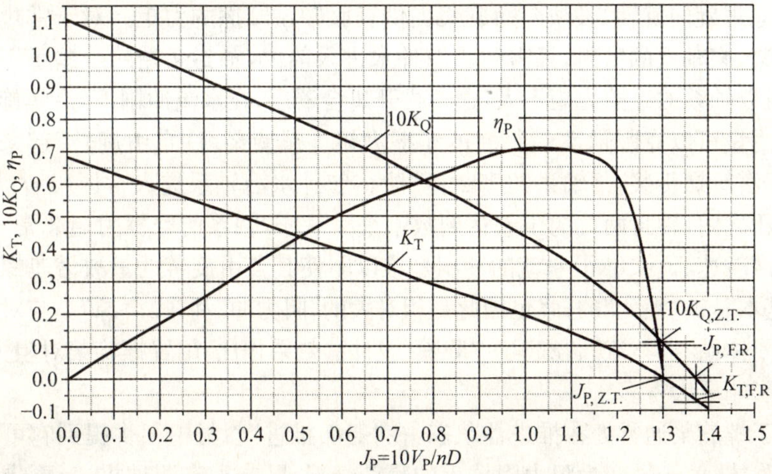

图 7-3　螺旋桨典型性能曲线

需要主机提供功率(扭矩)才能维持闲置螺旋桨以转数“$n_{Z.T}$”转动。

当 J_P 增大到 $J_{P,F.R}$(下标 F. R 指“free running,自由旋转”),螺旋桨转速进一步下降,达到“自由旋转”的转速“$n_{F.R}$”状态,$K_Q=0$。在水流冲刷下,已不再需要主机提供功率(扭矩)去克服螺旋桨流体动力扭矩,这时螺旋桨反而产生阻力($K_T<0$)。再进一步增大 J_P,在水流冲刷下“螺旋桨”已蜕变成“水轮机”,阻力($K_T<0$)变得更大,这显然是不可取的,工程上也很难办到,因为“水流”是船上其他推进器运转所取得的。在零推力和自由旋转状态,相应螺旋桨功率、阻力,按 $P_D=2\pi nQ=2\pi K_{Q,Z.T}\rho n^3D^5$(吸收功率)及 $F_T=K_{T,F.R}\rho n^2D^4$(推力)算。在舰船运行中遇到要闲置螺旋桨的情况时,通常令其“自由旋转”以减小航行阻力;也可强制 “闲置螺旋桨”转到“零推力”状态,螺旋桨的推力(阻力)为“0”。比较零推力和自由旋转两种处理方法,就全船功率消耗而言,“零推力”状态更节能,而技术上较复杂,需要专门供应动力驱动被闲置的螺旋桨。两种处理办法,都是让螺旋桨转起来,使桨叶片剖面绕流变得光顺,从而减小被闲置的螺旋桨的阻力。通常螺旋桨叶片流线型剖面阻力小的状态,也是流线型绕流不出现“空化和分离”的状态,这当然也有利于减小闲置螺旋桨的噪声。因此,所述两种方法也是控制螺旋桨噪声的办法。

当要将螺旋桨“闲置”时,通常舰船正以明显低于“设计航速”的航速航行,还在执行推进任务的“在岗”螺旋桨的载荷变重,其运行进速系数 J_P 变低(与全部螺旋桨都运行相比),螺旋桨转数相对增高,而闲置螺旋桨进速系数 J_P 变高,相对运行时的转数,闲置螺旋桨转数值却较低。本来螺旋桨执行推进任务时,传送到螺旋桨轴上的主机力矩为 M,与螺旋桨扭矩 Q 和轴系摩擦力矩 M_F 正好平衡($M=Q+M_F$)。现在主机停机,离合器脱开,$M=0$,$Q+M_F=0$,$M_F=-Q$,为了保持螺旋桨继续沿原来旋向旋转,必须向螺旋桨提供克服轴系摩擦的力矩。对于常规水面舰船螺旋桨,桨轴系的密封,只需防止舷外水进入船内,轴封两端的压差小于 1 个大气压,所以轴系的摩擦力矩不大,通常松开离合器后,在水流冲刷下,沿螺旋桨旋向的水动力矩可以克服轴系(不大)的摩擦力矩。螺旋桨就“自由旋转”起来了。但是,对于潜艇螺旋桨,桨轴系的密封,需防止舷外水沿轴系进入常压(1 个大气压)的艇耐压壳内,轴封两端的压差达到数十个大气压,轴系的摩擦力矩非常大,靠舷外低噪声航速($V_S<8$kn)水流的冲刷是难以驱使其自由旋转的。故潜艇螺旋桨闲置时,基本是被“锁死”的,桨也因此是相对大的“阻力源”和“噪声源”。与对潜艇指挥台等附体精心“整流”、“减阻”、“降噪”设计的效果相比,闲置螺旋桨对阻力、噪声的负面影响要大得多。

鉴于螺旋桨通常处在推进器状态,在“船舶推进”教材中很少提到它可能蜕变为阻力附体;关于蜕变为阻力附体后的噪声情况,既未见有测试报道,更未见专门论述。在本章中的论述,只是提请注意,算是螺旋桨一种特别状态的噪声问题。

参考文献

[1] Heckl M. ,Müller H A. Taschenbush der Technischen Akustik[M]. Berlin, Heidelberg, New York: Springer Verlag, 1975.

[2] Donald Ross, Mechanics of Underwater Noise[M]. New York: Pergamon Press, 1976.

[3] Urick R. I, Principle of Underwater Sound[M]. New York:McGraw-Hill, 1981.

[4] Левковский. Ю Л, Моделирование кавитачионного шума[J]. Акустический журнал, 1967, 13, 3: 397-440.

[5] Лесуновский В. Н, Хоха Ю. В, О некоторых особенностях спестра шума гидродинамической кавитаци на врашающихся в воде стержнях[J]. Акустический журнал. 1968,14, 4: 566-571.

[6] Справочиник по теории корабля [M]. Издателъство < Судостроение >, Ленинград, 1986.

[7] Левковский Ю. Л, Структура Қавитачионных Течений [M]. Издателъство <Судостроение>, Ленинград, 1978.

[8] Strasberg M, Propeller cavitations noise after 35 years of study [C]. David W. Taylor Naval Ship R&D Center. Bethesda, Malyland, 1979.

[9] Hans J Lugt. Vortex Flow in Nature and Technology[M]. David W. Taylor Naval Ship Research and Development Center. Bethesda, Malyland: John Wiley & Sons Publication, 1983.

[10] Sasajima H, Tanaka J. On the estimation of wake of ships[R]. Proceedings of the 11th ITTC, Tokyo 1966.

[11] What is Known About the Character of Noise Created by Submarines? Center for Arms Control, Energy And Environmental Studies at MIPT Appendix 1 [C]. Published in The Future of Russia's Strategic Nuclear Forces: Discussions and Arguments, by Eugene Miasnikov (2006 年自互联网).

[12] 国际船模试验池会议.船舶水动力词典[M].北京:"中国造船"编辑部, 1981.

[13] Design and Evaluation of Highly Skewed Propeller. U. S. Department of Commerce Maritime Administration. (PB-297,056) [R]. Final Report January 1979.